Agnès Walch

ANGÉLIQUE ARNAULD

Dissidente et janséniste

TALLANDIER

Cet ouvrage est publié sous la direction de Denis Maraval.

48, rue du Faubourg-Montmartre – 75009 Paris
www.tallandier.com

Avant-propos

Mère Angélique Arnauld, Port-Royal et le jansénisme

Ce livre raconte un mystère porté dans l'abbaye de Port-Royal par une femme déterminée, l'abbesse Angélique Arnauld : celui des débuts du jansénisme. Le mot « jansénisme » n'est plus guère présent dans les conversations aujourd'hui ; il devient difficile à comprendre ; les débats théologiques qu'il a suscités sont à présent abscons ; le nom des acteurs a été oublié. Il a pourtant marqué de manière durable et profonde l'histoire et les consciences du XVIIe au XXe siècle. Il a commandé des comportements rigoristes, imposé une vision tragique de la nature humaine et alimenté une conception anxieuse, chagrine, pessimiste de l'existence. Il persuada les individus de leur petitesse, de leur imperfection congénitale, de leur incapacité à maîtriser le fil du temps. Il les poussa à rejeter les plaisirs et à se mortifier.

La vie est une vallée de larmes, se convainquent les geignards ordinaires. Mais ceux qui sont tentés par le jansénisme s'imaginent que seule la souffrance en fait la saveur. Nous avons oublié à quel point le rigorisme et l'austérité de la morale prônée ont irrigué les conduites, jusqu'à paralyser la volonté de certains chrétiens. Au XVIIIe siècle, Nicolas Chamfort, ce philosophe qui avait le sens de la formule, parlait d'un stoïcisme mis à la portée de la populace. Au début du XXe siècle, Romain Rolland, prix Nobel de littérature, dépeint dans *Jean-Christophe* une famille formée de magistrats de cette vieille race parlementaire française qui avait une haute idée de la loi, du devoir, des convenances sociales, de la dignité personnelle et qui, au siècle précédent, avait été imprégnée de jansénisme frondeur. Il leur en était resté quelque chose d'un peu grognon. Ils ne voyaient pas la vie en beau ; et, loin d'aplanir les difficultés qu'elle présente, ils en rajoutaient plutôt, pour avoir le droit de se plaindre. François Mauriac, à son tour, disait que nous aimions peut-être les figures jansénistes, l'abbé de Saint-Cyran, la mère Angélique Arnauld, la mère Agnès Arnauld, le théologien Antoine Arnauld et bien d'autres encore, ces presque saints, pour les mêmes raisons qui les empêchent d'être tout à fait des saints. Ces personnes pensaient détenir la « vérité », avaient le goût de la contradiction, l'esprit de résistance chevillé au corps, l'impression d'appartenir à une petite élite. Ceux qui les observent éprouvent quant à eux de la fascination pour l'excès de rigueur (comment est-ce possible d'endurer physiquement et moralement les privations qu'ils s'infligent ?) et de la répulsion pour leur orgueil tourmenté. Aujourd'hui, leur souvenir s'est estompé, privant nos contemporains d'une explication décisive dans l'évolution du catholicisme du XIXe siècle et des mentalités de la première moitié du XXe siècle.

Même s'il parle de chrétiens du passé, ce livre résonne à nos oreilles dans la mesure où le mouvement est né de l'attitude indépendante d'une jeune femme, Angélique Arnauld, qui a cherché, au tout début du XVIIe siècle, à réformer le couvent de Port-Royal dans lequel elle était entrée contre son gré. Elle a lutté d'abord contre son propre caractère qui s'accommodait mal du renfermement imposé, ensuite contre la pratique relâchée de son ordre, celui de Cîteaux, dont s'accommodaient bien la plupart des religieuses. Elle a changé la vie des moniales de son abbaye et s'est trouvée aux origines d'une lame de fond religieuse. Comment une femme confinée est-elle parvenue à créer une onde de choc qui a mis en marche un mouvement pluriséculaire ?

De la question religieuse

Ce livre suit les pas de cette religieuse pour comprendre comment ses attentes spirituelles ne trouvent de véritable écho que lorsqu'elle rencontre, vers 1630, un prêtre qui devient son directeur de conscience, Jean Duvergier de Hauranne, abbé de Saint-Cyran-en-Brenne, dans le diocèse de Poitiers. L'abbé de Saint-Cyran a suivi les conférences de celui qui a créé ce que l'on appelle l'« École française de spiritualité » : Pierre de Bérulle, dont il a été le secrétaire et ami. Il en a retenu l'idée de la grandeur de Dieu et la nostalgie de l'Église primitive groupée autour de la personne du Christ qu'il a mélangée avec les réflexions d'un autre de ses amis, l'évêque d'Ypres Corneille Jansen, dit Jansénius. Passablement pessimistes, elles condamnent le « molinisme », c'est-à-dire les conceptions jugées laxistes du Jésuite espagnol Luis de Molina, enseignant à l'université portugaise d'Évora mort en 1600, conspuées sous le terme de semi-pélagianisme. Le moine Pélage, qui insistait sur le libre arbitre et s'opposait à saint Augustin, en était venu à nier le péché originel et fut excommunié en l'an 426. Le Jésuite Molina défendait également le libre arbitre de l'homme contre la conception du salut donné par la seule grâce de Dieu, sans toutefois aller aussi loin que Pélage ou que Jean Calvin, qui l'avait prôné de manière radicale une génération plus tôt. À la suite de la publication de son *Accord du libre arbitre avec la grâce* en 1588, le pape, effrayé à l'idée de voir réactiver une controverse qui avait mené au schisme protestant, avait interdit immédiatement tout débat sur cette question théologique qui revenait à se demander si la liberté de l'homme pouvait s'opposer à la grâce divine. Mais comme la question était au cœur de la pensée de saint Augustin, personne ne pouvait faire l'impasse sur cette matière, quitte à prendre le risque de raviver des querelles fratricides. Il était difficile de commander aux hommes de se taire. Le sujet passionnait les théologiens.

Les religieuses de Port-Royal sont moins séduites par les apologues sur la place de la grâce dans l'économie du salut que par les austérités qui en découlent et qui justifient la réforme conventuelle à laquelle Angélique Arnauld procède en 1609. Derrière la doctrine de saint Augustin, il y a un ascétisme exigeant, une volonté de s'éprouver sans cesse, la recherche du manque et de la privation des sacrements comme forme d'épreuves de la foi et d'épures de l'Église primitive.

Cette manière de concevoir la religion convainc Angélique Arnauld et toute sa famille, puisque son plus jeune frère, de vingt ans son cadet, l'excellent théologien Antoine Arnauld, que l'on appelle le « Grand Arnauld », théorise ce dogmatisme, tandis que son frère aîné, Robert Arnauld d'Andilly, le promeut pour un public mondain. Il traduit ainsi en 1642, du latin en français, le *Discours de la réformation de l'homme intérieur où sont établis les véritables fondements des vertus chrétiennes selon la doctrine de saint Augustin* de Jansénius, dans lequel il est affirmé que « voluptés de la chair, curiosité et orgueil » sont les trois « passions » qui corrompent l'homme et dont il faut se défaire. Suivant Angélique, la famille Arnauld vit la tragédie de l'âme chrétienne impuissante face à Dieu. Le tragique redouble lorsque le pouvoir royal se met à combattre ce que ses adversaires commencent à appeler « jansénisme » au début des années 1650.

La question politique est ainsi inséparable de la question religieuse. Le pouvoir s'échine à combattre le jansénisme et, particulièrement, ce groupe de religieuses assurément inoffensives qui ne cherchent que la sainteté. Ce sont elles qui attirent les regards, bien qu'il soit vrai que « Port-Royal et le jansénisme ne sont pas tout à fait ni toujours la même chose[1] ». Si le monastère de Port-Royal, dans la vallée de Chevreuse, est rasé en 1710, les persécutions débutent presque un siècle auparavant, sous le règne précédent. Il s'agit en réalité d'une histoire de fidélité où les choix des pères rejaillissent sur ceux de leurs fils, ainsi que d'amitié. Dès le règne de Louis XIII, Richelieu, le principal ministre, qui est aussi prêtre et théologien, s'oppose à cette tendance. Il fait face à une grande difficulté car il doit calmer les terribles angoisses de Louis XIII terrorisé par la damnation et par la crainte de l'enfer. Il choisit de retenir les Jésuites accommodants et d'éloigner ceux qui se font une idée trop rigoureuse du salut. Parmi ceux-là, il y a justement les amis de Jansénius. Non seulement la morale de Jansénius est dure, mais encore elle exprime par sa radicalité une défiance à l'égard de la politique. L'évêque d'Ypres s'est en effet attiré l'inimitié de Richelieu en publiant en latin en 1635 un pamphlet contre sa politique procalviniste et anti-espagnole, le *Mars Gallicus*.

À la question politique

Richelieu, conforté dans son poste de principal ministre dès 1631, soutient les princes protestants dans la guerre de Trente Ans qui ravage le Saint-Empire romain germanique depuis 1618. Défendant la grandeur de la France, il cherche à écarter la menace que fait peser sur les frontières nord un Habsbourg, Philippe IV, roi d'Espagne et souverain des Pays-Bas. Il utilise tous les moyens pour affaiblir la Maison de Habsbourg. Il choisit donc de favoriser la révolte contre le cousin de Philippe IV, l'empereur Ferdinand d'Autriche. Mais comment un catholique, de surcroît prélat, peut-il inciter le roi de France, un roi sacré, à faire alliance avec des hérétiques ? Cette position apparaît scandaleuse à bon nombre de catholiques dévots alors que, selon le cardinal, l'intérêt de l'État dépasse les exigences de la foi.

À la lecture du pamphlet de Jansénius, Richelieu entre, paraît-il, dans une fureur démesurée, d'autant qu'il s'apprête à déclarer la guerre ouverte à la très catholique Espagne. Sa colère s'abat alors sur l'ensemble de ceux qui prêtent attention aux écrits de l'évêque d'Ypres. Quand ce dernier meurt de la peste en mai 1638, il vient d'achever, un mois plus tôt, la grande œuvre à laquelle il travaille depuis quinze ans et qui traite abondamment de la grâce divine, l'*Augustinus*, commentaire de sa lecture de saint Augustin, qui est publié à titre posthume même à Paris, où la Sorbonne l'autorise, alors que le pape, il faut le rappeler, avait interdit que l'on traite de la question de la grâce pour mettre fin à des disputes dont personne ne réussissait à sortir depuis la rupture protestante.

Richelieu reporte sa haine de Jansénius mort sur son condisciple et ami, l'abbé de Saint-Cyran, qu'il fait emprisonner cette même année, ce qui fait dire à certains que c'est Richelieu qui a créé le jansénisme. Puis il demande au chanoine de Notre-Dame chargé des questions théologiques, un certain Isaac Habert, de dénoncer dans ses sermons les écrits de Jansénius. Quand il meurt en 1643, le cardinal laisse donc un héritage lourd contre les amis de ce dernier. Son successeur Mazarin le reprend à son compte et, durant la régence d'Anne d'Autriche, ne fait pas grand-chose pour atténuer la persécution que seuls empêchent les troubles pendant la minorité de Louis XIV.

Plusieurs paradoxes intriguent. Le premier vient des profonds désaccords doctrinaux qui existent entre les jansénistes (par exemple entre le Grand Arnauld et Blaise Pascal ou Pierre Nicole) mais qui ne brisent jamais l'unité du groupe. La valeur de la conscience individuelle est pour eux de très haut prix puisqu'ils la justifient par leur connaissance de la « vérité ». Ainsi – autre paradoxe –, alors qu'ils sont conservateurs sur le plan religieux, ils promeuvent des pratiques innovantes, telles qu'une éducation originale pour les enfants qui leur sont confiés, une vie solitaire indépendante des cadres habituels, une liberté de pensée affranchie de la facilité.

Le troisième paradoxe vient de ce que les Arnauld sont une famille de grands serviteurs de l'État : parmi eux, il y a des juristes, des conseillers d'État, un ministre des Affaires étrangères dans les années 1670, Simon Arnauld de Pomponne, neveu de la mère Angélique ; il y a des prêtres et un évêque dont le dévouement à son diocèse fait l'unanimité, Henri Arnauld, évêque d'Angers de 1649 à sa mort en 1692. Tous les membres de cette famille défendent indéfectiblement et la monarchie et le catholicisme. Comme la plupart des personnes de leur milieu social, ils sont acquis à la Contre-Réforme, particulièrement depuis que la mère Angélique leur en a montré la nécessité. Mais – et c'est là le nœud du problème – ils se sont rapprochés de l'abbé de Saint-Cyran qui, de figure remarquée du catholicisme gallican, est progressivement attaqué puis condamné.

Le dernier frère d'Angélique, le Grand Arnauld, subit son influence. Il est, de plus, en butte à la vindicte des Jésuites et les désigne comme étant la source de tous ses maux. L'histoire de sa famille l'y incite. En effet, les 12 et 13 juillet 1594, son père avocat, agissant pour l'université de Paris, avait plaidé contre les Jésuites accusés d'être inféodés au roi d'Espagne : « Leur principal vœu est d'obéir *per omnia et in omnibus* [à travers tout et en tout] à leur général et supérieur qui est toujours espagnol et choisi par le roi d'Espagne », déclara-t-il, ajoutant que « si Jésus-Christ commandait d'aller tuer, il faudrait le faire ; si donc leur général espagnol commande d'aller tuer ou faire tuer le roi de France, il le faut nécessairement faire[2] ». Il demanda instamment que cette « nouvelle secte » soit « exterminée », c'est-à-dire chassée de l'université et du royaume de France. En décembre de la même année, ses membres l'ont effectivement été à la suite d'un attentat manqué contre Henri IV, dans lequel ils sont convaincus de complicité. Antoine Arnauld est persuadé que c'est de là qu'est née la haine des Jésuites à son encontre. Et ce n'est sans doute pas faux.

La rivalité entre les différents acteurs de la Réforme catholique, les Jésuites, soutenus par la papauté et rappelés dans le royaume en 1603, et les jansénistes tourne au détriment des derniers. L'affrontement connaît un retentissement médiatique considérable. La bonne société se passionne en raison de l'extraordinaire attractivité du monastère. Prévu pour une vingtaine de religieuses, il en a compté plus de cent. Des évêques, des princes et des princesses, des ducs et des duchesses s'y pressent au parloir. Il y a des moments où Port-Royal revient dans toutes les conversations. Le poids des artistes et des intellectuels, amis ou sympathisants est tel qu'ils contribuent à ancrer son histoire dans l'histoire de France. Des personnages inattendus se lèvent pour le défendre.

Racine défend Port-Royal

Durant les cinq dernières années de sa vie, le dramaturge Jean Racine, qui devait mourir la dernière année du Grand Siècle, ne se consacre plus qu'à la rédaction d'un seul livre, l'*Abrégé de l'Histoire de Port-Royal*. Jour et nuit, ce travail de recherche et d'écriture le hante. À cette époque, le couvent de Port-Royal de Paris est administré par l'une de ses tantes, Agnès de Saint-Thècle Racine, qui, comme tous ceux qui gravitent autour d'elle, est janséniste. Le jansénisme est la cause des difficultés qu'éprouvent depuis près de quarante ans les amis et les familles de ces religieuses. Mais Jean Racine, écrivain mondain à succès, n'a guère été leur soutien durant ces années. Il s'en repent tardivement. De fait, l'obsession du dramaturge pour la défense du monastère représente l'ultime étape de l'expiation des nombreuses fautes dont il se juge coupable.

Élevé par les solitaires qui sont appelés les « messieurs de Port-Royal », il se consacre au théâtre alors que ses anciens maîtres sont inquiétés par le pouvoir. Première inflexion en 1689 : *Esther*, destinée aux demoiselles de Saint-Cyr. S'il se maintient dans sa position d'écrivain mondain, il renonce aux sujets profanes. *L'Histoire de Port-Royal*, rédigée en secret, restée inachevée par son décès en 1699, exprime ses remords d'avoir délibérément tourné le dos à ceux qui l'ont nourri jeune garçon, matériellement, spirituellement et intellectuellement.

Seul son ami Nicolas Boileau est mis dans la confidence. Vingt-deux ans auparavant, ils avaient été nommés ensemble historiographes du roi, ce qui avait scellé une longue et indéfectible amitié. Depuis lors, cette double fonction prestigieuse, qui met un comble à leur gloire, fait que les deux hommes, de la même génération (le roi est né en 1638, Racine en 1639 et Boileau en 1636), parcourent les champs de bataille pour donner de la publicité aux exploits militaires de Louis XIV.

> J'étais si las et ébloui de voir briller des épées et des mousquets, si étourdi d'entendre des tambours, des trompettes et des timbales qu'en vérité je me laissai conduire à mon cheval, sans plus avoir d'attention à rien, et j'eusse voulu de tout mon cœur que tous les gens que je voyais eussent été chacun dans leur chaumière ou leur maison, avec leurs femmes et leurs enfants, et moi dans ma rue des Maçons avec ma famille

écrit-il à son ami le 30 mai 1692[3]. Historiographe du roi, courtisan envié, protégé par Mme de Maintenon, Jean Racine se rapproche de Port-Royal, tandis que son ami évolue dans l'univers religieux sans froisser ni les Jésuites – et singulièrement le père de La Chaize, le redoutable confesseur du roi – ni les jansénistes, pour qui il a également de la sympathie. Quand Jean Racine publie en 1694 ses *Cantiques spirituels*, Nicolas Boileau réplique deux ans plus tard avec son *Épître XII sur l'Amour de Dieu*. Les deux hommes témoignent par là de leurs préoccupations spirituelles, à un moment de leur vie où, entrant dans le grand âge, ils n'aspirent plus qu'à la béatitude et à la vision céleste, une fois expiés fautes et péchés. C'est aussi une manière d'indignation contre la persécution que subit Port-Royal. Cette énergie infatigable pour la cause janséniste marque chez les deux hommes une indépendance d'esprit conjointe au retournement moral de la vieillesse.

Racine, qui, élève aux petites-écoles, a été façonné par des intellectuels et des savants, Antoine Le Maistre, Claude Lancelot et Pierre Nicole, revient au Dieu de son enfance. Ce texte exprime le plus intime de l'homme. Il est parcouru par le souffle de la jeunesse. Il est l'hommage d'un homme mûr à ses maîtres et à la formation qu'il a reçue. Cette pièce admirable, d'une langue pure et précise, est une défense sans concession des débuts de Port-Royal et de l'action déterminante de la famille Arnauld, des abbesses de Port-Royal et singulièrement de celle qui fut à l'origine de la réforme du monastère en 1609, la mère Angélique Arnauld. « La réputation de la mère Angélique, et les merveilles qu'on racontait de la vie toute sainte de ses religieuses, lui attirèrent bientôt l'amitié de beaucoup de personnes de piété[4] », écrit-il, pour qualifier une période de l'histoire de Port-Royal où tous les regards sont braqués sur ce couvent qui semble l'excellence de la réformation et ce qu'il y a de mieux dans ce que produit la Contre-Réforme. Mère Angélique est l'amie de François de Sales, de Mme de Chantal et de quantité de personnes de qualité qui espèrent un véritable changement dans l'Église.

Mais alors que rien ne semble arrêter l'impulsion donnée à son couvent, peu à peu, la théologie passe au second plan. La lumière projetée faiblit et l'admiration que le public voue à ces femmes se teinte de suspicion. Les promesses que le caractère volontaire de l'abbesse a fait espérer ne sont pas tenues. La réforme de l'Église ne passera pas par Port-Royal.

La mère Angélique Arnauld, celle qui a la première réformé son monastère, est morte depuis longtemps. La querelle ne porte plus seulement sur la grâce divine et le salut, mais sur l'abus de pouvoir dont se rend coupable le roi en voulant conduire les consciences individuelles. Au XVIIIe siècle, la querelle atteint des sommets. Le clergé janséniste passe dans la clandestinité. Les laïcs vivent leur foi de manière autonome et indépendante, ce qui accroît l'anticléricalisme et, finalement, fait le lit de la déchristianisation. Ainsi, l'étendard de la conscience individuelle brandi en premier en 1609 par une jeune religieuse volontaire et déterminée, lorsqu'elle impose la réforme à son monastère, irrigue encore les mentalités quatre siècles plus tard, avec des conséquences inattendues et bien opposées à ses souhaits.

Du sommet à la persécution, la destinée d'Angélique Arnauld lui échappe. Elle illustre la déchéance de la vie humaine, d'abord pleine d'espoirs et de prospérité, puis la lente dégringolade vers le tombeau et l'oubli.

Première partie

LA JEUNESSE D'UNE INTUITION

La mère Angélique est poursuivie entre 1655 et 1657 par sa nièce, qui se prénomme Angélique comme elle et qui la presse d'écrire ses mémoires. Elle se plonge à soixante ans passés dans les souvenirs de sa jeunesse, puis de sa vie d'abbesse jusqu'au décès de l'abbé de Saint-Cyran en 1643. Elle écrit la courte autobiographie d'une adolescente jusqu'au-boutiste qui se scarifie et parvient à dépasser ses névroses pour construire une vie à la hauteur de ses espérances, c'est-à-dire en y insufflant un vent épique et tragique.

Son texte est court, acéré comme une confession ; il fait ressortir tout ce qu'elle juge être des manquements à ses devoirs religieux ; il témoigne aussi de ses espérances. Elle l'a voulu ainsi : ne pas se mettre en valeur, alors que son entourage la considérait comme une quasi-sainte puisque c'est elle qui, sans jamais dévier, sans se ménager, n'a cessé de réformer son couvent, la discipline, le comportement des religieuses qui y entraient, sa famille, elle-même enfin.

Durant les quarante premières années de sa vie, Angélique Arnauld dompte sa nature impérieuse. Car le trait de caractère qui ressort le plus chez elle est une volonté de fer. Elle tente, avec plus ou moins de succès, d'imposer aux autres ses propres vues. Alors que son grand-père la met au couvent, elle obtient de lui un poste de commandement. Lorsqu'on lui parle de François de Sales, déjà auréolé d'une réputation de sainteté, elle s'empresse de se mettre sous sa direction pour obtenir de lui qu'elle rejoigne un couvent de la Visitation. En 1626-1627, elle harcèle Vincent de Paul, Charles de Condren et d'autres pour qu'ils appuient la création de l'Institut du Saint-Sacrement, communauté nouvelle voulue par l'évêque de Langres, Sébastien Zamet. L'abbé de Saint-Cyran lui-même se range à ses désirs : il accepte de prêcher et de confesser à l'Institut, puis de la suivre lorsqu'elle retourne à l'abbaye de Port-Royal. Et c'est sans compter ses frères, ses sœurs, ses neveux et ses nièces qu'elle attire à elle.

Obstinée, Angélique Arnauld capte toute sa famille. Elle dresse un tableau peu édifiant des siens au début de son aventure : une famille assez récemment anoblie, catholique mais frileuse, se contentant de peu, aspirant à l'honorabilité, voire plus si les circonstances politiques le permettent. Ce sont, en fait, des petits nobles qui vivent en bourgeois, certes de bonnes mœurs, pointilleux, soucieux de charité, mais sans autre ambition que de satisfaire au qu'en-dira-t-on et au « qu'en-pensera-t-on ». Elle parvient à mettre sa mère au couvent et, par un retournement extraordinaire, à diriger cette mère pour laquelle elle nourrit des sentiments ambivalents. Elle la déteste, ne se sentant pas assez aimée par elle, et se délecte de la supériorité que lui confère sa position d'abbesse. Par conséquent, de mère haïe, elle devient une mère révérée puisqu'à partir de 1625, elle la façonne à son image. À la même époque, la transplantation du couvent de la vallée de Chevreuse à Paris s'explique par la volonté de réunir autour d'elle sa famille. Sa mère et sa sœur aînée, encore chargée d'enfants et pas encore veuve, ne peuvent abandonner totalement leur vie mondaine, même si leurs séjours au couvent se multiplient. La proximité facilite leur passage progressif vers la vie conventuelle.

François de Sales a dit d'elle qu'elle possédait un « esprit subtil, délicat et fertile », et le père Étienne Binet, éminent écrivain jésuite de cette époque, parle de l'« inclination de ce cœur à commander ». Nul doute que les encouragements d'Archange de Pembroke, l'un de ses premiers directeurs de conscience – « combattez donc non pas en femme mais avec un courage viril » –, ont été entendus[1]. Cette activité jamais relâchée lui évite de sombrer dans la dépression, toujours menaçante lorsqu'on est enfermé sans vocation.

Pendant qu'elle rédige son autobiographie, on commence à interroger ceux qui l'ont rencontrée ; tous témoignent de ses extraordinaires dons comme s'il s'agissait d'entamer un procès en canonisation. La figure de la vraie mère Angélique s'efface derrière cette image reconstruite. Elle-même, en écrivant ses mémoires, défend ses positions. La question du sens de la persécution est pour elle vitale. Comment est-il possible, alors qu'elle n'a pas cessé de défendre la « vérité », d'être tant rejetée ? Pourquoi le Ciel laisse-t-il faire ? Finalement, elle parle de sa vie à la seule lueur de ce « pourquoi ? ».

La question traverse aussi toute sa correspondance. Mais qu'en a-t-on conservé ? La récente publication de la totalité de ses lettres, entreprise il y a dix ans sous l'impulsion du président de la Société des amis de Port-Royal, Jean Lesaulnier, n'a fait que confirmer ce que l'on savait déjà : les lettres sont altérées, réécrites (moins d'une centaine sur les six cent quatre-vingt-quinze inédites et le millier de lettres déjà publiées sont autographes), « canonisées » pour devenir une « littérature d'édification ». Il s'agissait « de justifier les luttes du XVIIIe siècle en s'appropriant les combats du passé[2] ». Même le premier manuscrit confectionné par les religieuses témoins de ses derniers instants pose d'épineux problèmes éditoriaux. Sauvé de la destruction du monastère des Champs par le lieutenant de police le marquis d'Argenson, qui le confia à l'éditrice Mlle Françoise-Marguerite de Joncoux, il est désormais dans les collections de la Bibliothèque nationale de France.

Mère Angélique aura au moins réussi à laisser une image d'elle-même ajustée à ses volontés : celle d'une religieuse perfectible, luttant contre ses défauts qui sont l'impatience et l'autoritarisme. Elle sait qu'elle laisse derrière elle une belle œuvre de réformatrice. « Dieu veut des œuvres car il y a peu à dire et beaucoup à faire », affirme-t-elle. En ce sens, la journée du Guichet, le 25 septembre 1609, où la jeune abbesse instaure strictement la clôture en refusant l'entrée à sa famille, est un acte symbolique majeur et décisif. En revanche, elle se trompe lorsqu'elle croit que tout a été plus difficile pour elle : « Quand je pense à ce qu'il m'a fallu faire sans vocation, je ne saurais plaindre celles qui en ont une véritable[3]. » Malgré la clôture qui exclut les religieuses du monde, la vie conventuelle subit les aléas de son temps et des événements politiques : les contraintes sanitaires qui amènent les sœurs à Paris en 1625, les six années de Fronde entre 1648 et 1653 et les « persécutions » contre les jansénistes, contre l'abbé de Saint-Cyran embastillé de 1638 à 1643 et contre les partisans de saint Augustin à partir de 1653.

La mère Angélique a vécu une existence mouvementée, remplie d'imprévus et plutôt exposée en raison de la fonction d'abbesse qu'elle a exercée durant quarante-quatre ans, soit près des deux tiers de sa vie. En 1599, elle entre au couvent à presque huit ans ; en 1602, elle devient abbesse de Port-Royal à dix ans ; en 1609, alors âgée de dix-huit ans, elle réforme son monastère ; en, 1625, elle s'installe à Paris, elle a trente-trois ans ; en 1630, à trente-huit ans, elle abandonne sa charge d'abbesse ; en 1633, elle fonde l'Institut du Saint-Sacrement alors qu'elle a quarante-deux ans ; en 1636, pour ses quarante-cinq ans, elle revient à Port-Royal ; en 1641, elle est réélue abbesse à cinquante ans ; en 1654, à soixante-trois ans, elle n'est plus abbesse, et meurt en 1661 à l'âge de soixante-neuf ans. Elle a aussi subi des influences diverses, souvent contradictoires, qui ne l'ont pas déviée de sa quête de perfection. Elle a ainsi eu comme confesseurs réguliers le Jésuite Jean Suffren, l'abbé de Saint-Cyran, Antoine Singlin ; elle a été conduite par Archange de Pembroke et François de Sales. Cette diversité et cette complexité défient ses biographes. Où la situer et qu'est-ce que le jansénisme lui doit vraiment ?

Chapitre premier

Jacqueline Arnauld
1599-1601

Le jeudi 2 septembre de l'an de grâce 1599 est un grand jour pour une toute petite fille. Dans la chaleur de la fin d'été, cette fillette reçoit l'habit des novices cisterciennes des mains de l'abbé de Cîteaux. Toute sa famille s'est transportée à l'abbaye Saint-Antoine-des-Champs, devenue aujourd'hui l'hôpital Saint-Antoine dans le 12e arrondissement de la capitale, pour assister à la cérémonie. Elle est terriblement jeunette. Dans quelques jours, cette enfant aura huit ans, seulement huit ans.

C'est être bien téméraire que de sceller le destin d'une vie à cet âge.

Jacqueline Arnauld est née le 8 septembre 1591, jour de la solennité de la naissance de la Vierge Marie (c'est elle qui insiste sur cette coïncidence). Son grand-père maternel, l'avocat Simon Marion, a, comme elle le dira plus tard à l'un de ses neveux, « tout fait ». C'est en effet son aïeul qui a obtenu du roi Henri IV l'abbaye de Port-Royal pour la seconde de ses petites-filles. Sur le moment, elle se déclare ravie de cette cérémonie et de cette fête qui ne sont que pour elle. Elle savoure l'affection de son grand-père qui la regarde avec tendresse. Elle est subjuguée par la musique et la pompe dans l'église car elle aime les chants religieux et les paroles psalmodiées d'où s'échappent des *domini*, des *caeli* et des *misericordiae*.

À l'hôtel de la Verrerie, paroisse Saint-Merri, qui est le domaine de son grand-père, un festin somptueux est offert aux convives : des viandes et des pâtés sont disposés sur la grande table, des fruits et des gâteaux trônent sur les dessertes. Le luxe est palpable. La famille de Jacqueline savoure l'espérance dont augure cette prise d'habit : les revenus d'une abbaye entourée de champs et de fermes, des récoltes abondantes si le temps le permet, des fruits qui se retrouveront sur les tables parisiennes…

Deux familles faites pour s'entendre

Le personnage qui attire tous les regards est le grand-père maternel, Simon Marion, soixante ans, avocat général, dont chacun vante les mérites. Figure majeure du barreau, il siège en son hôtel comme au Parlement : avec puissance et autorité. C'est l'un des avocats les plus réputés de son temps. Son éloquence et sa culture l'ont rendu célèbre. Mais son plus grand exploit est privé : il est parvenu à persuader le père de Jacqueline, Antoine Arnauld, à tout juste vingt-cinq ans puisqu'il est né le 6 août 1560, d'épouser Catherine, sa fille née le 13 janvier 1573, et qui n'avait alors que douze ans.

Simon Marion aime à raconter qu'il repéra Antoine Arnauld en l'entendant un jour plaider. Il convia le talentueux orateur à dîner sur-le-champ, et sans lui laisser le temps de la réflexion, le fit grimper dans son carrosse pour l'emmener chez lui. À table, il plaça sa fille aînée, Catherine, auprès de lui. Après le repas, il demanda à son invité ce qu'il pensait de sa voisine. Ainsi se fit leur mariage, le 1er avril 1585. Mais Catherine est ingrate. Son humeur est maussade. Est-elle même jolie ? Simon Marion craint qu'un homme intelligent et sensé, comme Antoine Arnauld, ne soit rebuté par son caractère revêche. Si les regards que ce dernier pose sur la jeune fille ne sont pas forcément concluants, la notoriété, le luxe et la fortune du père sont des arguments autrement plus décisifs pour un jeune avocat orphelin et ambitieux. D'ailleurs, elle est alors si enfant qu'il croit qu'il la formera et adoucira son tempérement. Ainsi débute un mariage qui dure trente-quatre ans et donne vingt enfants dont dix meurent en bas âge. On est extraordinairement fécond chez les Arnauld et les hommes ont un fort tempérament : Antoine Ier, le grand-père, a eu vingt enfants, tout comme Antoine II, le père ; et Robert, le fils aîné, quinze…

Les deux familles sont faites pour s'entendre et se sont probablement rapprochées lorsqu'elles servaient toutes deux Catherine de Médicis dans les années 1570-1580 avant de se retrouver dans le milieu des parlementaires parisiens.

Le grand-père maternel de Jacqueline, Simon Marion, né en 1540, baron de Druy dans le Nivernais, fut l'avocat général de la reine. Le *Cabinet d'Hozier*, grand livre généalogique qui fait foi dans ce domaine, conserve la mention d'un anoblissement en 1583[1]. Dans la foulée, il achète la seigneurie d'Andilly, au nord de Montmorency, pour vingt-cinq mille livres à Claude de Prévost, procureur de la Chambre des comptes. Reçu conseiller au Parlement, il devient président de la Chambre des enquêtes puis, en 1596, membre du Grand Conseil et avocat général. C'est ce qui explique son aisance financière.

Le milieu de la robe est également celui du père de Jacqueline. Les Arnauld sont originaires de Basse-Auvergne. Antoine Ier Arnauld, sieur de La Mothe, est procureur du roi au présidial de Riom. En 1557, il vient avec sa seconde épouse s'installer à Paris, entame une carrière à la Chambre des comptes, tout en étant procureur général de Catherine de Médicis, c'est-à-dire son conseiller juridique. Il est anobli en 1577. Réformé, il doit sa survie lors de la Saint-Barthélemy à la protection particulière de la souveraine. Il finit par se convertir au catholicisme, religion dans laquelle il meurt en 1585. Le fils aîné issu de son second lit, le père de Jacqueline, Antoine II, qui exerce le métier d'avocat, choisit d'habiter avec son beau-père, le suit en 1588 lorsqu'il s'installe à Tours avec les parlementaires pour échapper à la vindicte des Ligueurs et revient à Paris avec lui en 1595 pour servir Henri IV.

Il est quasiment le seul d'une imposante fratrie à être catholique ; les autres sont protestants et travaillent successivement ou simultanément pour Sully. Par l'entremise de son frère Claude, secrétaire personnel du ministre, il plaide à plusieurs reprises pour lui et se crée une prestigieuse clientèle. La maison est continuellement remplie de princes et de grands seigneurs. Si Jacqueline n'évoque jamais son grand-père paternel, c'est qu'elle ne l'a pas connu car il est décédé avant le mariage de ses parents. C'est sans doute aussi parce qu'au-dessus des Arnauld plane l'ombre d'un protestantisme dont s'empareront les détracteurs de Port-Royal. Jean Racine, dans son plaidoyer pour ses anciens maîtres, déjà n'y comprend plus rien. Il affirme que l'accusation de protestantisme est pure calomnie, alors que les familles en vue se partageaient en ce temps-là assez naturellement entre les deux confessions.

Un couple prolifique

Selon les témoignages concordants de leur fils Robert et de leur fille Catherine, le couple eut vingt enfants. La mère, Catherine, est enceinte dès 1687 d'un garçon, Antoine, né le 27 janvier 1688 mais qui meurt trois jours plus tard. Son deuxième fils, qui vit et devient l'aîné de la grande fratrie, Robert, naît le 20 mai 1589 ; suivent une fille, Catherine, le 9 juin 1590, puis Jacqueline le 8 septembre 1591, Anne-Eugénie en 1592, Jeanne en 1593 ; Antoine, né en 1594 et mort à trois ans et demi, qui fut particulièrement regretté par ses parents ; une fille pratiquement mort-née en 1595, tout comme Simon, en 1696 ; puis Henri, né le 30 octobre 1597, qui deviendra évêque ; Pierre, en 1598, qui vécut à peine un an ; Marie-Claire, le 23 avril 1600 ; Madeleine, le 20 octobre 1601, qui meurt adolescente ; Simon, le 16 décembre 1603 ; des jumeaux, Antoine et Madeleine, baptisés à Saint-Merri le 22 mars 1607, morts en bas âge ; une fille, Madeleine, née le 1er novembre 1608 ; un fils, Jean, en 1609, qui vécut trois ans ; Claude, en 1611, qui ne vécut qu'un quart d'heure ; enfin, Antoine, né le 6 février 1612, le « Grand Arnauld ».

Mère à quinze ans, Catherine est rapidement à la tête d'une famille nombreuse qui l'empêche d'apporter autant d'attention à ses enfants qu'elle le souhaiterait, et surtout une attention égale. Jacqueline ne se rappelle que sa voix puissante, qui résonne dans les couloirs et l'antichambre. Sa mère la gronde souvent, lui reprochant d'être laide, malgracieuse, de ne pas faire attention à ses vêtements. Elle se détourne de l'enfant lorsque celle-ci cherche de l'affection, maugrée, prétend que depuis sa naissance elle ne lui donne que des soucis. Catherine, tout juste sortie de l'adolescence et déjà mère de famille, ne fait pas attention à elle. La fillette en tire la conclusion qu'elle ne l'aime pas. Et même que ses parents ont de la tendresse pour tous leurs autres enfants et que pour elle, ils n'ont que de l'aversion.

Un grand-père bien-aimé

Alors, pour exister, elle se réfugie chez son grand-père qui, lui, n'est pas insensible au caractère fort et à l'intelligence de sa petite-fille. Aussi loin qu'elle se souvienne, elle passe toutes ses journées dans la chambre ou dans le cabinet de Simon Marion, tandis que ses frères et ses sœurs sont retenus au logis parental. Le seul rapprochement avec sa mère est un court moment après la naissance d'un petit frère, Antoine, né en 1594 et mort juste avant sa prise d'habit. Jacqueline s'en souvient comme du plus joli enfant du monde, éveillé et curieux de tout, une merveille en esprit et en beauté. Le petit Antoine s'attache à elle de telle sorte qu'elle s'en occupe exclusivement et qu'ainsi sa mère souffre sa présence au lieu qu'avant sa naissance et après sa mort, elle l'envoie dès le matin passer la journée chez Simon Marion.

Jacqueline n'aime pas lorsque Robert, Catherine et ses deux autres sœurs tentent d'entrer chez son grand-père. Elle ferme la porte du logis au verrou pour le garder pour elle seule. Lorsqu'elle les trouve chez Simon Marion, elle les chasse en leur disant : « Allez-vous-en chez vous, c'est ici ma maison et non la vôtre[2]. » Elle est fière d'être la préférée de son grand-père, qui l'aime tendrement et s'amuse souvent avec elle. Sa famille reste dans le corps de logis qui donne sur la rue du Renard-qui-Prêche (actuelle rue du Renard dans le 4e arrondissement de la capitale), tandis qu'elle règne sur le reste de l'hôtel, accrochée à la manche de son grand-père, qu'elle ne quitte que pour suivre les leçons données à son frère aîné par un précepteur, le fils du grand professeur humaniste Denis Lambin. Très vite, elle sait lire et écrire.

Un jour, Simon Marion la convoque, avec sa sœur puînée Jeanne, pour leur dire qu'elles seront en religion. Parce que leur mère a déjà donné naissance à cinq filles, la famille doit penser à leur établissement, mais à un établissement qui ne coûte pas ou peu. Pour ne pas la brusquer, il lui demande doucement si elle ne veut pas être religieuse. Elle est saisie ; elle est déçue, infiniment déçue, meurtrie par cette décision. Trop jeune pour comprendre vraiment de quoi il retourne, elle pleure intérieurement, avant d'avouer que c'est la seule et unique peine que son grand-père lui ait causée. Comme il a peur qu'elle réponde non, il la prévient : « Mais ma fille, vous ne serez pas simple religieuse, je vous ferai abbesse et la maîtresse des autres[3]. » Elle juge alors qu'il faut qu'elle se rende à sa volonté, elle accepte, mais en même temps elle crève de dépit. « Ne suis-je pas bien malheureuse de n'être née que la seconde des filles ? Si j'étais l'aînée, on me marierait[4] », dit-elle à sa petite sœur qui l'a suivie.

Voilà ce qui lui cause du chagrin : passer après sa sœur aînée, paraître moins considérée qu'elle, car on la destine à une carrière somme toute modeste. L'invisibilité de la vie religieuse la meurtrit. L'oubli dans lequel elle va tomber l'effraie. Le destin l'a fait naître onze mois après son aînée et son grand-père n'y peut rien. Après s'être reprise, elle revient le voir tandis qu'il travaille à sa table, près de la fenêtre, à la lueur d'une bougie. Sa sœur demande aussi à entrer et lui aurait déclaré du haut de ses cinq ans : « Mon grand-papa, je vous viens dire que je ne veux point être abbesse, car j'ai ouï dire que les abbesses rendront compte à Dieu des âmes des religieuses et j'ai assez de la mienne[5]. » Alors ces mots sortent incontinent de sa bouche : « Je le veux être moi, mon grand-papa, et je les ferai bien faire leur devoir. » Et se tournant vers Jeanne, elle la gourmande : « Vous êtes bien sotte de ne pas vouloir être abbesse de peur de répondre de vos religieuses ; il n'y a que bien leur faire garder leurs règles et vous en viendrez à bout[6]. » Un sourire s'est dessiné sur le visage de Simon Marion, tandis qu'elle répète d'une voix claire : « Je ne consens d'être religieuse qu'au cas que vous me fassiez abbesse et vous me l'avez promis. Souvenez-vous de votre promesse. Je veux être la maîtresse des autres. » « Vous le serez[7] », lui répond-il avec douceur. Et il lui obtient le brevet de coadjutrice de l'abbaye de Cîteaux, et celui de Saint-Cyr pour Jeanne.

Une très jeune novice

La pratique de la commende des abbayes n'est pas incongrue à cette époque, pas moins que ne l'est celle de nommer l'abbesse à un âge tendre. Dans beaucoup de monastères, l'élection est devenue purement symbolique, ce qui ouvre la porte aux nominations de convenance, procédure ratifiée par le concordat de Bologne sous le règne de François Ier, qui investit le roi du pouvoir de désignation aux principales charges ecclésiastiques. Seuls les ordres féminins de la Réforme catholique, qui sont urbains et qui possèdent des revenus modestes, telles les Annonciades, les Bénédictines du Saint-Sacrement, les Carmélites déchaussées, les Capucines, les Ursulines et les Visitandines, se retrouvent à leur création sous le régime de l'élection triennale réintroduit par le concile de Trente.

Comme les religieuses contestent parfois les nominations royales, les successions par coadjutorerie et même les élections lorsque le poids du supérieur semble trop marqué, le jeune âge de Jacqueline fait craindre des remous. Il n'est de secret pour personne que Henri IV a permis cette haute élévation en reconnaissance des services que lui a rendus Simon Marion : il a toujours défendu le roi devant le Parlement et a poursuivi Jean Châtel, l'homme qui a voulu l'assassiner à la fin de l'année 1594. Il a aussi fait expulser les Jésuites complices de l'attentat hors de France. Cette nomination et celle de sa sœur à l'abbaye de Saint-Cyr sont de belles récompenses. Après de longues tractations, Simon Marion a persuadé l'abbesse de Port-Royal en fonction, Jeanne de Boulehard, de nommer Jacqueline sa coadjutrice. Elle a écrit au roi le 23 juin 1599 pour lui déclarer sa volonté de lui transmettre sa charge le jour venu. Et pour la troisième petite-fille, l'abbaye étant déjà vacante, il a trouvé une religieuse pour prendre le titre d'abbesse et pour en exercer les fonctions jusqu'à ce que Jeanne ait vingt ans, l'âge requis.

Jacqueline commence son noviciat à Saint-Antoine pour être prête lorsque le pape aura envoyé les bulles de confirmation de sa nomination. Au soir de sa prise d'habit, Simon Marion l'a entraînée à part : « Voilà, petite fille. Vous devez quitter votre grand-papa. Vous serez avec la petite Jeanne sur laquelle vous veillerez et, plus tard, vous serez une grande abbesse[8]. » Alors qu'elle veut encore rester avec lui, il la regarde sans mot dire. Au fond d'elle-même, elle sait que son grand-père a le souci de la bien placer.

Elles partent bientôt toutes les deux, conduites par leur mère, dans la maison de Saint-Antoine, puis à l'abbaye Notre-Dame-des-Anges située à Saint-Cyr-l'École où une religieuse de confiance, Mme de Jumeauville, les prend en charge.

Durant le trajet, Jacqueline a ravalé les larmes qui perlent au coin de ses yeux. Elle ne donnera pas le spectacle de sa tristesse à sa mère qui, tournant les talons pour rentrer chez elle, n'embrasse pas même ses filles. Alors Jacqueline se saisit de la main de sa petite sœur, lève la tête et rattrape la religieuse d'un pas décidé.

Le jour de la Saint-Jean de l'an 1600, sa sœur prend à son tour l'habit de novice et dès le lendemain, on la retire toute seule de l'endroit pour la mener à l'abbaye de Maubuisson, parce que, l'abbaye de Saint-Cyr n'étant pas de l'ordre de la maison où elle est coadjutrice, il est plus convenable qu'elle termine son noviciat dans une maison de Cîteaux. Une voiture est venue la prendre avec sa mère à l'intérieur, qui a déposé une autre de ses petites sœurs pour prendre sa place aux côtés de Jeanne. Ainsi se décident les vocations féminines à cette époque.

À Maubuisson

Maubuisson, ou plutôt Notre-Dame-la-Royale – nom qui lui convient plus que celui d'un « mauvais bois » –, est une grande et belle maison. Jacqueline a tout de suite aimé cette abbaye située dans une campagne riche entre le village de Cergy, celui de Saint-Ouen-l'Aumône et le château de Pontoise. La sœur de feu Gabrielle d'Estrées, la favorite de Henri IV, Angélique d'Estrées, en est l'abbesse.

Elle accueille la fillette intimidée et la rassure, lui laisse une grande libeté de mouvements hormis la consigne de venir la voir chaque matin pour un entretien. Le reste du temps, elle l'encourage à se faire des amies, lui conseille de ne pas rester seule dans sa chambre mais d'aller jouer avec les autres enfants dont on prétend qu'ils sont les siens, car cette abbesse à la vie dissolue ne se préoccupe guère de sa réputation.

Le rythme de vie léger est propre à calmer les angoisses de Jacqueline confrontée à un univers nouveau. La figure de l'abbesse la fascine au plus haut point, avec sa longue chevelure cendrée dépassant d'une guimpe qu'elle ne serre jamais et qui encadre un visage doux illuminé par deux grands yeux bleus, avec sa taille bien prise, son pas nonchalant qui remplit d'élégance les couloirs du monastère. Elle prend Jacqueline en affection, la faisant souvent venir dans sa chambre pour l'entretenir du roi, de la Cour et de sa favorite.

Le choix d'une éducatrice ouvertement scandaleuse étonne de la part de Simon Marion. Seuls le crédit d'une abbesse bien en Cour et les faveurs que la famille pense en retirer peuvent l'expliquer.

En 1593, Angélique d'Estrées a obtenu d'aller de Bertaucourt, près d'Amiens, à Maubuisson, arguant du fait que sa sœur vivant avec elle, le rapprochement de Paris faciliterait les amours du roi. Le roi lui-même l'y conduisit, tint chapitre et lui fit prendre possession du monastère. Les visites de Henri IV devinrent régulières. L'abbesse lui donnait à souper dans le jardin l'été, dans la grande salle l'hiver avant qu'il ne s'en retourne dans la capitale. Gabrielle espèrait le mariage, mais elle meurt soudainement dans la nuit du Vendredi au Samedi saint 1599. Durant quatre jours, on exposa son corps revêtu de la robe prévue pour ses noces. Mais on épargna au roi, qui s'était retiré à Fontainebleau pour faire ses Pâques, de contempler son visage. Il ne l'aurait pas reconnue tant elle avait souffert en accouchant d'un enfant mort-né. Le service funéraire eut lieu sur la paroisse royale de Saint-Germain-l'Auxerrois à Paris. Puis elle fut inhumée dans le chœur de l'abbaye près de la chaire de l'abbesse.

La tristesse n'a pourtant pas embrumé le monastère. Tous les jours, on danse avec des moines de Saint-Martin de Pontoise qui viennent en voisins faire la fête. Tous les jours, on reçoit des visites. Jacqueline se promène continuellement avec les autres enfants, folâtre le long du canal, fabrique des barques pour naviguer entre les allées d'arbres majestueux. Elle passe le reste de son temps à lire des romans et de l'histoire romaine. *Les Vies parallèles* de Plutarque l'enthousiasment. Elle se prend de passion pour Thésée, Romulus, Périclès, Pyrrhus, Alexandre, Démosthène, Pompée, César, Cicéron... et la reine de Babylone, Sémiramis, Tomirys qui vainquit l'empereur perse Cyrus, Penthésilée, la reine des Amazones.

Des vœux prématurés

Elle vient d'avoir neuf ans. Cela fait une année bientôt qu'elle est novice. Angélique d'Estrées l'emmène dans son autre abbaye, à Bertaucourt. C'est là que l'évêque d'Amiens Goeffroy de La Marthonie lui administre le sacrement de confirmation, le 29 septembre 1600. Elle change alors son nom de baptême, abandonnant Jacqueline pour Angélique, hommage à l'abbesse protectrice. Un mois après jour pour jour, de retour à Maubuisson, elle fait profession avec quelques personnes présentes qui murmurent : « La pauvre enfant ne sait ce qu'elle fait[9]. » Elle les a entendues lorsqu'elle remontait la longue nef de l'église abbatiale. Mais elle prétend savoir très bien ce qu'elle fait. Elle prend en religion le nom d'Angélique de Sainte-Madeleine.

Le roi envoie le brevet de nomination à la coadjutorerie, qu'il a signé le 8 avril 1601 après que Jeanne de Boulehard lui a à nouveau, deux jours auparavant, déclaré son souhait de laisser sa charge à la petite-fille de Simon Marion, devenue sœur Angélique six mois plus tôt :

> Sa Majesté, pour les mêmes considérations dudit sieur Marion, et à son instante prière, a trouvé bon et eu pour agréable la nouvelle nomination et présentation qui lui a été faite par la procuration de Jeanne de Boulehard du sixième jour de ce mois, de sœur Angélique Arnauld, religieuse professe dudit ordre de Cîteaux, pour être admise à ladite coadjutorerie d'icelle abbaye du Port-Royal avec assurance et pouvoir de succéder par le décès ou démission de ladite Boulehard, au titre et en la possession de ladite abbaye[10].

Le décret est ensuite parti pour Rome. L'abbesse de Port-Royal a humblement demandé que le bon plaisir de Sa Sainteté soit de lui donner pour coadjutrice au régime et gouvernement de ladite abbaye sœur Angélique Arnauld de Paris. Avant la Noël de l'an 1601, les bulles de confirmation sont arrivées.

Sœur Angélique Arnauld est solennellement déclarée coadjutrice. Son grand-père s'est souvenu de la promesse qu'il lui a faite : il l'a rendue la maîtresse des autres.

Chapitre II

Sœur Angélique
1602-1606

Simon Marion a vieilli. Il a mené durant trois ans les tractations pour faire de ses petites-filles des abbesses. L'appui du roi a été déterminant, ainsi que celui d'Edme de la Croix, abbé de Cîteaux, qui est de ses amis. Pourquoi ce dernier a-t-il tant soutenu cette nomination ? Cela reste un mystère. Il est sûr que le supérieur a fait lui-même le voyage à Paris et à Port-Royal pour convaincre l'abbesse, Jeanne de Boulehard, installée depuis 1575, qui gouverne mollement tout en s'accrochant à son poste. Elle a déjà refusé la coadjutorerie à deux de ses propres nièces. Sans doute pense-t-elle que Jacqueline, du haut de ses huit ans, ne lui fera pas d'ombre et que le crédit de Simon Marion permettra à la communauté de vivre plus décemment. Elle hésite longtemps. Le 6 avril 1601, elle signe un document dans lequel elle exprime son désir que « quand il plaira à Dieu de l'appeler, celle qui lui succédera soit du même ordre de Cîteaux et qu'elle y ait été nourrie et instituée de jeunesse, ce qui sert grandement à la règle et obéissance que les religieuses doivent à leur abbesse, laquelle est toujours plus volontairement rendue à une du même ordre qu'à une autre translatée d'ailleurs[1] ». Après avoir signé, elle revient vers ses religieuses en leur disant qu'elles ne savent pas l'obligation qu'elles lui ont de la bonne affaire qu'elle vient de conclure pour elles !

Des bulles tant attendues

Il faut enfin obtenir les bulles de nomination du Saint-Siège. Il est possible qu'une première demande ait été refusée parce que Jacqueline n'était que novice, ce qui expliquerait la seconde collation de la coadjutorerie après la profession de Jacqueline en 1601 et son changement de nom. En se remémorant le passé, Jacqueline-Angélique insiste sur ce qu'elle considère comme le péché originel de sa vocation, le mensonge que fit son grand-père en prétendant qu'elle avait dix-sept ans, ce qui était faux puisqu'elle n'en n'avait que dix. Dix-sept ans reste un âge non valide canoniquement pour devenir abbesse, mais plus acceptable, puisque le concile de Trente prévoit « qu'on ne fera pas de profession avant seize ans accomplis et qu'on ne recevra personne à ladite profession qui n'ait au moins passé un an entier dans le noviciat après avoir pris l'habit. Toute profession faite plus tôt sera nulle et ne portera aucun engagement à l'observation de quelque règle, ou ordre que ce soit[2] ». Peu à peu se prend l'habitude d'un renouvellement des vœux lorsque les jeunes filles atteignent l'âge requis, ce qui se passera effectivement pour elle. Son grand-père, tout à son arrangement, ne peut se permettre ni d'attendre que sa petite-fille ait grandi ni de s'abstraire des formes canoniques requises. C'est pourquoi il la fait novice trois mois à peine après que l'abbesse s'est engagée à lui céder sa charge, et il lui fait faire sa profession un an et un mois plus tard. De plus, la mauvaise santé de la mère supérieure faisant craindre sa mort prochaine, il lui faut faire ratifier officiellement son choix au plus vite.

Le chargé des affaires de France à Rome est le très habile cardinal d'Ossat qui a obtenu, à la fin de l'année 1599, la nullité du mariage de Henri IV avec la reine Margot, ouvrant la voie à ses noces avec Marie de Médicis. Quand celui-ci expose le cas au pape, il se rend bien compte que le bas âge reste le nœud du problème. Y a-t-il d'autres raisons ? Certains pensent voir la cause de l'hésitation pontificale dans les nombreux plaidoyers de Simon Marion et de son gendre contre les Jésuites. C'est précisement l'argument politique que le cardinal d'Ossat utilise pour arracher son accord au pape : un refus serait un camouflet à l'égard du Parlement ; or personne n'a intérêt à l'affrontement.

Les bulles obtenues et arrivées en France, Simon Marion prend la plume pour remercier chaleureusement le cardinal d'Ossat, qui a conduit des négociations laborieuses mais réussies. Les bulles mentionnent les secours et les soins de Simon Marion, sa grande et extraordinaire piété et son attachement intime pour le monastère de Port-Royal auquel il a fait le plus grand bien depuis qu'il a pensé y placer sa petite-fille, ce qui est plutôt une manière de préfigurer ce qui va se passer que de souligner une réalité. Simon Marion est prévenu : il doit se montrer généreux.

Une abbesse de neuf ans

Les événements s'accélèrent ensuite puisque, au début de l'été 1602, l'état de santé de Jeanne de Boulehard se dégrade. Le 3 juillet, un commissaire dépêché rue de la Verrerie annonce l'état désespéré de l'abbesse. Simon Marion demande alors à l'abbesse de Maubuisson de laisser partir Angélique, qui fait rapidement ses bagages, sans qu'aucune autre personne ne soit prévenue. Son père vient la chercher en carrosse pour la conduire auprès de sa sœur non loin de la vallée de Chevreuse, à Saint-Cyr. Là, elle attend les nouvelles, tandis qu'un père bénédictin, demeurant sur place, part muni de sa procuration sous la protection de Jean de Fontis, le lieutenant criminel de robe courte chargé des opérations de police, bien décidé à faire exécuter les ordres du roi.

Lorsque les deux hommes arrivent, jeudi 4 juillet 1602, Jeanne de Boulehard vient de mourir. Le lendemain matin à huit heures, en présence du vicaire général de Cîteaux, le chapitre réuni élit – pour la forme – Angélique, qui arrive l'après-midi pour prendre possession effective de son abbaye avec tout le cérémonial accoutumé. Elle frappe à la lourde porte de la chapelle qui s'ouvre. Elle reçoit l'eau bénite, s'agenouille devant le crucifix, baise l'autel, touche le livre et le lutrin dans le chœur et s'assoit dans la stalle abbatiale. On la conduit ensuite dans la salle capitulaire où on lui remet les clés, puis toute l'assemblée revient dans l'église chanter solennellement un *Te Deum*. Un notaire dresse l'acte d'installation.

L'état du monastère est peu reluisant. Les religieuses sont dix, soit moitié moins que le nombre prévu par les constitutions. Elles l'accueillent gentiment dans l'espoir que ce changement de direction leur sera profitable. Elles espèrent en effet beaucoup de la protection des familles Arnauld et Simon.

Durant l'été, Angélique ne cesse de faire le tour du domaine situé derrière le bois de Trappes, sous Voisins-le-Bretonneux. Au bas d'un étroit vallon aux coteaux boisés de châtaigniers, de longs murs délabrés et éventrés ceinturent quelques bâtiments. On arrive par une porte accolée à une sorte de donjon carré qui conduit dans une vaste cour d'herbe délimitée par une grande maison à sept cheminées sur trois étages. Au loin, l'église à six travées est enserrée dans le couvent avec sur la droite, le cloître fermé par le grand dortoir, et sur la gauche, le chapitre et le réfectoire. Le cloître sert de cimetière aux religieuses de sorte que depuis les dortoirs, la mort s'offre en spectacle. L'infirmerie est située à côté du pigeonnier. Les intérieurs sont majestueux mais sombres ; ils résonnent des pas des religieuses et font écho à la cloche qui tintinnabule régulièrement. La solitude règne même dans les parloirs. Les jardins ne sont que marécages. Au-dehors, un vaste bassin d'eau est alimenté par le Rhodon, un affluent de l'Yvette. Une sente abrupte conduit vers des granges situées en hauteur. Les terres alentour appartiennent à l'abbaye. Mal entretenu, l'ensemble est très dégradé.

Le 1er septembre, Angélique reçoit la profession de la sœur Catherine de Saint-Paul Goulas, qui a été admise au noviciat par la précédente abbesse. C'est le premier acte officiel qu'elle préside sous son règne abbatial. Les voici dans le chœur, l'une, grande fille de dix-sept ans, et l'autre, petite abbesse de onze ans. Elle prend garde à ne regarder ni à droite ni à gauche, à avancer la tête haute, car elle doit montrer une détermination qui lui est pourtant étrangère. Toutes lui doivent respect et obéissance. Le même jour, elle reçoit une autre professe, mais sa taille est si petite que la différence entre elles est moins troublante.

Bénédiction mondaine

Pendant ce temps, à Paris, Edme de la Croix, dînant chez son ami Simon Marion, lui demande spontanément quand il veut prendre jour pour aller bénir la petite abbesse. « Je souhaite le faire moi-même », assure-t-il. Le jour de la Saint-Michel, le 29 septembre 1602, elle est donc bénie par l'abbé de Cîteaux lui-même, par les abbesses de Maubuisson, de Saint-Cyr et de Gif. Elle fait sa première communion ce même jour, sans l'avoir préparée. Pour une personne qui sera un jour religieuse du Saint-Sacrement, la cérémonie passe quasiment inaperçue. Il est vrai que ce n'est qu'au cours du XVIIe siècle que la première communion devient un moment important de la vie d'un chrétien. Angélique ne se souviendra que de la somptuosité de la cérémonie de bénédiction par l'abbé de Cîteaux.

En effet, elle n'a jamais connu pareille fête, excepté pour ses huit ans lorsqu'elle est entrée en religion. La liesse est dans tous les cœurs. La compagnie est nombreuse, toute la famille assiste à son intronisation. Son seul regret est l'absence de son grand-père, retenu chez lui par la vieillesse. Il lui a écrit un mot pour lui dire de ne jamais oublier qu'elle lui doit cette élévation à un âge si tendre. Ses parents donnent un grand festin. Leur cuisinier est venu spécialement depuis la veille pour tout apprêter. Les invités se tiennent dans la clôture comme dans une maison de ville. Le monastère résonne de mille voix. On chante, on rit, on court dans le cloître. La fête est belle. Elle distrait la toute jeune fille d'un quotidien terne. Elle est la reine des Amazones, Penthésilée, qui vient secourir Troie assiégée. Elle porte l'armure des religieuses, casquée de son voile ; ses couleurs sombres trahissent sa mélancolie. Elle est portée en triomphe. Elle est célébrée par ses amis pour son courage et pour sa vertu. Mais elle sait, au fond d'elle-même, que tout cela n'est que mascarade. La roche Tarpéienne est proche du Capitole… Penthésilée, au bout du compte, meurt transpercée par la lance d'Achille. Elle est trop jeune et trop indécise encore. Il est convenu que sa mère restera quelques jours avec elle pour veiller à la bonne organisation de la maison.

Sous tutelle

Pour le moment, elle fait ce qu'on lui dit de faire. Sa mère gouverne tout, tous et toutes, et aussi la prieure. Elle fait déplacer Élisabeth de Mauternes qui a, paraît-il, une mauvaise influence sur les douze professes. Catherine Dupont, qui est une brave femme, reprend sa fonction. Tous les soirs, avant même le souper, Angélique ne manque pas d'aller la saluer, ce dont elle lui est reconnaissante. On lui donne aussi pour son service une fille qu'elle qualifiera plus tard d'« excellente », Marie Baron, qui deviendra religieuse sous le nom de Marie-Madeleine de Saint-Paulin.

Sa mère vient la voir quand elle s'y attend le moins. Un jour, elle arrive en compagnie d'une religieuse de Saint-Cyr, Mme de Jumeauville, qui a été sa gouvernante durant son noviciat. Cette vieille femme, qui va continuer de veiller sur elle en l'absence de sa mère, est ignorante en matière de religion, mais elle surveille sa conduite et en fait le rapport fidèle à sa famille. En résumé, les parents sont régulièrement informés des agissements de leur fille ainsi que de sa santé, sujet qui devient rapidement leur principale préoccupation. Il ne faudrait pas qu'un accident vienne ruiner leurs efforts… Combien ont-ils déboursé pour la placer ? Quelle a été sa dot ? On l'ignore, mais ils sont obligés de financer les réparations, de mettre de l'ordre dans les comptes, de récupérer des fermages et des droits divers avant de s'estimer satisfaits. Ils attendent donc un retour sur investissement.

Des travaux sont nécessaires tant le monastère, qui a souffert des guerres de Religion et de l'incurie de l'ancienne abbesse, est vétuste. Le personnel grugeait les religieuses qui vivaient dans la précarité et éprouvaient des difficulté à se nourrir correctement. Antoine Arnauld devient leur défenseur bénévole devant les tribunaux. Un magistrat n'a pas versé de dîme pour cinq arpents de terre ? L'avocat préfère ne pas le poursuivre tant l'affaire est embrouillée. Si les religieuses n'avaient pas gain de cause, elles pourraient être condamnées aux dépens. Il se donne ensuite la peine d'examiner tous les titres de la maison, qui sont disposés sans ordre dans une minuscule pièce aveugle. Il y passe de longues heures, classe les papiers, indique sur les liasses si les biens sont aliénés et si le temps pour saisir la justice est prescrit. Il déconseille d'entreprendre des procès dans bon nombre de cas, puisque l'issue ne fait pas de doute : les religieuses perdront. Antoine Arnauld contrôle donc systématiquement l'ensemble des revenus de l'abbaye et assainit les comptes.

Un jour de l'automne 1602, Henri IV, chassant aux environs et ayant su que l'avocat travaillait dans l'abbaye pendant les vacances du Parlement, y entre. Angélique le reçoit avec toutes ses religieuses, la croix en tête, montée sur de hauts patins, ce qui fait que le roi la trouve bien grande pour son âge. Les patins ? Une idée du père. Le roi promet de venir dîner le lendemain, mais la chasse l'ayant entraîné ailleurs, il fait porter ses excuses et crie lui-même en longeant à cheval les murs du couvent : « Le roi baise les mains à madame l'abbesse[3] ! »

Une vie insouciante

La vie de l'abbaye s'écoule, uniforme. Toute la communauté entoure d'affection la petite abbesse qui montre un caractère bon et généreux. On suit la liturgie des heures, mais on ne se lève pas pour dire les matines au milieu de la nuit. On attend quatre heures pour commencer la journée, en même temps que le soleil ou presque. Le confesseur aime mieux chasser que réciter des prières qu'il ignore. La jeune Angélique a remarqué qu'il ne sait pas son *Pater*. Il apporte régulièrement des lièvres pour varier les repas. Deux ou trois ans se passent donc doucement pendant lesquels Angélique ne songe qu'à jouer et à se divertir comme une enfant de son âge.

Elle va se promener souvent à Buloyer, à Champgarnier, au Mesnil et prend le carrosse de feue Jeanne de Boulehard pour quérir ses deux sœurs Jeanne et Anne-Eugénie, à Saint-Cyr. La ferme de Buloyer est un beau bâtiment avec une chapelle où ont été cachées les reliques de saint Quentin. Le bois de Champgarnier a été donné par le seigneur Guy de Chevreuse aux premiers temps de la fondation du monastère. Une belle ferme s'y élève. Le trio suit le mince filet d'eau du Rhodon parfois jusqu'au Mesnil, qui autrefois appartenait à l'abbaye de Saint-Denis et qui maintenant est le domaine d'un homme très important, le conseiller d'État Louis Habert de Montmort. Déjà, la différence de caractère entre la mère Angélique et la future mère Agnès est patent. Alors que la première ne songe qu'à s'amuser, à courir et à se distraire par des lectures plaisantes qui excitent son imagination, la seconde quitte le jeu dès qu'elle entend la cloche qui appelle à la prière, se plonge alors dans la lecture de l'office ou se précipite à la chapelle.

Après vêpres, l'abbesse a l'autorisation de promener la communauté sur ses terres. Elles s'en vont en traversant les champs et les bois autour d'elles. Elles écoutent les oiseaux chanter et cueillent les baies d'été. Elles sortent même à la mauvaise saison, lorsque les froidures glacent les doigts et figent les arbres dans des manteaux cristallins.

La mort de Simon Marion

Angélique aime aller en visite chez ses voisins avec une ou deux religieuses pour se distraire. Chez les Habert de Montmort, au Mesnil, il y a trois petits enfants qu'elle aime à mignoter. On vient aussi la visiter. Elle accueille volontiers ceux qui se présentent à la porte, leur faisant servir d'agréables dîners. Plus elle grandit, plus elle aime les mondanités. Plus le temps passe, moins elle apprécie d'être écartée de la vie, la vraie.

Lorsque son « bon grand-papa », comme aime à le nommer Angélique, meurt le 15 février 1605 et est enterré dans l'église Saint-Merri, sans qu'elle l'ait revu, une foule d'interrogations l'envahit. Se remémorant son enfance près de lui, maintenant qu'elle a treize ans révolus, elle regrette ses jours à ses côtés. Son grand-père, qui l'affectionnait, a pourtant choisi la moins utile des vies et l'une des moins faites pour elle qui, affirme-t-elle, n'aime que parler, courir, bouger, jouer. Elle est vive et toute de feu, ne tient pas en place. Tous les exercices de la religion lui sont insupportables. Guettant les visites, elle se persuade qu'elle ne peut vivre dans une campagne isolée.

Maintenant que Simon Marion n'est plus, elle se rend compte qu'elle a grandi. Pas encore tout à fait femme, mais au même âge, sa mère s'apprêtait à se marier ; elle doit se décider à dire non à cet avenir sans horizon qu'on a voulu pour elle et partir sans retour. Plusieurs de ses tantes lui ont écrit après l'avoir visitée. Elles expriment leur horreur de la voir comme en prison, même si les murs ne sont ni hauts ni épais, qu'elle se promène aux alentours librement et qu'elle s'amuse tout à loisir. Elles sont protestantes et elles ne se lassent pas de l'exhorter à quitter le cloître. « Vous avez prononcé des vœux à un âge où l'on ne pouvait rien comprendre. Vous n'êtes pas engagée. Regardez combien de personnes se prononcent comme nous. Vous devriez réfléchir, vous qui avez tant de bon sens », s'entend-elle dire[4].

La tentation de La Rochelle

Ces objurgations l'incitent à quitter Port-Royal discrètement et s'en retourner au monde, sans en avertir ni son père ni sa mère, pour se retirer de ce joug qui lui est insupportable et se marier quelque part, probablement à La Rochelle où sa tante Esther de Tournemine accepterait de l'accueillir, le temps pour elle de trouver un mari. Il y a des familles honorables là-bas, et des époux qui l'attendent, se dit-elle lorsqu'elle s'abandonne à la rêverie. Va-t-elle se décider à partir ? Elle reste indécise.

Le 1er janvier 1606, sa sœur aînée, Catherine, a signé son contrat de mariage avec un conseiller du roi, maître des comptes, Isaac Le Maistre. Il est veuf, sans enfant et protestant. Le mariage a lieu durant le carnaval. Angélique confesse qu'elle aurait préféré être à la place de sa sœur qui, à seize ans, se marie. Il est à parier que si l'on avait demandé son avis à Catherine, elle aurait avoué envier la place de sa sœur tant elle se sent attirée par la vie religieuse. Pour elles deux, le destin est mal fait. C'est dire la tyrannie de l'autorité paternelle qui impose aux enfants d'acquiescer à tout.

Ce mariage réactive les regrets de la petite abbesse d'être une cadette et déclenche une crise morale. Elle sent en elle du trouble. Elle aime faire le tour du cloître en rêvassant, à l'abri du soleil et de la pluie, sans regarder les tombes des religieuses qu'on y a enterrées. Pourquoi a-elle ajouté « Madeleine » à son nom de religieuse, Angélique ? Elle est comme la sainte Madeleine en pleurs. Se lamentant non pas sur ses péchés, mais sur ceux qu'elle ne peut commettre, retirée du monde. Elle crève de dépit. Elle souhaite tantôt se marier, tantôt simplement fuir, loin de cette maudite maison enfermant des filles innocentes qui n'ont d'autre choix que de se laisser mourir. Cette vie sans perspective est bien rude. Ses angoisses sont telles qu'elle n'arrive plus à dormir. Elle se tourne et retourne sur son matelas. Les jours et les nuits passent sans qu'elle parvienne à trouver le sommeil. Elle ne goûte pas aux douceurs du soleil d'été. Elle s'échauffe. Elle faiblit.

La veille de la fête de son saint patron, le 25 juillet, elle titube. Elle a chaud. Ses pieds ne la portent plus. La tête lui tourne. Elle s'effondre sur le sol. Les religieuses la relèvent et l'accompagnent dans sa chambre où une crise de paludisme la cloue au lit. Il n'est pas surprenant qu'elle soit victime de la fièvre des marais : l'endroit est humide, insalubre, infesté de moustiques l'été. Cette crise est la première d'une longue série.

Les sœurs, inquiètes, préviennent les parents. Le 10 août, son père l'envoie quérir dans une litière pour la faire soigner chez lui. On consulte un médecin. Elle pense qu'elle est en train de mourir au fond de son lit, le corps tremblant de fièvre. Elle se met à prier ardemment saint Jacques, son saint patron, au seuil d'une mort qui l'épouvante. Elle a quinze ans et elle ne veut pas mourir. Mais elle ne veut pas vivre non plus. Elle est condamnée à être religieuse – c'est-à-dire, pense-t-elle, rien.

Une malade en famille

La maladie la cloue dans la chambre de sa mère qui l'a fait mettre dans son lit durant tout le mois d'août. Une garde se tient près d'elle, tandis que Catherine Marion-Arnauld dort dans un tout petit lit à l'autre bout de la chambre. Mais lorsqu'elle appelle de sa voix faible, c'est le visage de sa mère qui se penche vers elle avec des yeux interrogateurs. Elle se plaît à y lire de l'inquiétude. Elle expérimente ainsi, pour la première fois, l'amour des siens alors qu'elle s'était persuadée qu'ils ne l'aimaient pas.

La chambre devient le centre de la maison. Les frères, sœurs et belles-sœurs de ses parents accourent pour se relayer à son chevet et lui tenir compagnie. Toutes les nouvelles de Paris et de la Cour s'y débitent. Les deux frères de son père, l'un protestant, Isaac Arnauld, et l'autre catholique, Pierre Arnauld, viennent la voir. Sa tante Madeleine, la femme de son oncle maternel – l'un des huit présidents du Grand Conseil qui juge pour le roi en présence du chancelier –, s'installe auprès d'elle de longues après-midi pour converser. Et comme ils sont tous couverts de satin et de velours, magnifiquement vêtus et parés, cela lui plaît. Elle aimerait être plus belle, plus gracieuse et sans cesse regardée. Aussi, elle se fait faire en cachette un corps à baleines pour paraître plus fine de taille. Mais à quoi ces préparatifs peuvent-ils servir au fond d'un monastère ? Et pourquoi s'enquérir des nouvelles du dehors si l'on vit comme les sauvages au fond des bois ? Cette agitation, infiniment plaisante, ne laisse pas de l'attrister au fond d'elle. Quand sa sœur aînée, qu'elle envie, tente de la divertir et de l'amuser, elle ne lui répond que par monosyllabes, juste un simple « bonjour », puis elle ferme les yeux pour ne plus la voir ni lui parler.

Son père la fait ensuite transporter dans la propriété d'Andilly-le-Haut, près de Montmorency. C'est son grand-père Simon Marion qui l'a donnée en héritage à sa mère. L'élégant château est construit autour d'un imposant colombier qui rappelle celui de Port-Royal. Elle imagine les sœurs renfermées dans la salle commune pour lutter contre les premières froidures, frottant leurs mains gelées devant le feu. Ses parents s'avisent alors de la renvoyer dans son monastère pour Noël. Les religieuses se languissent, paraît-il, de leur abbesse. Le médecin a solennellement déclaré qu'elle n'avait plus aucune humeur maligne au-dedans d'elle.

Hésitations

La grande sollicitude que son père et sa mère lui ont témoignée depuis le début de sa maladie la perturbe. Elle se demande comment elle pourrait oser les décevoir et semble prête à renoncer à ses projets de fuite. Mais un incident remet tout en question. La veille de son départ, son père arrive dans sa chambre avec un papier. « Signez là, ma fille, je vous prie, sans me demander autre chose », lui enjoint-il. Elle aperçoit quelques mots qui lui font penser que ce sont ses vœux religieux qu'elle réitère. Elle hésite, n'ose pas lui demander ce que c'est. « Mais mon père… », supplie-t-elle. « Cela suffit. Il faut m'obéir », ordonne-t-il d'un ton sec, en ajoutant qu'elle n'a pas besoin de lire. Ce « tour d'adresse » la révulse. Tremblante, elle s'exécute en essayant de ne rien laisser paraître de son trouble. De l'encre tombe sur la feuille. « Vous êtes bien gauche, ma fille[5]. » Ses paroles s'enfoncent au fond de son cœur et le font saigner. Antoine Arnauld a piégé sa fille. Il craint avant tout le scandale public qui surviendrait si elle renonçait à la vie religieuse et à son abbaye. Son attitude durant le séjour familial et les indiscrétions de Mme de Jumeauville l'auront alerté. Il sait que les vœux prononcés à un âge si tendre sont invalides. Le caractère affirmé d'Angélique lui fait craindre qu'elle n'outrepasse le respect dû aux parents, absolu éducatif que l'absence de vocation pourrait rendre contestable.

Elle expliquera plus tard qu'à ce moment précis, elle a souhaité s'en aller à cent lieues et ne revoir jamais ni père, ni mère, ni parents, quoiqu'elle les aimât extrêmement. Mais comment pourrait-elle vivre ailleurs sans se déshonorer puisqu'une fille ne peut désobéir à ses parents ? Elle songe alors que la seule manière de se délivrer serait de partir quelque part, seule, de sorte « qu'âme du monde ne la connût », qu'elle vivrait ainsi humble et cachée, morte à ses ambitions humaines. Elle renonce à ce qu'elle pourrait être. Elle est réduite à vivre une vie fort mélancolique à son gré.

« Allons, ma fille. Réveillez-vous ! » lui dit son père brusquement en lui arrachant la feuille. Elle le regarde, puis ses doigts tachés d'encre qu'elle frotte énergiquement sur sa robe. Mais l'honneur, la gloire et l'orgueil ne l'ont pas abandonnée durant sa maladie. Elle décide de prendre son destin en main, en considérant qu'elle ne peut quitter sa condition de religieuse et d'abbesse. Aussi s'en retourne-t-elle à Port-Royal avec la solide ambition de prouver qu'elle est capable de faire de grandes choses. Puisque sa famille la condamne à cette vie recluse et éloignée de tous, puisqu'elle la retire du monde, elle va se faire entendre jusqu'aux confins de l'univers.

Chapitre III

Les pères capucins
1607-1609

L'abbaye de Port-Royal est toute féminine. C'est une femme qui l'a fondée en 1204. Mathilde de Garlande, femme de Mathieu de Marly, cadet de la maison de Montmorency, acheta la terre de Porrois à six lieues de Paris au couchant, dans une vallée près de Chevreuse, pour y faire bâtir un monastère. Son époux était parti à la croisade en lui laissant une somme d'argent pour l'employer à des œuvres de piété afin d'obtenir la protection de Dieu sur sa personne. On parlait au début de « Porrois », ce qui veut dire « trous d'eau dans les broussailles », tant il est vrai que l'abbaye croupit au fond d'un vallon encaissé, rempli d'étangs, aux pentes hérissées de bois majestueux : chênes, châtaigniers et charmes. On donna la conduite de ce monastère aux religieux de l'abbaye des Vaux-de-Cernay, ordre de Cîteaux, qui n'en est éloignée que de deux lieues et demie soit trois heures de marche.

La tutelle de saint Bernard de Clairvaux convient bien à l'endroit puisqu'il se dérobe à la vue des hommes, mais pas à celle du ciel. Le sol de l'église, par un effet du temps, s'est enfoncé dans la terre humide. Pour y entrer, il a fallu aménager un escalier d'une dizaine de marches que les religieuses descendent régulièrement pour assister aux offices. Le pape Honorius III accorda plusieurs privilèges, défendant aux évêques d'empêcher l'élection régulière de l'abbesse ou d'en déposer une élue canoniquement, défendant qu'on arrêtât quiconque et qu'on exerçât aucune violence dans leur maison ni dans l'enclos de leurs granges, et permettant qu'on y célébrât la messe même en cas d'interdiction dans tous le pays. Philippe Auguste, Louis VIII, Saint Louis furent du nombre de leurs premiers bienfaiteurs. On oublia bientôt le nom de Porrois pour celui, plus noble, de Port-Royal, qui évoque la protection des souverains. La décadence du monastère date du XVIe siècle. Les religieuses expédient alors les prières, font preuve de mauvais esprit, se disputent violemment, profèrent des « injures atroces[1] » les unes contre les autres. L'abbaye tombe en commende et l'élection de l'abbesse n'est plus qu'un simulacre, jusqu'à ce qu'en ce début de XVIIe siècle, une jeune fille renoue avec la grandeur des temps passés.

Adolescence

Au retour d'Angélique, les sœurs accourent comme une volée de passereaux pour l'accueillir. Elles la reçoivent avec une joie extrême et des témoignages d'amitié plus grands que jamais. Leurs rires et leurs voix la remercient de revenir. Mais elle n'est pas arrivée seule : elle est accompagnée par l'une de ses sœurs, âgée de sept ans, Marie-Claire, qui est une agréable enfant, remarquablement vive et intelligente. Elle a été un petit prodige d'esprit et de beauté jusqu'à ce que la vérole ne la défigure, ce dont elle s'est accommodée avec résignation. Toujours derrière elle qui quémande des réponses, des regards et des attentions, elle la suit fidèlement comme un petit chien. Angélique se sent pourtant seule. Ce n'est pas assez de la petite Marie-Claire. Elle parvient à convaincre son père de lui envoyer sa sœur, future abbesse de Saint-Cyr, pour achever sa formation. Celle-ci arrive en habit de novice bénédictine avec son petit surplis plissé bien ajusté. Sa présence est apaisante. Les couloirs de Port-Royal lui rappellent maintenant ceux de l'hôtel de la rue du Renard-qui-Prêche, qui se serait transporté à la campagne. Il lui faut bien Marie-Claire et Agnès pour égayer ces jours de fin d'hiver qui s'étirent avec paresse.

Le carnaval arrive. Avec le confesseur et les valets, les religieuses font des mascarades, mais désormais Angélique veille à interdire l'accès du couvent aux étrangers. Le carnaval achevé, le carême lui enlève son insouciance. Elle demande à sa gouvernante quel livre elle lira durant ce temps de pénitence, car elle a hâte de s'améliorer et ne veut pas faire les choses à moitié. C'est tout ou rien ! Un sourire éclaire le visage ridé et ingrat de Mme de Jumeauville, qui lui remet un petit ouvrage laissé par trois capucins venus prêcher durant son absence.

Dans sa chambre, allongée sur sa paillasse, Angélique examine *La Pratique de l'oraison mentale ou contemplative du père Matthias de Salo Bellintani, de l'ordre des capucins, faite française par Jacques Roussin, de l'italien, revue par l'auteur.* Le frontispice montre un capucin barbu, aux yeux clairs et méditatifs. Sa figure, légèrement penchée, est auréolée d'un soleil aux mille rayons. Ses bras, croisés sur sa poitrine, tiennent un crucifix. Ce sont des méditations sur le *Pater*, la salutation angélique et le chemin de croix. Elle recopie des passages :

> La méditation sert de bois pour allumer ce feu du désir en notre volonté. Car lorsque nous contemplons quelques mystères sacrés, nous y retrouvons toujours quelques mouvements assez puissants pour nous inciter à faire quelques actes vertueux avec affection, comme de craindre, désirer, aimer, remercier, espérer, se repentir, imiter, compatir, se réjouir et autres semblables.

Et aussi :

Réfléchis sur la décision que tu dois prendre d'être tout à Jésus. Donne-lui ton cœur, comme gage de ton amour. Propose-toi de vouloir être avec Jésus mort au monde, t'arrêtant en cette délibération jusqu'à ce que tu te sentes y être entièrement résolu. Repens-toi de ne l'avoir fait par le passé et d'avoir si peu de sentiment des choses divines. Et tu remercieras la bonté divine qui t'a rendue digne de connaître et goûter ces très sacrés mystères.

Elle n'a fait aucun pâté sur sa feuille ; ses mains sont d'une blancheur candide…

Touchée par la grâce

À peu de temps d'intervalle, mardi 25 mars 1608, pour la fête de l'Annonciation, à la nuit tombée arrive un capucin qui demande à prêcher. Le pauvre homme ! Il s'attendait sans doute à trouver les religieuses en train de prier. Au lieu de cela, elles viennent de rentrer de se promener au jardin. Angélique donne l'ordre d'allumer les flambeaux, de sonner la cloche pour réveiller les dormeuses. « Cela tiendra lieu de complies[2] », annonce-t-elle. Elle se hâte vers l'église car elle aime à entendre prêcher, et l'on prêche si peu à Port-Royal. Pour les grandes fêtes, on va quérir un écolier aux Bernardins dont la voix manque de clarté et dont les sermons endorment.

Ce soir-là, elles vont toutes au prêche de ce capucin appelé père Basile. L'homme est jeune. Sa voix est puissante dans les ténèbres. Elle retentit dans la nuit de la chapelle et se prolonge par un faible écho. Toute la nuit, il les exhorte, leur fait comprendre les mystères sacrés. Il parle de l'Incarnation et des rabaissements du Fils de Dieu en sa naissance et dans la crèche. Mais Angélique n'entend plus vraiment les mots ;

elle laisse vagabonder son âme. Elle ne sent plus ni le froid ni l'humidité du lieu qui percent sa robe. Dieu la touche au point qu'elle se trouve « plus heureuse d'être religieuse » qu'elle s'était « estimée malheureuse de l'être[3] ».

Au petit matin, avant les laudes, avec deux autres sœurs, elle va trouver ce capucin dans la sacristie pour le remercier, lui sert un déjeuner avant son départ. Puis elle se retire dans sa cellule pour méditer sur ce qu'elle vient de vivre : une conversion intérieure d'une grande intensité. Elle voit aussitôt « la nécessité de la vraie obéissance, le mépris de la chair et de tous les plaisirs sensuels et le mérite de la vraie pauvreté[4] », comme elle s'en ouvrira plus tard à son neveu et à sa nièce. Elle se sent différente. Cette nuit, Dieu l'a touchée tellement qu'elle n'est plus la même. Elle ne sera plus jamais la même.

Il lui faut maintenant, comme elle le dit, mettre en œuvre ce que Dieu a déposé en son âme. Elle entame alors un parcours initiatique fait de pratiques de mortification, de longues nuits de prières sans sommeil à l'insu de la communauté jusqu'à ce que, à peine quinze jours plus tard, une nouvelle rencontre scelle son destin. Son chemin croise celui d'un autre capucin, le père Bernard, un homme âgé et d'un extérieur sévère, venu prêcher pour Pâques à la place de celui présent habituellement et qui est malade. Comme il prêche de façon stricte, Angélique pense qu'il pourra l'aider dans sa quête et décide de lui ouvrir son cœur. L'écoutant avec bienveillance, le père Bernard approuve son désir de réforme et se met à exhorter toute la communauté à la pénitence. Angélique se retrouve alors confrontée à ce qui sera sa sempiternelle épreuve : convaincre ses compagnes de la justesse de sa démarche. Certaines religieuses, et parmi elles la mère prieure, ne veulent absolument pas se défaire de leurs anciennes habitudes qu'elles estiment suffisamment sévères au regard des sacrifices qu'elles ont consentis lorsqu'elles sont entrées au monastère, se dépouillant de tout : ambition, vie aimable, douceurs, espoirs, rêves.

Une tocade ?

La prieure ne manque pas de s'en plaindre à l'abbesse. Pour elle, le désir de changement est une tocade comme en ont les jeunes, un simple caprice d'adolescente :

> Ce religieux vous met dans l'esprit de faire une grande réforme. Vous êtes fort jeune. Vous vous en lasserez. La maison sera dans un plus grand désordre encore. C'est une ferveur de dévotion qui vous tient et qui vous quittera dans trois mois peut-être et que vous renverserez. Voyez ce qu'a dit notre supérieur, l'abbé Nicolas Boucherat, lorsqu'il est venu en visite avant la Noël 1604. Nous a-t-il recommandé de changer nos habitudes de prière ? Nous a-t-il demandé de modifier nos habits ? Nous a-t-il demandé de prononcer plus distinctement l'office et avec plus de recueillement ? Non, la seule remarque qu'il nous a faite est de porter de douze à seize le nombre des professes[5].

Il est exact que l'abbé de Cîteaux leur a laissé une « carte de visite », c'est-à-dire un compte rendu d'inspection on ne peut plus explicite : il déclarait les avoir trouvées en bonne observance, quoiqu'elles ne vivent ni en clôture ni en communauté.

Mais le capucin insiste. Il conforte Angélique dans son désir de perfection en lui expliquant qu'elle peut réparer la faute commise par ses parents quand ils lui ont obtenu la charge d'abbesse avant l'âge requis en demandant de nouvelles bulles et en tâchant d'introduire la réforme dans sa maison. Elle relit la règle avec lui et, ensemble, ils décident d'un plan d'action progressif : commencer par disposer doucement ses compagnes à penser selon leur conscience, puis introduire des nouveautés qui renoueront avec la tradition de saint Benoît. Ces nouveautés consistent à n'avoir rien en propre, à ne point sortir, à ne laisser entrer personne dans la clôture, à s'habiller simplement et modestement, à ôter l'empois qui donne cet aspect raide et solennel aux vêtements, à ne plus montrer leurs cheveux, à ne plus porter de gants, de marques ni d'autres afféteries de demoiselles, à reprendre l'abstinence perpétuelle de viande, les jeûnes et les heures pour le saint office, à ne plus aller au parloir qu'en y étant absolument obligées.

Le plan d'action se veut graduel, mais les suggestions rencontrent immédiatement l'hostilité des religieuses et suscitent des réactions mitigées dans le clergé. Ainsi, dans son désir d'inciter les sœurs à une prière plus personnelle, le père Bernard espère leur faire abandonner le « petit office de Notre-Dame », qu'elles récitent en leur particulier, pour établir l'exercice de l'oraison mentale, ce à quoi la prieure s'oppose violemment. La pauvre femme, à qui personne n'a jamais rien reproché, s'indigne. Elle ne comprend pas pourquoi elle devrait modifier ses habitudes. D'ailleurs, la récitation des prières du « petit office de Notre-Dame » est une pratique liturgique courante dans les ordres monastiques. Par contraste, l'oraison mentale, exercice moins mécanique, plus élaboré, requérant un effort de l'esprit, est une nouveauté apporté par la Contre-Réforme. Hormis Catherine de Saint-Paul Goulas, la première religieuse qu'Angélique a reçue en profession à son arrivée, et Marguerite de Sainte-Blandine de La Grande, pour laquelle l'abbesse nourrit des sentiments d'affection en raison de son soutien inconditionnel, aucune moniale n'est décidée à changer quoi que ce soit.

Changer ou partir ?

Lorsque le père Pacifique, une fois rétabli, revient enfin prêcher, il désapprouve ce grand remaniement, arguant lui aussi que leur supérieur a été satisfait d'elles et réprouvant le fait de « choquer » les habitudes. Effondrée, Angélique imagine alors de se défaire de sa charge d'abbesse et quitter le monastère pour devenir simple converse dans quelque couvent austère déjà acquis à la réforme, mais ils sont rares. Indécise, elle envisage tour à tour de se faire capucine ou feuillantine à Toulouse dans une maison qu'on lui a décrite comme respectant les rigueurs de la règle… pourvu qu'elle ne soit plus abbesse. Elle pense à écrire sur un billet les noms d'une ou deux personnes les plus capables d'exercer sa charge, à le laisser sur l'autel et à s'en aller en cachette. Ces atermoiements donnent lieu à une scène violente entre le père Pacifique, prédicateur habituel, et le père Bernard qui se met dans une grande colère. « Mère Angélique Arnaud doit réformer son monastère plutôt que de s'en aller dans un monastère déjà réformé. C'est ce que Dieu veut pour elle », assène-t-il à son confrère. Puis se retournant vers Angélique, il ajoute : « Mais il faut, avant que de réformer Port-Royal, vous autoriser de la permission de l'abbé Nicolas Boucherat, votre supérieur. Cela ne doit point se faire sans son consentement ni son approbation[6]. »

L'attente paraît interminable : cinq longs mois durant lesquels l'état de santé d'Angélique se dégrade de nouveau. À la faveur de l'été, ses accès de paludisme ont repris, qui entraînent de la fièvre intermittente et des langueurs. Averti, son père la fait chercher au milieu du mois de septembre pour la soigner à Andilly, puisque cela lui a si bien réussi l'année passée. Au moment de quitter à nouveau son monastère, le père Bernard apaise ses scrupules lorsqu'elle lui demande si elle est autorisée à quitter Port-Royal pour aller prendre du repos auprès de ses parents. Il espérait qu'elle parviendrait à obtenir de son père qu'il envoie à Rome une demande pour avoir de nouvelles bulles et l'absolution de la fausse déclaration qui prétendait qu'elle avait dix-sept ans alors qu'elle n'en avait que neuf.

Retour à Andilly

Angélique retrouve Andilly avec bonheur, d'autant qu'elle bénéficie de la compagnie de sa petite sœur Marie-Claire qui, comme elle, est malade. Mais chez ses parents, on l'observe et on guette ses moindres mouvements et paroles. Sa mère lui fait reproche de ce qu'elle est moins soignée parce qu'elle n'arbore plus de manchettes, alors qu'elle a les moyens d'avoir des habits élégants. Le drame survient lorsque la servante révèle à la mère qu'elle porte en permanence les mêmes chaussettes de drap et qu'elle annonce avec dégoût que ses chausses sont infestées par les poux. On en fait un grand vacarme. La mère s'emporte : « La dévotion consiste donc dans la saleté, ma fille ? » demande-t-elle avec l'air sévère et méchant qu'elle lui connaissait jadis.

> Je retrouve là votre caractère disgracieux que je pensais que vous aviez amendé depuis votre ancienne maladie ! Il convient que vous changiez de linge régulièrement plutôt que de conduite ! Vous voulez réformer votre maison ? Commencez par réformer vos habits pour que la vermine et la maladie ne s'y mettent pas[7] !

Antoine Arnauld est furieux lui aussi. Il le dit. Il le montre. Il vient la trouver dans sa chambre et commence à lui témoigner le déplaisir qu'il a contre ceux qui lui inspirent ces nouveautés alors que le vicaire général de Cîteaux, Claude Masson, les réprouve. Le vicaire en personne a rendu visite à ses parents pour les aviser qu'il empêcherait ces réformes parce que le monastère est bien comme il est. Arnaud craint que des austérités trop grandes ne ruinent la santé déjà chancelante de sa fille. Étant toujours malade, elle n'a pas besoin de plus grandes mortifications. Il la met en garde contre les capucins qu'il taxe d'hypocrisie, eux qui ne veulent qu'une chose : s'introduire dans les maisons pour obtenir de bonnes quêtes. Ses mots dépassent alors sa pensée. Il s'emporte en hurlant qu'elle le fera mourir de chagrin.

Ces dures paroles la bouleversent au point que plus aucun son ne sort de sa bouche. Elle pleure en silence, défigurée. Sa petite sœur couchée dans le lit à côté du sien a tout entendu. Bouleversée, Marie-Claire éclate aussitôt en sanglots si bien que leur père, effrayé, se porte d'un lit à l'autre, ne sachant comment les calmer. Il s'échauffe. De grosses gouttes tombent de son front. Sa face est écarlate. L'écume borde ses lèvres. Dans un souffle, il lui glisse : « Vous êtes dégoûtante ma fille, remplie de vermine et si désobéissante que vous en oubliez les préceptes évangéliques. Honore ton père et ta mère, est-il écrit dans la Bible[8]. » Au travers de ses larmes, la jeune fille le voit quitter la chambre en chancelant.

Un peu plus tard, sa mère revient pour annoncer qu'il a pris une fièvre à leur père et qu'il va en mourir. Les deux malades se regardent avec stupeur avant de sombrer dans un sommeil agité.

Dehors, le vent souffle, qui fait tomber quelques feuilles aux arbres. Angélique reprend ses esprits, voit sa sœur assise dans un fauteuil, rétablie. Elle entend bientôt les pas de son père dans le couloir. Marie-Claire se lève, se dirige dehors comme un chaton qui se faufile en silence et observe le mouvement. Elle ne disparaît qu'un instant. À son retour, elle déclare que leur père va mieux, qu'il n'a plus de fièvre du tout, qu'il marche tranquillement et qu'il est absolument convaincu qu'elle va renoncer à ses projets.

Le calme avant la tempête

Angélique n'a pas quitté la chambre. Elle a accepté de changer de linge, a fait laver sa robe qui repose sur une chaise. Au-dehors, elle n'entend aucun bruit. Tout lui semble calme. Ses parents en restent là jusqu'à l'arrivée du vicaire général, qu'ils ont invité à séjourner quelques jours à dessein de la faire changer d'avis. Claude Masson lui commande « de se déporter entièrement de ses intentions », de se contenter « de conserver l'ordre qui est dans la maison où il n'y a aucun sujet de scandale », « de jouir sans scrupule des libertés innocentes comme d'aller se promener aux environs ». Et afin de se conjurer les risques de rechute, il décide de ne plus envoyer de capucins, des « cafards, cagots et bigots », mais uniquement des Cisterciens[9].

Cette décision témoignant de la rivalité entre les ordres masculins pétrifie Angélique, qui demeure un moment triste et silencieuse, voyant tant d'empêchements à ses désirs. Mais résolue à guérir, elle préfère ne plus penser à l'avenir. Elle avisera quand elle sera de retour dans son monastère.

La mesure prise, qui paraît radicale, a des effets diamétralement opposés au but recherché. Angélique retourne à Port-Royal durant la troisième semaine d'octobre, encore malade. Sa fatigue la plonge derechef dans un état d'indécision et d'atermoiements, quand une rencontre modifie de nouveau le cours des événements. Le jeune bachelier des Bernardins qu'envoie le grand vicaire pour prêcher la Toussaint se trouve dans des sentiments tout contraires à ceux du supérieur. C'est un Breton. Il s'appelle Claude de Kersailloux, moine de l'abbaye de Bégard dans le Trégor, plus tard abbé de Vauclair, dans la vallée de l'Ailette au sud de Laon. Il a vingt-sept ans. Jeune et ardent, il prêche sur les Béatitudes : « Bienheureux ceux qui souffrent la persécution pour la justice ! » ne cesse-t-il de lui dire. Il l'encourage à suivre « le chemin étroit » sur lequel elle s'est engagée, malgré les difficultés et les peines. Kersailloux prend systématiquement le contre-pied du vicaire. À la question « La carte de visite de notre ancien supérieur nous permettait de sortir. Pouvons-nous aller nous promener en dehors de la clôture ? », il répond que c'est un péché mortel que de contrevenir à la clôture, ce à quoi les vœux engagent. Angélique se trouble, de plus en plus hésitante.

C'est sa servante, Marie Baron, qui assiste avec respect à toutes les prédications et entrevues, qui la sort de son irrésolution lorsqu'elle prend la liberté de lui dire : « Si vous vouliez, Madame, vous seriez de ces bienheureux qui souffrent persécution pour la justice[10]. » La servante emploie le mot qui reviendra ensuite régulièrement sous les plumes jansénistes : persécution. Angélique y voit un signe divin, car la vérité sort de la bouche des petits... Elle la rabroue, mais cette parole résonne au fond de son cœur. Elle échafaude alors un stratagème pour réformer son monastère sans que cela s'ébruite. Parvenue à la conclusion que ses parents sont tenus informés par sa gouvernante, Mme de Jumeauville, elle obtient que l'abbesse de Saint-Cyr la rappelle. La voie est désormais libre.

Convaincre la communauté

Il reste un défi, et non des moindres : convaincre les moniales. Pour y parvenir, elle se livre à un chantage. Elle est retombée malade, ce qui a plongé ses religieuses dans l'inquiétude, d'autant que, cette fois, il semble que le mal soit surtout moral. Angélique se rappellera plus tard qu'à la veille de la Saint-Joseph, le 18 mars, la prieure a demandé à lui parler en toute discrétion : « Je suis en peine de vous voir en si grande mélancolie, Madame, Je vous prie de bien vouloir me dire ce que vous avez[11]. » Angélique avoue, dans un souffle à peine audible pour lui faire peur, qu'elle ne peut satisfaire au désir qu'elle a de la réforme. La prieure lui promet alors qu'elles feront tout ce qu'elle voudra pour la contenter. Mais elle l'avertit que la réforme aura un coût économique. Lorsque tout sera mis en commun, les religieuses ne géreront plus leurs effets personnels, ce qui aura pour conséquence de faire augmenter les dépenses globales. Angélique rétorque par un argument spirituel : mieux vaut qu'il en coûte davantage et que les âmes se sauvent en observant le vœu de pauvreté.

Avec intelligence, elle laisse la prieure convaincre la communauté qui se rend enfin à son opinion. Le jour de la Saint-Benoît, le 21 mars 1609, elle réunit le chapitre et, sans qu'elle ait à le demander, toutes acceptent de bon cœur de se dessaisir de leurs effets personnels. Dès le lendemain, elles viennent avec leurs cassettes et leurs hardes ; toutes le font, y compris une religieuse sourde et muette que l'on n'a pas informée car on jugeait que son infirmité l'en dispensait. Or, voyant toutes les autres apporter leur paquet, elle vient d'elle-même remettre le sien. Le jour même, la fièvre quarte quitte l'abbesse. La langueur aussi.

Il reste deux religieuses pour refuser la réforme. Marie Mulot, très ancienne dans la maison, prétend avoir été faite religieuse contre sa volonté. Elle manifeste son mécontentement et sa désapprobation si bruyamment qu'Angélique lui adresse par deux fois une réprimande publique. Quant à la seconde, Catherine Morel, elle ne se ralliera que bien plus tard en lui remettant la dernière chose qu'elle conserve en propre : la clé de son petit jardin.

Chapitre IV

La journée du Guichet
1609-1610

Angélique a bientôt dix-huit ans. Elle ira jusqu'au bout. Elle pense qu'elle a été maudite quand les hommes l'ont faite abbesse à la place de Dieu. Et elle veut se racheter. Elle s'impose de cruelles pénitences. Maintenant qu'elle est femme, elle veut anéantir son corps. La nuit, elle se fait dégoutter sur les bras et les jambes nus de la cire brûlante, qui crée des cicatrices indélébiles. Elle dompte ce corps qu'elle croit insatiable de convoitise. Elle reste des heures dans sa cellule, à genoux. Elle se prive durant le carême. Sans cesse inquiet, son père lui envoie un apothicaire qui l'oblige à avaler un œuf devant lui et lui ordonne de le faire tous les jours, ce à quoi elle ne se résout que péniblement.

Restaurer la clôture ?

Après avoir rétabli la communauté, la prochaine étape est de restaurer la clôture. Cela est tout aussi compliqué et donne lieu à l'un des épisodes fondateurs du catholicisme français au XVIIe siècle : la journée du Guichet. Il convient que les parents des religieuses et ceux qu'ils amènent ne puissent plus les voir qu'au parloir, au lieu d'aller jusque dans les cellules comme c'est devenu l'usage. Un peu après Pâques, pour la vêture d'une fille, il y a beaucoup de monde. Angélique a donné des ordres pour que le buffet soit installé en dehors du monastère proprement dit. Les convives s'en plaignent et ne veulent pas croire que la propre famille de l'abbesse soit désormais traitée ainsi. Connaissant Antoine Arnauld, ils doutent que la jeune fille ait la hardiesse de lui refuser l'entrée de la maison. L'avocat, dûment informé, déclare ne pas vouloir subir cette loi. La mère soutient qu'il est nécessaire qu'elle entre pour voir comment sa fille se comporte. Mais Angélique leur répond que cela lui a été utile en sa jeunesse mais qu'elle n'est plus une enfant. Claude de Kersailloux la conforte dans sa décision : laisser ses parents entrer dans la clôture serait un péché mortel ! Mais comment faire puisque ceux-ci veulent venir pendant les vacances du tribunal ? Le confesseur lui conseille de leur écrire pour les avertir qu'elle les recevra au parloir et pour les supplier de ne pas trouver cela mauvais.

Ses parents annoncent donc leur venue, accompagnés de leur fils Robert, vingt ans et quatre mois, entré au service de son oncle, Isaac Arnauld, qui a été nommé par Sully intendant des finances du royaume, de Catherine Le Maistre, sœur aînée d'Angélique, et d'Anne-Eugénie Arnauld qui a quatorze ans. Angélique plonge dans une terrible angoisse. Le jour venu, le vendredi avant la Saint-Michel, dès le matin, elle retire les clés de la clôture des mains de celle qui les garde d'ordinaire. Elle craint une trahison.

Porte fermée

À l'heure du repas, en tout début d'après-midi, tandis les religieuses sont au réfectoire, l'abbesse se tient à genoux dans l'église. Elle n'arrive cependant pas à se plonger dans la prière. Elle entend les roues d'un carrosse, des chevaux qui s'ébrouent et des chiens qui aboient dans la cour extérieure. Soudain, le heurtoir. Elle a demandé qu'une sœur ouvre le guichet et fasse entrer Antoine Arnauld dans le parloir. Elle l'entend qui s'échauffe, qui insiste, qui commande, qui frappe sur la porte de plus en plus fort pour qu'on lui ouvre. Elle entend la voix de sa mère qui lui ordonne d'ouvrir en la traitant d'ingrate. Son frère le prend d'encore plus haut, dit tout ce qu'il pense pour défendre l'honneur de leur père – car c'est bien d'honneur qu'il s'agit. Un père ne peut tolérer la désobéissance d'un de ses enfants. Robert crie d'une voix forte pour que tout le monde l'entende : « Vous êtes un monstre, ma sœur, un monstre d'ingratitude et une parricide qui répondra devant Dieu de la mort de son père qu'elle fera mourir de regret d'avoir élevé avec tant d'amour une fille qui le traite ainsi[1]. [...] Mes sœurs, mes sœurs, hurle-t-il, je vous conjure de ne pas souffrir d'une personne à qui vous avez tant d'obligations cet affront chez vous. » Angélique se rapproche du parloir et voit sortir dans la cour Catherine Morel, la religieuse opposée à la réforme. Elle est en quête de celle qui a d'ordinaire les clés et crie à tue-tête : « Quelle honte de ne pas ouvrir à M. Arnaud ! Quelle ingratitude ! Un homme qui fait tant de bien à tout le pays par amour pour sa fille ! Un homme qui fait travailler tant de pauvres gens à ce qui est utile à la maison pour leur faire gagner leur vie ! Notre bienfaiteur à tous ! »

Antoine Arnauld réclame alors ses deux autres filles, Agnès et Marie-Claire. Il pense profiter de l'ouverture de la porte pour entrer de gré ou de force. Mais la sœur tourière, qui s'aperçoit du stratagème, donne la petite clé de l'église à une religieuse de confiance en lui disant de faire sortir les deux jeunes filles par cette petite porte. Cela est si promptement accompli que leur père est tout surpris de les voir arriver.

Leur frère accourt auprès d'Agnès et lui fait les plus vifs reproches. Elle répond avec gravité que sa sœur n'a pas tort, qu'elle ne fait que ce qu'elle est obligée de faire et ce que le concile de Trente lui commande. Ce à quoi il lance à la cantonade : « Oh vraiment ! Nous en tenons ! En voici encore une qui se mêle de nous alléguer les canons et les conciles[2] ! »

Antoine Arnauld a déjà donné l'ordre de mettre les chevaux au carrosse, lorsqu'il se ravise. Il entre au parloir et demande à parler à Angélique. Celle-ci s'élance alors vers la grille. Elle tire le rideau. Le spectacle qu'elle aperçoit la paralyse d'effroi. Son père est saisi de douleur, le visage soudainement vieilli et las. Il lui adresse peu de mots : « Jusque-là vous aviez un père qui vous aimait, qui avait porté vos intérêts, qui a pris soin de toutes vos affaires plus que des siennes. Désormais votre conduite m'empêche de vous donner les mêmes preuves d'amour que je ne cesserai de conserver pour vous. Je ne vous reverrai plus jamais. Mais, pour l'amour de Dieu, je vous prie de vous conserver et de ne pas ruiner votre santé et votre vie par des austérités immodérées[3]. »

Sa voix s'éloigne. Le cœur serré, elle n'entend déjà plus. Soudain, elle ressent une telle douleur qu'elle croit étouffer. Et puis plus rien. Brisée par tant d'émotions, elle s'affaisse, évanouie, sur le carrelage du parloir.

« Réveillez-vous ! Revenez à vous ! » On lui tape sur les joues, on la secoue, on lui fait respirer un baume. Elle ouvre les yeux. Les ténèbres se dissipent. Elle retrouve la vue. Elle retrouve l'ouïe. On la relève. Elle aperçoit toute la communauté qui se presse autour d'elle dans un grand émoi et, par-delà la grille, son père en proie à une vive inquiétude. Il crie encore aux religieuses : « Mes sœurs, mes sœurs, au secours, venez secourir votre abbesse ! » Voyant son angoisse, elle fait un effort : « Mon père, je ne vous demande rien d'autre que ne de pas vous en aller ce jour[4]. » On la porte dans sa chambre où on la couche. Elle demande à faire préparer un lit dans le parloir où elle se remettra dès qu'elle se sera un peu reposée.

Réconciliation

On la ramène bientôt dans le parloir où toute sa famille est entrée, qui l'attend. Ils parlent tous paisiblement de ce qui vient de se passer. Lorsqu'elle gisait évanouie, son frère, sa mère et sa sœur ont couru à la porte. Ils ont commencé à la heurter de plus belle pour faire venir les religieuses. Pensant qu'ils voulaient faire un dernier effort pour l'enfoncer, les religieuses sont restées muettes. En faisant un peu attention, elles ont entendu la voix de Robert qui leur criait de toutes ses forces « qu'elles songeassent à leur abbesse qui se mourait dans le parloir ». C'est alors qu'elles y sont toutes entrées pour la trouver allongée par terre sans connaissance. Il n'y a plus eu besoin de réconciliation : toute animosité avait cessé.

Sur ces entrefaites, Claude de Kersailloux arrive pour se justifier et commence à vouloir exposer les raisons pour lesquelles il incite l'abbesse à de plus grandes austérités. Mais il est mal accueilli. Antoine Arnauld lui répond si durement qu'il se fâche. Et Robert renchérit en le traitant d'homme inconsidéré et de fou, si bien qu'il fait marche arrière et se retire. « Voyez cet étrange homme qui vous donne des avis qui vous conduisent aux portes du tombeau, ma chère sœur, lui dit Robert en se tournant vers elle. Il aurait pu être votre assassin si l'amour de votre famille n'était pas venu à votre secours[5]. » « Il est trop jeune et ne sait pas ce qu'il dit ! explose son père, ajoutant : Vous ne devez pas vous laissez faire, ma fille. » Mais au fond d'elle-même, elle est heureuse qu'il l'ait soutenue ; qu'ayant entendu le remue-ménage, il soit venu prendre de ses nouvelles et qu'ayant compris qu'elle s'était évanouie, il se soit présenté à ses parents.

Le pardon du père redonne vie à sa fille. Elle respire enfin et son cœur s'arrête de battre trop vite. Ses parents restent toute la journée, et aussi le lendemain. Ils discutent de ce que peut faire la famille Arnauld, bienfaitrice de cet endroit, pour continuer à arroser la maison de ses bontés. On convient de ce que son père pourra entrer dans les bâtiments et les jardins pour donner ordre sans pénétrer jamais dans les lieux réguliers, et de ce que sa mère et ses sœurs auront le droit d'entrer quand elles le voudront. Le passé est le passé. Son pauvre père ne se souvient d'autre chose que de l'état où il l'a vue gisante sur le sol, de sorte qu'à l'instant, il lui promet tout ce qu'elle veut. Mais sa mère, après s'être laissée attendrir par le malaise de sa fille, est la seule à reprendre un visage sévère et à laisser éclater sa colère. Juste avant de repartir, elle déclare d'une voix forte et lente qu'elle fait le serment de ne plus jamais venir la voir tant l'affront a été énorme. Et elle tourne les talons. Angélique ne cherche pas à la rattraper puisque sa mère ne l'a jamais aimée et qu'elle conserve l'estime de son père. Elle est devenue maîtresse d'elle-même en délimitant strictement la clôture, l'espace dans lequel elle règne et où personne ne peut pénétrer sans son autorisation.

Nouveau départ

Rassuré sur les intentions de sa fille, qu'il croit bien décidée à se comporter en abbesse, son père a demandé à Rome des bulles qui soient conformes à son âge. Il a dû expliquer que l'abbaye n'avait subsisté que par sa générosité et que la réforme y avait été instaurée par les soins de sa fille. Les bulles sont accordées sous le titre *perinde valere*, c'est-à-dire « tout aussi valable » – qui se dit d'une grâce qui sert à couvrir les défauts d'une précédente –, et gratis. Elles sont arrivées le 13 novembre, avec pour obligation de renouveler sa profession de religieuse dans les six mois. Toute au désir de sa réforme, elle oublie qu'il lui faut faire sa profession avant le terme prescrit. Mais cela n'échappe pas à son père, qui lui envoie le 6 mai 1610 Denis Largentier, abbé de Clairvaux, alors en séjour aux Vaux-de-Cernay. Angélique refait ses vœux le 7 mai entre ses mains. Ce ne sont plus de simples paroles. Elle s'engage par l'adhésion de tout son être aux vœux de pauvreté, de chasteté et d'abstinence. Mais ce que personne ne saura, c'est qu'au fond de son cœur, elle refuse de s'accrocher à la règle de saint Benoît ni à cette maison particulière. Elle se promet de partir ailleurs si la réforme complète ne peut se faire. Pour le moment, forte de vœux licites, elle s'autorise à prendre plus d'autorité sur sa maison et à parler plus fermement aux religieuses. Pour la première fois, elle se sent à sa place.

Une semaine après le renouvellement de ses vœux, Henri IV est poignardé à mort à Paris. Aussitôt connue des Parisiens, la nouvelle arrive de la capitale. L'incrédulité cède rapidement la place à la consternation avant de plonger toute la communauté dans la prière. Son frère, qui travaille auprès de son oncle intendant, lui écrit qu'il est bouleversé, de même que son père qui lui dira plus tard : « Voyez-vous, ma fille, le feu roi s'était joué de la sainteté du mariage par une infinité d'adultères. Dieu venge quelquefois des crimes publics et cette profanation scandaleuse des sacrements par des fins tragiques comme la sienne[6]. » Au fond, ce crime ne montre-t-il pas l'abominable influence des Jésuites qui défendent le régicide ? Son père n'avait-il pas mis en garde le souverain contre leur retour ? Henri IV avait peur du « couteau jésuitique », comme il l'avait dit à son compagnon Agrippa d'Aubigné. Mais le roi les avait tout de même rappelés le 1er septembre 1603 par un édit donné à Rouen, pour faire plaisir au pape alors qu'il ambitionnait d'obtenir l'annulation de son mariage pour épouser la belle Gabrielle d'Estrées. Simon Marion, qui vivait encore, s'est alors signalé par son dernier grand plaidoyer. Il a tenté – sans succès – d'entraver l'enregistrement de l'édit au Parlement.

Règles austères

Quand elle se remémore cette année passée, elle a triomphé. Non seulement toutes les sœurs la suivent, mais d'autres arrivent de partout. Claude de Kersailloux prêche à l'abbaye de Saint-Antoine-des-Champs où elle a commencé son noviciat. Il y fait un grand récit de la réforme de Port-Royal. Deux religieuses demandent alors à venir parce qu'une semblable réforme n'est pas mise en œuvre à Saint-Antoine. Angélique décide ensuite de ne plus agréer les novices des grandes familles, richement dotées, qui croient que la religion leur est due. Elle ne veut que de vraies vocations, peu importe si elles apportent ou non des dots. Elle déclare avoir une grande aversion à marchander les filles auprès de leurs parents, que c'est désordre que d'engager des personnes dans l'Église sans vocation et que c'est simonie que d'exiger de grosses sommes pour recevoir des filles religieuses. Elle rappelle que la règle absolue est celle de la pauvreté.

Elle prend aussi la résolution de ne plus demander d'argent à son père qui a pris pour habitude de lui en envoyer toutes les semaines. Elle s'imagine que la modeste dot des filles qui prendront le voile et la vente des bois pourvoiront à tous leurs besoins et à ceux des pauvres qui viennent leur demander l'aumône. Elle simplifie au maximum le service, vend sa vaisselle d'argent. Mais lorsqu'elle annonce vouloir se passer de linge de corps et ne plus revêtir que la robe de laine, la prieure affolée réplique que « la laine est sujette à la vermine » et qu'il faut porter « du linge pour la propreté » ; si la serge paraît trop douce, on peut la remplacer par « des chemises de grosse toile ». Angélique ne la convainc pas qu'en lavant leur robe plus souvent, elles satisferont aux règles élémentaires d'hygiène. Si les religieuses gardent leur linge, l'habit est néanmoins simplifié. L'ample robe plissée est remplacée par une robe droite blanche, sans fronces, comme une sorte de sac. Le scapulaire noir, la guimpe blanche et le voile noir complètent la tenue. Tout ce qui apparaît trop ostensiblement opulent est banni. Angélique aurait préféré que le costume soit malcommode et pénible à porter, lourd et rude à la peau, comme un signe de pénitence, alors qu'il ne sera que simple et modeste.

Angélique décrit la nouvelle vie dans ce nouveau Port-Royal d'une austérité presque repoussante. Il n'y a que douze cellules au dortoir, où sont installées les professes. Les jeunes filles qui arrivent, hébergées dans des pièces insalubres, tombent presque toutes malades. On les soigne dans deux caves humides à moitié enterrées. Elle décide de déplacer les salles d'infirmerie dans le logis abbatial et de s'installer dans une chambre qui sert de passage, de sorte qu'on ouvre et ferme les portes plusieurs fois en une nuit, ce qui est pénible – surtout quand elle a la migraine, à laquelle elle est sujette. La pauvreté dont elle s'entoure marque les sœurs, qui en témoignent volontiers. Elle a compris toute jeune que les actes font plus que les paroles. Avant d'imposer certaines règles ou privations qu'elle croit bénéfiques à sa réforme, elle les expérimente elle-même. En s'assurant qu'elle peut les pratiquer, elle montre l'exemple. C'est sa manière d'inciter les religieuses à changer leur comportement. Elle met également en valeur celles qui paraissent les plus fragiles ou les plus démunies, les proposant comme modèles.

Certaines semblent les rebuts des autres couvents. Claire de Sainte-Martine Pinot, fille d'un avocat parisien, est entrée à seize ans chez les Ursulines qui se sont débarrassées d'elle parce qu'elles ne la trouvaient pas « assez ingénieuse ».

Angélique se déclare heureuse de l'accueillir, quoiqu'elle ait peu de biens et qu'elle sache peu de chose. « C'était, dit Angélique, une égalité d'esprit, une paix et une sagesse tellement humble, modeste et uniforme qu'elle semblait impeccable[7]. » Elle éprouve des difficultés à apprendre le chant, alors que les religieuses doivent exceller dans cet art. Un jour où Agnès lui enseigne les gammes qu'elle n'arrive pas à retenir, elle jette le livre de chant à terre, de rage, en lui disant qu'elle perd son temps. À quoi Claire de Sainte-Martine Pinot répond dans sa simplicité : « Hélas, vous ne perdez pas votre temps car vous recevrez de Dieu le fruit de votre charité, mais c'est moi qui perds mon temps car je n'apprends rien[8]. » Une autre, Isabelle-Agnès de Châteauneuf, pensionnaire et postulante aux Ursulines – qui ont finalement refusé de l'admettre –, donne dès son arrivée « des exemples de vertu admirables ». En exaltant une « simplicité qui fait obéir sans réflexion », Angélique résout une partie des difficultés rencontrées dans la gestion des couvents de femmes, souvent en proie à des tensions nées de jalousies et de petites mesquineries. Cette gestion du recrutement pourrait sembler simpliste si l'on oublie qu'à cette époque, la vertu de charité est essentielle pour ceux et celles qui cherchent à régénérer l'Église. Il convient de ne pas perdre de vue non plus la jeunesse d'Angélique. Alors qu'elle n'a pas encore vingt ans, la conduite spirituelle et temporelle du couvent repose sur ses épaules. Elle se lance à corps perdu dans ce défi, s'appuyant sur son caractère entier et sa volonté de perfection. Au fil des mois, à force de travail et de réflexion, elle découvrira comment diriger sa communauté au point de devenir un archétype d'abbesse imposante et redoutée.

Le père Archange

Angélique s'attache ensuite à relever le niveau de connaissances des religieuses. Elle souhaite voir les sœurs moins ignorantes en matière de foi. Le premier père capucin qui était venu les voir l'avait admonestée car seules deux ou trois étaient confirmées. Les autres ne savaient même pas ce qu'était ce sacrement. Un archevêque vient donc confirmer les sœurs. Elle se met aussi en quête de trouver un prédicateur régulier. Elle contacte un capucin qui a aidé à réformer les abbayes de Montivilliers (près de Rouen) et de Saint-Paul (près de Beauvais) pour qu'il lui indique un prêtre disposé à venir leur faire le catéchisme. Le père Archange de Pembroke se présente peu après et met tout son talent à aider l'abbesse.

C'est un Anglais de grande maison, né vers 1567, qui a fui l'Angleterre et a pris l'habit chez les capucins. Angélique le décrit comme un homme d'un excellent esprit, d'une allure « vénérable et majestueuse, digne de la grandeur de sa naissance », gardien du couvent de la rue Saint-Honoré. Très réputé parmi la haute société, il fréquente le salon de la marquise de Maignelay, la sœur de l'évêque de Paris et tante du futur cardinal de Retz, chez qui il a rencontré Catherine Marion-Arnauld. La marquise de Maignelay le recommande aux parents d'Angélique, leur disant qu'il est prudent et sage et qu'il ne permettra aucun excès qui nuise à la santé de leur fille.

« Dieu attend de vous quelque chose de grand, affirme-t-il dès leur première rencontre, en la rassurant : Votre père n'a pas le droit de vous ôter la vie de l'âme ; il n'a été qu'un instrument dont Dieu s'est servi pour vous la donner. » Il lui enjoint d'ailleurs de mieux traiter ses parents :

> Jusqu'où peut aller l'honneur que vous devez à monsieur votre père et à mademoiselle votre mère ? Je vous dirai brièvement qu'il se peut étendre autant que l'obligation que vous avez au service de Dieu et à votre profession peut vous le permettre. Pensez aussi que la religion ne détruit pas le droit naturel, mais le raffine, le confirme et l'accroît[9].

Le père Archange a une douceur qui touche son cœur. Il sait trouver les mots justes pour adoucir ce que sa ferveur a de trop rude :

> Dites derechef, ma petite abbesse, lui écrit-il, Ô Seigneur et cher époux, je suis ta servante et la fille de ta servante, je t'offrirai moi-même un sacrifice de louange ! Ce que j'espère vous obtiendrez, moyennant què vous demeuriez en paix et repos d'esprit, car notre Dieu bâtit sa maison en paix, et octroie une grande paix à celle qui garde ses volontés de précepte ; même il se promet soi-même d'être votre récompense. Donc, ma petite madame, si vous trouvez les difficultés grandes, considérez le mérite de celui pour qui vous combattez et la récompense que vous prétendez recevoir de ses mains[10].

L'un des premiers avis qu'il lui donne est de ne jamais laisser parler les sœurs à un religieux quand il prêche comme un ange. Il lui conseille de se préserver des mauvaises influences. Tout capucin qu'il est, il se méfie de ses pairs et lui conseille de ne jamais se servir en matière de conduite des religieux de son ordre. Par ailleurs, il souhaite qu'elle se défasse de Claude de Kersailloux. Il le juge, comme ses parents, trop jeune et trop peu mesuré.

Lorsque celui-ci apprend les réticences du père Archange à son égard, il entre dans une fureur incroyable, qui redouble lorsque le 9 décembre 1609, arrive une lettre du père proviseur des Bernardins qui le rappelle de Port-Royal pour l'envoyer ailleurs. Angélique s'attriste de le voir partir, quoiqu'elle se trouve plus calme après son départ. Elle n'a pas trouvé les mots lorsqu'il est monté dans le carrosse. Elle aurait voulu l'arrêter. Il l'a regardée d'un air désolé. Elle a cru un instant qu'il prononcerait quelques paroles d'encouragement. Il a hésité. Il s'est finalement tu.

Pénurie de prêtres

Le père Archange s'engage à parler à toutes les sœurs chaque fois qu'il viendra au monastère. Malheureusement, ses diverses occupations l'empêchent de pouvoir s'acquitter de sa charge comme il le souhaiterait. Il fait alors venir le père Thomas Gallot, un Normand docte et savant, âgé et fort sage, confesseur des carmélites, pour de temps en temps faire le catéchisme. Le nouveau chapelain s'appelle Jean Catois. Le Bernardin Julien Warnier, prieur de Saint-Lazare près de La Ferté-Milon, et Hubert Charpentier, fondateur de la Congrégation des Prêtres du Calvaire du Mont-Valérien, s'ajoutent à cet aréopage d'ecclésiastiques. Angélique parvient donc, avec l'aide de ses parents et grâce à leurs relations, à constituer un réseau de prêtres en soutien à sa réforme qui prennent l'habitude de passer par Port-Royal pour en relever le niveau religieux. Sur les conseils du père Archange, ils sont choisis « bons, simples et âgés, car si, lui écrit-il, elle se met entre les mains de bacheliers et de docteurs, ils prendront tel pied et tant d'autorité qu'elle ne sera qu'un chiffre (un zéro), ce que ses amis ne désirent pas[11] ». Son entourage a donc rapidement discerné ses grandes capacité de direction qu'il convient de laisser croître en l'accompagnant sans la contraindre.

Mais comme elle est une pionnière de la réforme, elle souffre d'une pénurie de « bons prêtres », bien formés, capables de prendre en charge des communautés. Elle se déclare par exemple encore en peine d'avoir un bon confesseur ordinaire. Celui présent au début de la réforme est parti, dépassé par les événements. Son successeur était « à moitié fou ». Sa diction était si ridicule qu'il provoquait des fous rires chez les moniales. Il leur servait « de jouet et d'affliction tout ensemble ». Angélique se souvient de son comportement étrange, de ses prêches interminables et hors de propos. Il a finalement complètement perdu la tête, si bien qu'il a fallu le renvoyer, au grand soulagement de tout le monde.

Le père Archange sollicite alors Eustache de Saint-Paul Asseline, un ecclésiastique du couvent des Feuillants, né dans une famille d'avocats proche des Arnauld, très engagé dans la rénovation conventuelle et réputé pour sa science. Il fait office de confesseur et de directeur spirituel. L'influence de ces premiers prêtres dévoués est considérable dans le redressement moral du monastère. Ils tempèrent les élans de jeunesse de l'abbesse, trop radicaux pour être maintenus durablement et toucher largement la communauté. Ses parents accompagnent désormais la réforme. Son père vient régulièrement pour superviser les travaux encore nécessaires et pour distribuer quelques conseils juridiques. Seule sa mère, comme elle se l'était promis, n'a pas remis les pieds dans la vallée de Chevreuse depuis l'année précédente. Cela ne lui interdit pas de veiller de loin sur ses trois filles qui y vivent.

Le 4 août 1610, on célèbre la fête solennelle de saint Dominique. Vers la fin de l'après-midi, Angélique est dans sa chambre à méditer lorsque la petite Marie-Claire arrive tout excitée : « Notre mère est au parloir et me prie de vous mander de venir ! » Elle est stupéfaite car Catherine Marion-Arnauld avait juré en partant près d'un an auparavant qu'elle ne remettrait plus jamais les pieds à Port-Royal. Elle se rend au parloir avec curiosité. Sa mère n'y va pas par quatre chemins : « Ma fille, je suis allée ce matin entendre un sermon aux Jacobins. L'on y disait qu'il n'y avait pas d'obligation de conscience aux jurements imprudents et proférés dans la colère. J'en fus fort aise. La joie fut si grande de me savoir ainsi déliée de mon serment que, rentrant chez moi, je m'empressai de dîner puis je fis mettre les chevaux au carrosse pour venir vous embrasser[12]. » Angélique est si heureuse de ce retour inopiné qu'elle se souviendra toute sa vie de ce jour où sa mère et elle se tiennent enlacées, car elle lui ouvre la porte de la clôture pour la recevoir dignement.

Deuxième partie

UNE ADMIRABLE RÉFORMATRICE

La journée du Guichet inaugure la vingtaine d'années où Port-Royal devient l'un des établissements religieux les plus en pointe de la Réforme catholique. Le couvent acquiert alors une dimension d'exemplarité. Angélique est une abbesse emblématique, respectée, écoutée. Sa figure tranche avec celle de beaucoup d'autres supérieures, telle l'abbesse de Maubuisson, dont le laxisme n'est plus toléré.

On vient bientôt lui demander de réformer d'autres communautés sur le modèle de Port-Royal. Elle séjourne plus ou moins longtemps (de quelques semaines à quelques mois) dans divers couvents afin de prodiguer ses conseils. Elle répond aux questions, relit les constitutions. Sa plus longue expérience hors de Port-Royal se déroule à Maubuisson où elle passe plusieurs années. Mais cette expérience ne la satisfait pas ; elle la considère comme un échec. Le public, lui, se montre admiratif du travail accompli.

De retour, un nouveau projet voit le jour : quitter la vallée de Chevreuse pour Paris. Le paludisme sévit aux Champs et Angélique souhaite se rapprocher de sa famille. De plus, la présence de la Cour et des parlementaires donnera une visibilité plus grande à son entreprise. Ce souci de médiatisation – comme on dirait aujourd'hui – s'accompagne de la volonté de s'assurer du soutien des prélats les plus en vue.

Elle contacte François de Sales dont la réputation de sainteté est déjà grande et le prend comme directeur de conscience ; une véritable amitié naît entre eux, malheureusement interrompue par le décès prématuré de l'évêque de Genève, qui la laisse désemparée. La présence de celui-ci a été déterminante dans son parcours réformateur. L'abbé de Saint-Cyran n'est pas encore là. Angélique le rencontre brièvement à la fin des années 1630 mais sans vraiment le remarquer. Il n'est pas à cette époque une figure controversée. Angélique se construit une image de réformatrice majeure, en dehors du jansénisme car il n'existe pas encore. Les pouvoirs politique comme ecclésiastique la considèrent comme une admirable abbesse dont il faut soutenir l'action et qui peut rendre des services éclatants. Les débats sur la grâce et la polémique autour de la privation de la communion sont hors-champ.

Angélique n'a de cesse d'attirer à elle les membres de sa famille : elle s'est inconsciemment lancé le défi de les faire venir à Port-Royal, se sent investie de cette mission salvatrice. Elle y parviendra au-delà de ses espérances, puisque ce seront non seulement des jeunes filles qui entreront au couvent, mais aussi des hommes qui viendront vivre à ses côtés. L'arrivée, dans les années 1610, de ses sœurs Agnès et Anne-Eugénie tient une place considérable dans ses souvenirs. Leur présence raffermit sa détermination et fortifie ses décisions : elle veut faire le salut des siens au besoin malgré eux ! Entêtée, tourmentée par sa destinée posthume, désireuse de se construire une image de religieuse parfaite, jusqu'où ira-t-elle ?

Chapitre V

Sœur Agnès Arnauld
1611-1615

Le 28 janvier 1611 a lieu un événement considérable, quoiqu'il soit passé presque inaperçu d'après les témoignages des sœurs qui constituent le socle de l'histoire de Port-Royal : Jeanne, la sœur puînée d'Angélique, quitte son habit de novice bénédictine pour prendre celui de Cîteaux, sous le nom d'Agnès. Elle était pourtant très attachée à son ordre et, bien qu'elle s'en défende, à sa charge d'abbesse prétendue. Cette entrée à Port-Royal est la première d'une longue série : Angélique fera tout pour attirer à elle un maximum de membres de sa famille, au point que l'abbaye de Port-Royal semblera le refuge de tous les Arnauld.

La petite bénédictine

Qu'est-ce qui a pu décider Agnès à changer d'ordre et à renoncer à sa position personnelle ? Elle a passé toute son enfance à l'abbaye Notre-Dame-des-Anges à Saint-Cyr, à une petite lieue de Versailles. Comme sa famille espérait qu'elle succéderait à l'abbesse, elle était toujours novice. Son caractère affable et sa gentillesse lui servaient de passeport pour conquérir tous les cœurs. Elle était très aimée. Cette déférence flattait son ego car, prétend Angélique, elle était « vaine et glorieuse au-delà de ce qu'on peut imaginer ». Jusqu'à demander à Dieu pourquoi il ne l'avait pas fait « naître Madame de France qui a été depuis reine d'Espagne » ! Elle aussi se sentait frustrée par son milieu social et son rang de naissance et, comme sa sœur, elle aspirait à commander. Pour afficher sa future distinction, elle portait toujours à son chapelet une petite crosse abbatiale. Lorsqu'elles étaient enfants, elles allaient jouer l'une chez l'autre et se disputaient. Jeanne-Agnès disait à Jacqueline-Angélique qu'elle n'avait que faire d'elle dans la maison et qu'elle l'en chasserait quand il lui plairait.

À partir de l'année de ses quinze ans, Agnès ne cesse d'être souffrante. Ses parents la prennent à plusieurs reprises chez eux à Andilly dans l'espoir d'un rétablissement. Mais ne sachant comment faire pour la soigner, ils l'envoient à Port-Royal, préférant la savoir avec son aînée vigilante et protectrice. Elle devient ensuite « hydropique », mot courant à l'époque pour désigner une maladie qui se manifeste par des œdèmes aux pieds, aux mains et aux tissus conjonctifs causés par des problèmes cardiaques ou des infections digestives. En dépit des soins prodigués, elle végète dans un état de langueur qui semble durable. Le médecin prétend que la maladie est due aux excès qu'elle a commis à Saint-Cyr. Sa gouvernante l'avait laissée jeûner tout un carême à ne prendre qu'un repas par jour alors qu'elle n'avait que douze ans et qu'elle était en pleine croissance.

Après son arrivée à Port-Royal avec sa petite sœur Marie-Claire, elle est longtemps alitée. Angélique la trouve souvent tombée à terre au pied de son lit, sans connaissance. Un matin, elle doit la faire porter en pleurs du chœur à sa chambre, parce que malgré la défense d'assister à l'office, elle s'y est traînée. Sa faiblesse se double d'une anorexie qu'Angélique combat à sa façon. Pendant des heures, elle la conjure de prendre les bouillons qu'elle prépare exprès pour elle. Aux plus fortes chaleurs de l'été 1608, elle demeure dans sa chambre, les rideaux tirés, parce que son état d'épuisement ne lui permet pas de supporter le grand air. Elle est souffrante, jusqu'à ce qu'Angélique s'avise de dire à leur père que c'est une maladie de l'âme, de la mélancolie. Elle lui conseille de quitter définitivement Saint-Cyr pour la sortir de sa dépression. Agnès est surprise que son père lui propose d'aller pour de bon à Port-Royal. C'est ainsi qu'Angélique l'installe dans son abbaye.

Délivrée de la perspective de devenir abbesse à Saint-Cyr, Agnès finit par se remettre. Sur les conseils du père Archange, elle devient maîtresse des novices, quoiqu'elle soit encore novice elle-même. Jusque-là, c'est Angélique qui remplissait cet office parce qu'elle jugeait qu'aucune sœur n'avait les qualités nécessaires. Mais le sérieux et la réelle vocation d'Agnès en font un exemple pour toutes les postulantes. À dix-sept ans, elle se porte à tous les exercices de la religion avec une vraie dilection, surtout l'office divin. Elle connaît le Psautier par cœur, tout le chant et toutes les cérémonies, et cela depuis l'âge de neuf ans. Sa vocation de religieuse est réelle.

Madame de Cœur-Royal

Mais parce que leur santé est fragile, le père Archange ne cesse de tempérer la fougue des sœurs Arnauld : « Il faut aussi approuver la discrétion tant pour Agnès que pour ses filles, sachant qu'elle a sur sa charge des enfants tendres et des petites *brebiettes* que si elle les hâtait trop, tout le bercail mourrait en un jour[1]. » Avec son charmant accent anglais, il admoneste : « Que votre petite sœur ne fasse rien *par excesse*, car j'appréhende que sa ferveur trop indiscrète ne la conduise en quelque extrémité[2]. »

Le père Archange sait alterner les reproches et la louange. Ainsi, il félicite Angélique d'accueillir avec charité les prêtres de passage, de leur offrir généreusement l'hospitalité, surtout les capucins habitués au dénuement et qui trouvent à Port-Royal un hébergement presque luxueux au regard de leur quotidien indigent. Mais Angélique s'indigne de constater que certains visiteurs se plaignent de la manière dont ils sont reçus, réclament de bons lits, des repas fins et élaborés. L'abbesse soulève là un point douloureux. Elle entretient des relations délicates avec une partie du clergé et des ordres religieux en qui elle voit des profiteurs. Elle n'estime pas la tutelle masculine lorsqu'elle est trop pesante, défendant son autorité d'abbesse contre des attitudes irrespectueuses. Elle affirme son indépendance, consciente à la fois de sa fonction de supérieure et du prestige de sa famille dont la noblesse remonte tout de même au XVIe siècle et qui évolue dans l'orbite du pouvoir.

Son talent réside dans ses qualités managériales, qui lui permettent à vingt ans de diriger Port-Royal selon une organisation mûrement réfléchie : Agnès encadre les novices, l'infirmerie est administrée par l'une des deux religieuses venues de Saint-Antoine, tandis que l'autre s'occupe des cinq petites pensionnaires confiées par leurs parents. Elle s'entoure de personnes de confiance qu'elle fait venir auprès d'elle. Elle surveille la bonne marche de l'ensemble, se réservant, en plus de la direction, des fonctions techniques délicates qui requièrent savoir scientifique et habileté. Ainsi a-t-elle étudié les principes de médecine et connaît-elle une partie de la pharmacopée. Elle concocte elle-même remèdes et bouillons, utilise la reine-des-prés pour soulager les douleurs. Elle a appris à pratiquer la saignée dans les règles de l'art. Elle est la seule dans son monastère à maîtriser ce traitement réputé.

Un jour où Archange de Pembroke se promène avec elle, admiratif du travail accompli et de sa quête d'excellence, il lui dit : « Vous êtes mal nommée, Madame de Port-Royal. Votre vrai nom est Madame de Cœur-Royal. » Un imperceptible sourire éclaire le visage d'Angélique tandis qu'il prononce ces mots reflétant sa courtoisie et son élégance.

Alarmes

Le 1er mai 1612, le vicaire de l'abbé de Cîteaux, Étienne Mauguier, fait faire sa profession à Jeanne-Agnès, qui a dix-neuf ans, sous le nom d'Agnès de Saint-Paul. Toute la famille est présente, y compris la mère qui vient, le 6 février, d'accoucher d'un garçon, Antoine, le dernier enfant des Arnauld, le futur « Grand Arnauld ». C'est jour de fête pour Agnès, qui se languissait de prononcer ses vœux parce que sa sœur avait fait différer la cérémonie de six mois pour éprouver son orgueil et sa docilité. Angélique espère trouver chez elle une obéissance parfaite, en dépit de leur proximité familiale.

C'est le moment que choisit leur frère Robert pour leur annoncer son mariage prochain, en juillet, avec Catherine Lefèvre de La Boderie, fille d'un ancien ambassadeur en Angleterre qui vient d'intégrer le Conseil des finances. La fiancée apporte la terre de Pomponne, qui domine la Marne à une lieue du village de Lagny – de quoi accroître la puissance du clan Arnauld. « Mais est-ce ce que Dieu veut pour lui ? » se demande Angélique, invariablement tourmentée lorsqu'elle apprend que l'un ou l'une de ses frères ou sœurs se marie. Cette annonce, comme celle du mariage de Catherine six ans plus tôt, lui fait faire des cauchemars. Elle se réveille la nuit. Son sommeil heurté est peuplé de visions étranges. Elle a vu son frère et sa sœur aînés, montés sur un même cheval et la tristesse peinte sur leur visage, venir à Port-Royal pour y trouver un refuge « contre les orages et les diverses tempêtes dont la vie mondaine est agitée ». Songe qu'elle prétend prémonitoire et qui le sera tant elle déploiera d'efforts pour le faire advenir…

Dix mois plus tard, le 3 février 1613 dans la nuit, Angélique croit mourir.

> Toute la communauté étant à l'entour de son lit, écrit la sœur Anne de Saint-Augustin Garnier quarante ans après l'événement, elle nous parla sur la peine qu'elle avait de n'avoir pu achever ce qu'elle croyait nécessaire pour une entière réforme, et elle nous assura que, si nous étions fidèles à Dieu, il ne nous abandonnerait point, et qu'il nous donnerait tout ce qui nous serait nécessaire. Comme elle voyait toute la communauté fondre en larmes, elle tira des forces de sa faiblesse et dit tout haut la prière de saint Martin : « Seigneur, si je suis encore nécessaire à votre peuple, je ne refuse point le travail : que votre volonté soit faite ! » Le mal ne continua pas et elle n'eut que trois ou quatre attaques[3].

Angélique se remet lentement de ce qu'il est difficile de caractériser : probablement des troubles ou des pathologies cardiaques auxquels les jeûnes prolongés peuvent conduire. Elle supplie le père Archange de venir. Il lui écrit au début du carême une longue lettre où il lui recommande la prudence :

> Vous me mandez que votre infirmité vous a rendue débile ; je ne sais pourtant si vous êtes au lit ou bien languissante par la maison. Soit l'un ou l'autre, vous êtes obligée de rompre le jeûne et, avec la dispense de votre confesseur, de manger des œufs ; et même si le médecin le trouvait expédient, vous devrez manger de la chair. Autrement, le prophète dira par reproche à celles qui ont charge de vous qu'elles auront persécuté celle que le Seigneur a frappée et ont avisé sur la douleur de ses plaies. J'espère davantage de la charité de votre bonne sœur et de toutes

vos dévotes filles, et qu'elles me donneront sujet, à première vue, de les bénir de la part du Seigneur, ayant bien pitié et compassion de leur pauvre abbesse[4].

Il termine en s'excusant de ne pouvoir se déplacer, étant retenu par une affaire. Il lui recommande de mettre sa confiance en Dieu et l'assure de ses prières fraternelles.

L'abbé de La Charmoye

Sur les instances du père Archange qui ne peut venir aussi régulièrement qu'il le souhaiterait, Étienne Mauguier, abbé de La Charmoye au diocèse de Châlons et vicaire de l'abbé de Cîteaux, devient visiteur régulier de Port-Royal. Il apparaît exemplaire aux yeux d'Angélique qui commence à éprouver des difficultés dans ses relations avec les supérieurs de l'ordre. « Il a une vraie charité, sans intérêt ni jalousie, dit-elle. Il s'affectionne fort à cette maison et compatit aux peines que nous recevons dans l'ordre[5]. » L'abbé de La Charmoye trouve d'autant plus grâce à ses yeux que, fervent réformateur, il amplifie les restrictions qu'elle a décidé d'imposer à la communauté. Il lui conseille ainsi de tâcher de rétablir l'abstinence de la viande qui manque encore à la réforme. Les religieuses en mangent trois fois par semaine. L'abstinence perpétuelle n'est pratiquée dans aucune maison cistercienne. De nombreuses oppositions risquent de s'élever : les supérieurs toujours tièdes, les moniales elles-mêmes qui ont déjà renoncé à beaucoup de choses, et enfin, Antoine Arnauld, inquiet pour la santé de ses filles et qui offre de ravitailler lui-même Port-Royal afin que la pauvreté ne serve pas de prétexte à l'établissement de cet usage.

Fidèle à ses méthodes, Angélique en fait l'expérience avant d'envisager son extension à la communauté. Durant le mois de juillet 1614, elle mange tous les jours un morceau d'omelette qu'on lui sert au réfectoire, « recouvert d'une peau de mouton » afin que la mère prieure, en venant s'incliner devant elle, ne s'en aperçoive pas. Le jour de la Saint-Dominique, le 4 août, elle propose cette pratique aux abbesses, qui l'acceptent quand elle leur dit qu'elle suit ce régime depuis un mois sans s'en trouver mal et qu'elle a pris la décision d'observer cette abstinence jusqu'à la fin de ses jours. Angélique n'a plus guère besoin de batailler pour imposer ses vues à une communauté désormais soumise. Seule une religieuse, Marie Mulot, proteste auprès de l'abbé de Cîteaux qui se résout à lui permettre de rejoindre un autre couvent, moins rigoureux.

Le supérieur tarde néanmoins à entériner la nouvelle pratique. Il ne répond à la demande d'Angélique, datée du 7 septembre, que le 10 novembre – et encore, de manière sibylline, plaçant l'abbesse face à ses responsabilités. Angélique est en train de devenir une figure incontournable de la réforme religieuse du royaume puisque l'abbé de Cîteaux lui-même ne veut pas la contrarier :

> De vous permettre à votre communauté en général de vous abstenir de viande et de chair pour toujours, cela est hors de mon pouvoir et au-dessus de mon autorité : cette dispense au privilège donnée aux religieux de notre ordre de manger de la chair trois fois la semaine ayant été demandée pour beaucoup de bonnes considérations au Saint-Siège par notre chapitre général, pour en user par tout l'ordre sous une même uniformité, c'est donc audit chapitre général qu'il vous faut vous adresser pour obtenir permission de cette observance. Si c'était seulement pour quelque particulier ou en certain temps, cela pourrait bien être octroyé, mais à toujours pour une communauté, cela n'est pas permis. Néanmoins, ce que vous en croirez en votre conscience, je ne le contredirai jamais. Je m'en rapporte à ceux qui en pourront mieux juger et déterminer que moi[6].

Une nouvelle recrue

Sur sa lancée, la jeune abbesse continue à attirer sa famille dans la vallée de Chevreuse. Le 14 septembre 1614, elle donne l'habit de professe à sa sœur Marie-Claire, âgée de quatorze ans. C'est un soulagement, une victoire même, car elle l'a élevée depuis ses sept ans et ne l'a jamais quittée. Mais, l'année précédente, la jeune fille est revenue de fort mauvaise humeur d'un séjour chez leur frère à Andilly où elle s'est « fort dégoûtée de la religion ». Elle a eu grand peine à regagner Port-Royal, où elle s'est rendue « pénible et fâcheuse ». Cette crise d'adolescence, qui ressemble à celle qu'a connue Angélique au même âge, s'est résorbée en quelques mois. Se souvenant de ses propres réticences, Angélique a su trouver les mots pour rassurer sa sœur et retirer « la tentation de l'amour du monde de son esprit ». Connaissant ses dispositions lorsqu'elle était enfant, elle ne cessait d'espérer. Elle était sûre que sa sœur était capable de renoncer à une vie confortable car à l'âge de dix ans, celle-ci avait voulu, par esprit de pénitence, surmonter son aversion pour les légumes. Avec deux de ses amies, elle était allée cueillir des herbes dans les bois, les avait pilées pour en extraire le jus et le boire. Heureusement qu'une religieuse était arrivée à temps pour les empêcher d'absorber ce curieux breuvage, car les fillettes avaient ramassé des plantes hautement toxiques.

En prévision de la profession de sa sœur, Angélique demande à son père de faire réparer la clôture du monastère. C'est un double acte de charité. Comme il y a beaucoup de pauvres dans les environs, elle les fait travailler pour pouvoir leur faire l'aumône sans « qu'ils ne deviennent fainéants ». Outre les journées qu'on leur paye, ils sont nourris dans la maison. Elle fait préparer tous les jours une grande quantité de potage qu'on leur porte sur des brancards dans le jardin avec de la viande, du pain et un seau de vin. Elle est présente avec quelques sœurs pour veiller à la distribution. Elle fait ranger les hommes en bon ordre et, pendant qu'ils dînent, fait lire quelque petit garçon alphabétisé, à qui elle donne un livre de spiritualité afin de les instruire. À côté de la beauté du culte qui est l'essence même de la vie monastique, Port-Royal se vante de son soutien aux populations démunies. L'abbaye restera célèbre pour ces pratiques de charité envers les pauvres.

Pour illustrer l'aspect évangélique de cette pratique, Angélique raconte un incident qui lui a tiré les larmes des yeux. Un jour, un « libertin » s'est permis de railler une lecture qui était faite, ce qui a profondément blessé l'abbesse et l'a renforcée dans sa détermination à parler de Dieu tout le temps et à tout le monde. Plus tard, cette obstination la rendra parfois insupportable à ses visiteurs. Pour l'instant, elle s'affirme dans la régularité qu'elle impose à la vie collective et dans sa façon de choisir les membres de son entourage, qu'il s'agisse de sa famille, des nouvelles recrues ou des prêtres qui dispensent les sacrements.

Le père Suffren

Elle prend ainsi la décision de se séparer de son confesseur, un dénommé Bomereau, fort estimé. Deux religieuses sont venues lui dire qu'il leur avait fait « des propositions malhonnêtes ». Après avoir fait vérifier par le chapelain de Port-Royal le bien-fondé de ces accusations, elle obtient son départ. Il vient la saluer comme si de rien n'était et sans avoir l'air de regretter quoi que ce soit : « Mon père, demandez pardon à Dieu du mal que vous avez fait ici », lui signifie-t-elle sévèrement. Il fait l'étonné et rétorque : « Est-ce donc là le beau chapeau de roses que vous me donnez pour les services que je vous ai rendus ? » « Mon père, contentez-vous de ce que je vous dis. Demandez pardon à Dieu de vos péchés et sachez que de votre vie je ne vous souffrirai ici, où on sait maintenant ce que vous êtes. Allez ! Je ne veux jamais vous voir[7] ! » C'est la première fois qu'elle affronte un ecclésiastique. Pour remplacer le père Bomereau, on lui donne un prêtre qui est sourd et fait hurler les religieuses au confessionnal ! Le secret de la pénitence étant en péril, elle n'a pas de mal à en changer. Elle choisit alors le Jésuite Jean Suffren, fort réputé dans Paris, qui était venu prêcher plusieurs fois à Port-Royal et lui avait fait une grande impression.

Angélique est donc entourée de trois directeurs de qualité en qui elle met sa confiance et qui ne cessent de l'encourager tout en tempérant sa fougue : Archange de Pembroke, dont les paroles ont des accents salésiens, Eustache de Saint-Paul Asseline, figure majeure du renouveau de la vie religieuse du royaume, et Jean Suffren, à la douceur toute jésuitique.

À bientôt vingt-cinq ans, elle a surmonté de nombreuses épreuves et a réussi à imposer sa réforme. Elle dirige l'abbaye avec fermeté. Ayant le sens de l'organisation, elle planifie les visites des prêtres qui vivent à Paris, comme l'illustre une lettre du père Suffren datée du 10 mars 1616 :

> Madame, je pensais partir lundi prochain pour aller à Port-Royal suivant le désir que, par plusieurs lettres, vous me témoignez. Mais, les oraisons des quarante heures étant dimanche et lundi à notre église, je ne puis partir avant mardi. C'est pourquoi j'espère, si autre chose n'arrive, vous voir et donner ce jour-là un mot d'exhortation à vos religieuses. Le séjour ne pourra être si long que vous désirez, mais j'espère avoir assez de loisir pour répondre à tout ce que vous souhaitez savoir de moi. Il ne restera pas à moi que je ne sois mardi à dîner, car je serai prêt à partir mardi de bon matin, à la façon que vous jugerez la meilleure.

Espérant donc de vous parler, plus à loisir, je me recommande à vos prières[8].

Mère Angélique fait prendre les religieux chez eux dans une voiture apprêtée par ses parents et les y fait raccompagner par le même moyen.

Certes, il lui semble qu'elle doit inlassablement convaincre, débattre, sanctionner, lutter pour arriver au but fixé. Le père Archange ne cesse de la rassurer et de l'apaiser :

> Courage, courage ma bonne petite abbesse ! Car si les élévations de la mer sont merveilleuses, le Seigneur est admirable dans les lieux hauts qui convertiront cette tempête en un doux calme, et l'indignation des créatures en grâce et bénédiction. Jésus-Christ vous garde comme sa belle colombe en son sein ouvert par la lance. Regardez toujours les jeunes saintes, les dévotes Agnès, Agathe, Cécile et Apollonie, avec une infinité d'autres jeunes et petites, lesquelles au prix de leur sang ont gagné leur couronne[9].

Ces vierges martyres du IIIe siècle sont l'objet d'une dévotion ardente dans l'Église depuis les temps anciens. Ce sont des modèles d'identification capables d'inspirer une chrétienne en quête de perfection.

CHAPITRE VI

Anne-Eugénie Arnauld
1615-1616

Survient en 1615 un épisode qui, contrairement aux « conversions » d'Agnès ou de Marie-Claire, tient une place considérable dans les souvenirs d'Angélique : l'entrée, après de multiples péripéties, d'Anne-Eugénie Arnauld à Port-Royal. Le fait n'est en lui-même nullement différent des précédentes arrivées, mais Angélique l'amplifie pour lui donner un caractère exemplaire, et la jeune novice en laisse également un récit détaillé.

La prise d'habit d'Anne-Eugénie fait définitivement pencher la balance en faveur de la vie conventuelle pour la majorité des membres du clan Arnauld. C'est le point de non-retour : Angélique, Agnès et Marie-Claire, élevées au couvent, étaient destinées à devenir religieuses. En face d'elles, leur mère, leur sœur aînée mariée et leur sœur Anne-Eugénie vivaient, comme on le disait à l'époque, « dans le monde ». Or, il n'avait pas été question pour cette dernière d'une enfance à l'ombre du cloître, si bien que des perspectives larges se dessinaient pour elle. Si elle avait suivi Agnès à Saint-Cyr, elle avait rapidement rejoint l'hôtel familial et végétait depuis dans sa condition de jeune fille. Ses parents, confrontés à la naissance quasi annuelle d'un nouvel enfant, ne paraissaient pas avoir de plan préconçu à son égard, la laissant assez libre de ses faits et de ses gestes. Elle a longtemps hésité avant de trouver sa voie. Un an de moins qu'Angélique seulement et, à vingt-deux ans, aucun projet solide en tête, avant un changement radical survenu en quelques mois. Sur sa personne se concentrent toutes les problématiques de la dévotion : l'opposition entre la retraite et le monde, la vie religieuse et le mariage, la soumission et l'indépendance. Dans l'ensemble des textes produits par Port-Royal, Angélique incarne la réforme morale ; Agnès, l'amour de la religion ; quant à la troisième sœur, elle fait surgir la spiritualité.

Une naissance opportune

Le catalyseur est une fois encore un événement familial, presque banal : une naissance dans la famille Arnauld. Le 30 décembre 1614, Mme d'Andilly accouche de son premier enfant, Catherine, qui deviendra plus tard religieuse à Port-Royal. Toute la famille est dans la joie, sauf Anne-Eugénie qui est toute tourmentée en dépit des apparences. À vingt-deux ans, elle ne sait quel sera son avenir. Elle a naguère assisté à la journée du Guichet sans mot dire mais en soutenant sa sœur et en la défendant du mieux qu'elle le pouvait. De son côté, Angélique avoue avoir un grand désir qu'elle se fasse religieuse. Mais ce qu'elle lui montre d'elle quand elle vient la voir lui laisse penser qu'elle ne pourra pas supporter la vie monastique. Son esprit papillonne en tous sens. Elle est attirée par mille choses contradictoires : embrasser la religion protestante, se marier, ne pas se marier…

« Nos tantes protestantes sont bien heureuses, lui dit-elle un jour. Je suis tentée de changer de religion. Les dames huguenotes de ma connaissance ont plus de vertus que les catholiques. » Elle ajoute, en lui saisissant les mains qu'elle serre fort : « Quelle est la meilleure religion, mère Angélique ? Si vous pouviez me le dire. J'aime le monde où rien ne me déplaît que le soin du ménage. Je n'aime pas aider notre mère à tenir la maison. Je préfère rester dans ma chambre à lire un bon roman[1]. » Et lorsqu'Angélique lui conseille de parler au père Eustache de Saint-Paul Asseline, qui réside au couvent de la rue Saint-Honoré, elle lui annonce une nouvelle qui la consterne : « Un honnête homme recherche avec passion l'alliance de monsieur Arnauld. Notre père l'agrée. Il vient de m'en faire proposition. J'y consens. Je vais me marier. Je suis toute tremblante. On en est déjà à rédiger les articles pour le contrat devant notaire[2]. »

Mais le jour des rois de l'année 1615, le père Eustache de Saint-Paul confie à l'abbesse un étonnant secret : « Votre sœur Anne a fait une confession générale le 5 janvier ! La grâce l'a touchée. Elle la fit avec exactitude et demanda avec soin tous les avis nécessaires pour vivre chrétiennement. Elle sera religieuse, croyez-moi, quoiqu'elle n'en eût point encore envie. Elle a trop de lumières et de désir de servir Dieu pour demeurer dans le monde où elle ne peut trouver ce qu'elle désire. J'ai ouï dire par votre mère que la naissance du premier enfant de votre frère et de votre sœur ne la combla pas autant de joie que sa famille[3]. »

Un mariage rompu

Angélique attend avec espoir, déjà satisfaite des jeunes femmes qui demandent à entrer à Port-Royal. Elle relève pour l'exemple l'arrivée, le 12 avril 1615, de Marie des Anges Suireau dont les caractéristiques sont typiques des nouveaux recrutements : un choix de vie volontaire car « elle avait désiré dès le berceau être religieuse », une famille honorable et pieuse, une grande probité du père « avocat très habile » et « homme de bien » qui refuse de se compromettre, d'user « d'artifices et de mensonges » dans son métier, quitte à ne pas s'enrichir, et qui aime « mieux vivre doucement avec sa femme et ses enfants que de s'embarrasser des affaires du monde, en espérant en la divine providence pour ses enfants ». Angélique se souvient qu'elle arriva avec trois amies et qu'en l'apercevant au parloir entrant la dernière, elle eut l'intuition qu'elle seule demeurerait et non les autres. Peu après son père mourut. L'ainée de ses sœurs voulut alors être religieuse et rejoignit Port-Royal. La cadette se maria et leur « mère s'en vint alors céans servir de tourière avec une bonté, une charité et une humilité singulières, telle que tous ceux qui viennent sont édifiés[4] ».

Durant ce temps, le mariage espéré par Anne s'est rompu pour un motif inconnu. Deux événements retournent alors son esprit. Le premier est la séparation de sa sœur Catherine Le Maistre d'avec son mari, qui la fait douter de la réalité du bonheur conjugal. En effet, le ménage va de travers. Catherine est obligée de fuir un mari qui la bat et l'humilie par son libertinage d'esprit et de mœurs. Il fréquente des prostituées, dépense son argent dans les salles de jeu, est violent envers son épouse et ses enfants. Les scènes se sont multipliées lorsque le couple a quitté la rue de la Verrerie pour vivre de façon indépendante. Durant plusieurs années, Catherine a dissimulé son chagrin car son mari affectait en public de la traiter avec respect et affection. Mais en 1615, tombée gravement malade, elle est retournée vivre chez ses parents qui ont découvert l'ampleur de la maltraitance. Antoine Arnauld a reproché à son gendre protestant sa mauvaise conduite et l'a traîné devant les tribunaux. Il est parvenu à le faire incarcérer pour l'empêcher de dilapider la dot de son épouse en attendant d'obtenir la séparation de corps et de biens et l'installation définitive de sa fille avec ses cinq enfants dans l'hôtel de la rue de la Verrerie. Antoine, né en 1608, Simon, né en 1612, Louis-Isaac, né en 1613 et Charles, né en 1614, seront les premiers solitaires de Port-Royal. Le dernier, Jean, sieur de Saint-Elme, après s'être marié et avoir eu trois filles, une fois devenu veuf, rejoindra ses frères.

Le second incident se déroule durant une cure thermale à Forges dans le pays de Bray, où Anne-Eugénie accompagne sa mère. Une amie de la famille, Charlotte de Ligny, cousine germaine de Pierre de Bérulle et donc parente de Barbe Acarie à l'origine de l'introduction du Carmel réformé en France, vient « prendre les eaux » sans imaginer qu'elle est enceinte et fait une fausse couche. Leur mère, qui avait eu vingt enfants, aide son amie à sortir saine et sauve de cette épreuve redoutable. Cette péripétie terrifie Anne-Eugénie. Elle lui fait prendre conscience que le statut de femme mariée est peu enviable, puisqu'il n'est qu'un « état de service et de douleur ». Cela lui enlève sur-le-champ toute velléité de mariage.

L'illumination

Elle revient à Paris totalement transformée intérieurement, ce qui ne transparaît à l'extérieur que par une indifférence aux choses et à l'actualité. La capitale est pour l'heure en émoi. Le 17 août, le jeune Louis XIII l'a quittée pour la frontière espagnole où doit avoir lieu son mariage avec l'infante Anne d'Autriche. À quatorze ans, bien que majeur, le roi est sous la tutelle d'une mère dont il ne s'échappera que trois ans plus tard. Les périodes de régence sont toujours des moments de grande tension. Durant l'absence de la Cour, les parlementaires s'agitent. Des bruits parviennent aux oreilles des Parisiens, alarmés par l'annonce de l'arrivée de l'armée que le prince de Condé vient de lever pour contraindre Marie de Médicis de le prendre à son service. On craint qu'il ne vienne affamer la ville et brûler les maisons alentour. L'effroi régne partout, mais Anne-Eugénie se déclare seulement « étonnée ». Elle ne trouve plus de satisfaction à rien et se met à détester sa vie agréable et oisive.

Quelques semaines plus tard, le 8 septembre, dans une chapelle de sa paroisse de Saint-Merri, elle éprouve un vif désir de devenir religieuse. Elle raconte qu'elle avait emporté les *Épîtres de saint Jérôme à Démétriate et à Eustochie*, qui louent la virginité, et qu'elle fut frappée par ces sentences : « Sache que la virginité, c'est l'état de nature » ; « Chaque fois que t'allèchera la vaine pompe du siècle, émigre en esprit au paradis » ; « Si tu ne te fais pas violence, tu n'emporteras pas le royaume des cieux » ; « Entreprends d'être ce que tu seras après la résurrection des corps » ; « Je loue les noces, je loue le mariage, mais parce qu'il m'engendre des vierges ». Entrée en un profond recueillement, elle connaît une sorte d'extase mystique durant laquelle elle se voit, comme sainte Catherine de Sienne, remettre un anneau par le Christ, qui lui inspire « un désir si violent et si ferme d'être religieuse qu'elle ne se reconnaissait plus elle-même[5]. »

En sortant de Saint-Merri, elle accompagne sa mère chez la duchesse de Guise qui est une femme dévote, amie de la reine régente et dont le père s'est fait capucin après la mort de sa femme. Elle a eu deux maris. Du premier, épousé à treize ans, Henri de Bourbon, duc de Montpensier, mort au bout de dix ans de mariage, elle n'a eu qu'une fille. Du second, Charles de Lorraine, épousé en 1611, elle a eu cinq enfants encore jeunes dont des jumeaux morts à la naissance. Ces dames devisent avec le père Archange qui, voyant sa contenance, demande à lui parler en tête à tête. Il est très surpris de l'entendre dire qu'elle veut entrer en religion. Ne serait-ce pas une proposition de mariage qui lui déplaît ? « Mon père, répond-elle, je vous déclare que quand votre M. de Guise se voudrait et pourrait m'épouser, quoique je ne suis qu'une petite demoiselle, je ne voudrais point de lui, il faut que je sois mariée à un plus grand seigneur[6]. » C'est un mardi. Le vendredi suivant, le père Eustache de Saint-Paul Asseline étant venu voir Antoine Arnauld, sa fille saisit l'occasion de lui parler et de lui ouvrir son cœur. Il l'écoute avec joie et l'encourage à persévérer.

Quand Angélique annonce à son tour la nouvelle à sa mère, celle-ci s'amuse de ce qu'elle prend pour un caprice passager : « Moi ! Que je croie que ma fille pense à être religieuse ! Comment se résoudrait-elle à vous promettre obéissance ? Elle a bien de la peine à la rendre à son père et à moi. Si jamais cela arrivait, on pourrait dire que la religion fait des miracles[7]. »

La décision

Comme rien ne change dans la conduite d'Anne-Eugénie qui continue à prendre soin de sa personne, à se montrer bien coiffée et vêtue lorsqu'elle sort, Antoine Arnauld charge Robert d'Andilly de parler à sa sœur et de lui dire que s'il ne s'est pas hâté de la marier, c'est pour avoir plus de loisir de faire un bon choix, mais que si elle est satisfaite de celui dont on lui a parlé et s'il la redemande, il le lui donnera de très bon cœur. Elle fond en larmes et répond spontanément qu'elle ne souhaite plus qu'on conclue cette affaire. Son frère l'assure qu'on ne veut pas la contraindre, qu'on lui dira seulement les partis qui se présenteront et que ce sera à elle de faire son choix.

À vingt-six ans, Robert est un homme en pleine ascension professionnelle. Il est premier commis de l'oncle Arnauld à qui la reine régente a donné « la garde des finances durant son voyage vers les Pyrénées pour aller marier le roi son fils et sa fille aux infants d'Espagne ». C'est lui qui rédige les actes officiels de Marie de Médicis. Il est aussi le secrétaire du conseil qui administre Paris et qui comprend, outre son oncle, le gouverneur, le procureur général et l'évêque. « Je fais en leur présence sur le bout de la table toutes ces lettres et expéditions dont le nombre était presque incroyable[8] », rapporte-t-il. Son autorité frappe l'esprit de sa sœur qui, dotée elle aussi d'un fort tempérament, ne s'en laisse pas conter.

Cette entrevue la décide à déclarer ouvertement son souhait de devenir religieuse, mais en même temps, son comportement intrigue car elle continue à vivre dans un tourbillon, à porter de belles tenues, à sortir au théâtre, à assister à des ballets. Pendant neuf mois de l'année 1616, elle est très contente d'elle-même et s'amuse de la perplexité de son entourage. Par caprice, elle laisse aussi planer le doute sur la congrégation qui pourrait l'accueillir. Elle pense aux Carmélites. Archange de Pembroke l'en dissuade en raison de ses migraines et de sa constitution délicate. Après lui avoir demandé de rester avec lui jusqu'à sa mort, son père finit par consentir à son entrée au couvent, pourvu que ce soit à Port-Royal.

Le 12 mars 1616, la douce et frêle postulante Marie Suireau prend l'habit sous le nom de Marie des Anges. Le 14 septembre suivant, c'est Marie-Claire Arnauld qui, à seize ans, fait sa profession en présence de toute la famille, dont Anne-Eugénie qui aurait aimé entrer le jour même.

> Je voulais entrer ce jour-ci où Marie-Claire a prononcé ses vœux, se souvient-elle. Mais notre père n'y a pas consenti à cause de l'appréhension de la guerre autour de Paris. Tandis que j'en discutais avec notre sœur Catherine dans sa chambre, je m'aperçus que notre père nous écoutait. Je dis tout haut que je voulais contenter mon père et que je ferai tout ce qui pourrait lui plaire. Sur quoi, notre père, ravi entra dans la chambre. Je le priais de trouver bon que j'entrasse à Port-Royal puisque je savais qu'il y consentirait et que je voulais me faire religieuse. Mais je ne pus obtenir de notre père qu'il me laisse entrer ce jour[9].

Leur père accepte qu'elle entre un mois plus tard, vendredi 7 octobre. De bonne humeur, car il vient d'apprendre que le duc de Guise se déclare pour la reine mère et non pour le prince de Condé, il lui promet de la conduire lui-même dans la vallée de Chevreuse. Après avoir entendu la messe à Saint-Merri, elle arrive à Port-Royal sans avoir dit au revoir à personne. Arnauld est content qu'on croie qu'elle va simplement voir ses sœurs, afin qu'elle soit plus libre de revenir si elle en a envie. Il doute encore de son engagement.

Angélique accueille Anne-Eugénie en lui disant que si elle avait voulu observer exactement les règles prescrites par saint Benoît pour éprouver les vocations, elle aurait dû « la recevoir avec des injures », puis elle lui indique qu'elle dormira hors de la clôture le soir et qu'elle entrera le lendemain, après avoir entendu l'office.

Le noviciat

Le lendemain matin, elle prend congé de leur mère sans parvenir à contenir son émotion et sanglote. Arnauld n'a pas voulu assister à la scène des adieux ; il s'est déjà éloigné. Mais quand on lui rapporte que sa fille pleure, il revient sur ses pas pour la ramener à Paris. Anne-Eugénie le supplie de la laisser. Elle-même ignore si elle persévérera dans sa décision. Angélique note pourtant qu'elle, qui se tient toujours très droite, commence immédiatement à baisser la tête.

Le soir, elle se met à sa toilette avant de se coucher, coquetterie qui fait rire Angélique. Celle-ci lui fait enlever le meuble pour lui apprendre, dit-elle, « la pauvreté ». Elle décide ensuite de lui faire nettoyer le poulailler, puis l'affecte à la cuisine où elle passe son temps les mains dans l'eau à récurer casseroles et écuelles. Mais Anne-Eugénie déclare qu'elle éprouve plus de joie et de plaisir à ces activités qu'à la comédie et aux divertissements. Elle se fait faire un manteau gris avec un revers sur le col, afin de cacher ses habits séculiers et d'être plus à son aise. Elle donne alors le ton, car depuis, on fabrique des manteaux semblables pour les postulantes.

Au cours de l'une de ses visites, le père Suffren demande à lui parler avant de repartir. Elle apparaît dans l'embrasure de la porte avec un tablier noir, un grand couteau pendu à la ceinture et les mains telles que l'on peut les avoir lorsqu'on lave quotidiennement les poêles et les chaudrons. « En vérité, Mademoiselle, je ne vous ai jamais vue si parée que vous voilà. Ne vous faut-il plus de pommade pour les mains ? » lui demande-t-il. Elle répond gaiement : « L'eau où l'on lave les écuelles est bien meilleure. Je n'ai pas besoin d'autre chose. » Ce qui fait éclater de rire le père Suffren et l'abbesse[10].

Anne-Eugénie a laissé un récit de son noviciat : « On y avait une simplicité d'enfant qui faisait aimer tous les livres que l'obéissance donnait à lire, quels qu'ils fussent, parce que l'on y trouvait Dieu. Le premier que l'on me donna fut le *Miroir de la vie religieuse* et puis le *Mantelet de l'époux*, qui enseignaient, ce me semble, ce qui m'était nécessaire[11]. » À côté des nombreux « miroirs », ouvrages de morale chrétienne, elle lit l'œuvre du franciscain flamand Frans Vervoot, traduite en français à la fin du XVIe siècle. Ensuite elle se plonge dans la *Vie de sainte Thérèse d'Avila par elle-même* qui l'édifie et lui sert d'exemple. « Je reconnus que Dieu m'avait donné ce livre », confie-t-elle à Agnès qui s'occupe des novices.

> Pour l'oraison, écrit-elle, Agnès nous en instruisait et parce que j'étais portée à avoir Dieu présent au temps que je la faisais, elle me dit ce verset d'un psaume de David : *Et meditatio cordis me in conspectu tuo semper* [les pensées de mon cœur en votre présence, toujours]. Elle ne s'attachait à aucune méthode mais suivait seulement ce qu'elle voyait que Dieu donnait aux

âmes. Je fus aussi, la première année, fort touchée du regret de mes fautes[12].

Il n'y a pas à Port-Royal de temps dédié à l'oraison comme dans les ordres contemplatifs. L'occupation principale des religieuses consiste à chanter les offices au long de la journée. Il y a néanmoins un temps de méditation lors de la messe basse célébrée immédiatement après prime, à la première heure du jour après le lever du soleil, vers huit heures.

Anne-Eugénie se plie rapidement aux usages et aux habitudes d'un couvent. Elle apprécie la vie simple des religieuses dont l'ambition se borne à observer scrupuleusement le règlement. Le tempérament d'Angélique transparaît dans le recrutement des novices, choisies pour leur docilité, souvent issues de familles modestes ou désargentées. En quelques mois, un « esprit maison » est insufflé dans cette petite communauté de femmes qui vivent loin de tout, isolées dans un environnement hostile et marécageux. Mais elles supportent sans se plaindre :

> L'office était fort long y ayant tous les jours celui de Notre-Dame, et fort souvent celui des Morts, ajoute Anne-Eugénie. On se levait à deux heures et l'on ne se recouchait point après matines. L'église était fort froide et personne ne se plaignait de tout cela. L'on était presque autant vêtue l'été que l'hiver. L'on allait par semaine faire la cuisine avec une sœur converse à qui l'on obéissait comme à sa maîtresse, ce que l'on aimait beaucoup, et toute autre sorte de travail. J'aimais surtout à balayer me souvenant que sainte Thérèse y avait pris grand plaisir. L'été, nous allions le matin sarcler au jardin, en grand silence et ferveur[13].

La danse du bonheur

Au bout d'une année, Angélique la surprend un soir danser d'aise dans le couloir. Elles se regardent et se sourient :

> La première fois que je fus au réfectoire, lui dit-elle, où les sœurs allaient avec leurs habits d'église, je trouvai cela si édifiant que, les voyant chanter le *Benedicite* et les grâces qu'elles allaient achever en procession dans le chœur, cela me faisait penser au paradis. Quand une des religieuses mourut, je fus ravie à son enterrement qui fut plus beau que celui du roi Henri IV, où je m'étais trouvée. Au commencement que j'entrai, je sentis un vide dans mon âme qui m'était bien pénible. Je n'étais point encore consolée par Dieu de ce que je n'étais plus dans le monde. Au bout d'une année, le vide s'est comblé. [...]
>
> Tant s'en faut que cette demeure me semblât triste et affreuse, ajoute-t-elle, étant comme elle est dans une profonde vallée que, regardant quelques fois le ciel au-dessus du dortoir, je m'imaginais qu'il y était plus serein qu'ailleurs. Toutes choses me consolaient et il me souvient qu'ayant une fois l'esprit tout abattu je fus toute ravie en voyant seulement les étoiles et une autre fois en entendant sonner nos trois cloches qui faisaient une douce harmonie[14].

Elle désire qu'on lui donne l'habit de professe le jour de Noël, nonobstant le travail de service de ce jour et le froid. Angélique le lui accorde de bon cœur. Elle le reçoit en grande cérémonie en présence de toute la famille, sauf de leur père qui, à cinquante-six ans passés et vieillissant, refuse désormais d'en être parce que ces cérémonies l'attendrissent trop.

L'équilibre trouvé

La profession d'Anne-Eugénie signe un moment d'équilibre à Port-Royal. Si les débuts de l'abbatiat d'Angélique ont fait parler parce qu'elle changeait les coutumes, tout Paris admire « sa prudence dévotieuse et son zèle religieux ». Ils ont ramené le monastère à « une si belle observance avec clôture régulière et charité de communauté ». La réforme est désormais complète. Angélique est soutenue par l'abbé de Cîteaux, Nicolas Boucherat, qui a succédé à Edme de la Croix en octobre 1604. Il lui accorde sa confiance et commence à penser à elle pour réformer d'autres maisons. Il lui envoie quelque temps une religieuse qu'il compte nommer prieure de l'abbaye du Lys, fondée par la mère de Saint Louis près de Melun, pour se former auprès de la jeune abbesse : « Madame de Port-Royal a tel soin de ses religieuses qu'elle-même porte du bois au dortoir pour les chauffer, et elle a une si grande charité pour celles qui sont malades qu'il semble qu'elle soit elle-même infirmière », répète-t-elle à tout va, ajoutant qu'on l'a mise « au noviciat où les jeunes professes ont un aussi grand soin d'elle que si elle était leur propre sœur[15] ». C'est bien une vie conventuelle solidaire qu'Angélique a su instaurer, un esprit propre à Port-Royal qui a été adopté par toutes les anciennes religieuses et qui s'est naturellement diffusé chez les nouvelles recrues. L'existence quotidienne, marquée par le dépouillement, est rendue supportable par la bienveillance que toutes témoignent les unes envers les autres. Port-Royal devient un modèle d'organisation conventuelle féminine, un exemple à suivre.

Si sa situation à l'écart est peu propice aux rencontres, le couvent ouvre ses portes à des visiteurs toujours plus nombreux. L'abbesse reçoit ainsi à l'improviste la visite d'Angélique d'Estrées qu'elle n'a plus vue depuis son départ de Maubuisson en 1601. Quinze ans déjà ! L'abbesse a conservé sa beauté sidérante. Elle veut réformer son propre monastère, lui demande des conseils et la sollicite pour travailler avec elle à une réforme. Angélique lui propose de devenir sa prieure, considérant que les religieuses, qui l'avaient connue dans son enfance, auraient peut-être plus d'affection pour elle que pour une autre. Enfin, elles parlent d'autres sujets, et Angélique d'Estrées repart sans avoir pris de décision. La réforme de Maubuisson se fera, mais d'une manière autrement plus autoritaire.

CHAPITRE VII

Une nouvelle aventure 1617-1619

Il s'écoule une année durant laquelle aucun fait notoire ne vient rompre le tranquille équilibre. Angélique dirige Port-Royal, entourée de ses sœurs Agnès, Marie-Claire et Anne-Eugénie, sans que rien ne trouble une vie conventuelle austère et priante. Contrairement à ce qu'elle redoutait, l'éloignement de la vallée de Chevreuse ne l'a pas reléguée aux oubliettes, car la manière dont elle administre et dirige ses filles suscite l'admiration en haut lieu et accroît la notoriété de la famille Arnauld.

La faveur des Arnauld

L'action rénovatrice d'Angélique est déterminante dans la trajectoire familiale à un moment de bascule politique. Les Arnauld sont des fidèles de Marie de Médicis dont les finances sont gérées par le frère aîné d'Antoine avec l'aide de son commis Robert d'Andilly. La disgrâce de la reine mère, le 24 avril 1617, aurait pu les ébranler, mais ils ont le nez fin. Ils ont misé sur le duc de Luynes, soutien du jeune roi, qui a pris de fait les rênes du gouvernement après avoir fait assassiner le maréchal d'Ancre, le favori de la reine mère. Ils ne se sont pas rapprochés de Richelieu, entré en 1616 au gouvernement avec le portefeuille des Affaires étrangères, entraîné dans la disgrâce. Malgré tout, lorsque l'oncle intendant des finances meurt le 14 octobre suivant, en ayant sollicité la permission de transmettre sa charge à son neveu, celle-ci lui est refusée. Il est possible que le plaidoyer du grand-père Simon Marion contre les Jésuites, qui avait été condamné par Rome, y soit pour quelque chose. Rien ne doit venir contrarier la politique conciliante envers le Saint-Siège, soutien de la Compagnie.

Pourtant, de son côté, Angélique donne des gages aux Jésuites puisqu'elle est proche du père Suffren. Ainsi, lorsque ce dernier se rend à Blois auprès de la reine mère, dont il est le confesseur depuis 1615, il ne cesse de lui écrire. Rejoignant son nouveau poste, ce qui visiblement lui pèse, il avance avec lenteur tout en ne cessant de s'épancher sur ses états d'âme :

> Le présent porteur vous dira toutes les nouvelles et vous portera ce petit mot que pour vous assurer de la souvenance de vous et de toute votre tant religieuse famille, désirant la continuation des aides spirituelles qu'il vous a plu me promettre à mon départ. Je suis ici depuis quinze jours et je commence à m'occuper suivant mon possible. Pourtant la reine a voulu que je prêchasse tous les dimanches à la paroisse et tous les vendredis à la chapelle du château, quasi seulement pour ceux de sa maison, pour les instruire à la pratique de la vie chrétienne[1].

Cette lettre témoigne de la faveur dans laquelle on tient la mère Angélique en haut lieu et des amitiés dont elle a su s'entourer. Son frère Robert est considéré comme un talentueux administrateur financier, et s'il n'obtient pas de succéder à son oncle, il se voit confier des missions délicates. Nommé conseiller d'État en 1618, il est chargé d'apurer les comptes des gardes-suisses, puis de juger les auteurs d'une conspiration contre le roi, avant de se retrouver premier commis du nouveau surintendant des finances Henri de Schomberg. C'est le manque de solidité financière de cette branche des Arnauld, dont la fortune reste moyenne notamment parce qu'ils ont beaucoup d'enfants et qu'ils sont foncièrement honnêtes, qui les freine dans leur quête de postes éminents pour lesquels une assise monétaire est indispensable.

Mais on continue à les utiliser en raison de leur loyauté inébranlable et de leurs compétences. L'abbé de Cîteaux, le supérieur d'Angélique, pense à elle pour réformer l'abbaye de Maubuisson. Sans en parler aux deux intéressées, il élabore un plan d'action pour évincer Angélique d'Estrées de son siège et la remplacer. Il s'est entretenu avec le roi et l'a convaincu d'autant plus aisément que Louis XIII, qui déteste ses demi-frères Vendôme, les bâtards de Gabrielle d'Estrées, ne porte pas non plus leur tante dans son cœur. On dit que l'abbesse a eu douze enfants de pères différents et qu'elle garde auprès d'elle quatre filles qu'elle fait passer pour ses demoiselles de compagnie mais qu'elle traite selon la qualité de leur père. Nicolas Boucherat a acquis la conviction qu'elle ne sera pas soutenue par sa famille car son frère, le maréchal d'Estrées, lui reproche d'avoir marié leur sœur sans son aval. Quant au cardinal de Sourdis, son cousin qui est archevêque de Bordeaux, il veut se faire oublier. Ces arguments emportent donc l'accord royal. La manœuvre est réalisée en trois temps.

Le discrédit d'une abbesse dévoyée

L'abbé de Cîteaux envoie d'abord l'un de ses proches pour sermonner l'abbesse. Mais elle refuse de le recevoir, se prétendant indisposée, et le fait conduire dans l'une des tours pour le loger ; aussitôt qu'il y est entré avec sa suite, elle fait fermer les portes et le retient, le faisant jeûner au pain et à l'eau, le traitant avec toutes sortes d'outrages, jusqu'à le frapper. Craignant pour sa vie, il parvient au bout de quatre jours à s'évader par la fenêtre.

Nicolas Boucharat comprend alors qu'il faudra utiliser la manière forte. Dans un deuxième temps, il se transporte sur les lieux en décembre 1617 pour procéder à une visite. Il s'y rend avec une grande escorte pour éviter la mésaventure de son ami. Mais il a beau sommer l'abbesse de paraître, assembler le chapitre et l'y convoquer, Angélique d'Estrées se refuse à tout. Son compte rendu signale qu'il la menace de la faire enfermer aux Filles repenties ou Pénitentes de Saint-Magloire de Paris, rue Saint-Denis, si elle ne s'amende pas. Ces précautions prises et l'avertissement rendu public, il passe à l'action.

Dans un troisième temps, durant les premiers jours de février 1618, l'abbé se transporte à Maubuisson, cette fois accompagné de la force publique, c'est-à-dire avec le prévôt des archers et ses troupes. Il somme l'abbesse de sortir. Comme elle refuse, il revient le lendemain 5 février et fait envahir l'abbaye. Les soldats escaladent les murs et enfoncent les portes intérieures. L'abbesse se dérobe en toute hâte, se cache. On ne la découvre que vers le soir. Elle s'entête tellement qu'on doit l'enlever à demi nue et la porter couchée, ficelée sur son matelas, jusque dans un carrosse. C'est en cet état qu'elle arrive aux Filles pénitentes où elle est enfermée.

L'abbé de Cîteaux s'est tenu dehors pendant que les archers opéraient. Dès qu'ils ont fini, il convoque les religieuses et leur propose le nom de trois abbesses de l'ordre parmi lesquelles il faudra en désigner une à titre de commissaire pour les gouverner. Il cite Mme de Port-Royal, mais les sœurs ne veulent pas se donner aux mains de celle qu'elles appellent le « monstre chimérique d'une réforme affreuse et sauvage ». Le lendemain matin, elles prient l'abbé de leur donner une religieuse de Maubuisson. Nicolas Boucherat est ravi puisque Angélique a été l'une d'entre elles. De retour à Paris, il se précipite chez Arnauld pour lui dire qu'il souhaite confier la réforme de Maubuisson à sa fille. Antoine n'est pas peu fier ! Il se prétend réticent, mais en fait il exulte ! Angélique reçoit incontinent une longue lettre de son supérieur lui demandant d'accepter de conduire la réforme à Maubuisson.

Le départ pour Maubuisson

Samedi 16 février 1618, l'abbé de Cîteaux arrive à Port-Royal pour présider en personne la profession définitive d'Anne-Eugénie. Le lendemain dimanche, celle-ci fait profession entre ses mains, sous le nom d'Anne-Eugénie de l'Incarnation. Puis le départ d'Angélique est annoncé. Les sœurs éclatent en sanglots et crient leur désespoir de perdre leur abbesse. L'abbé les rassure : la prieure, Catherine Dupont, assurera l'intérim secondée par Agnès, désignée sous-prieure.

Angélique quitte Port-Royal le lundi matin 19 février avec Marie-Claire Arnauld, dix-huit ans, Isabelle-Agnès de Châteauneuf, dix-neuf ans, un esprit très sage, et Madeleine-Scholastique de La Croix, l'une des anciennes, fort âgée. « Dieu m'a fait trop de grâces hier pour pleurer aujourd'hui », lui dit Anne-Eugénie en l'accompagnant jusqu'à la porte.

La petite troupe va séjourner dix jours chez Antoine Arnauld, le temps de mettre au point une méthode de réformation. Angélique y découvre sa jeune sœur Madeleine, bientôt dix ans, gracieuse et enjouée, aimant la société et minaudant. Cette attitude a le don d'exaspérer l'abbesse qui se rappellera plus tard qu'aussitôt qu'elle la vit, elle fut atterrée : « Qu'est-ce, ma petite sœur Madelon ? Ne voulez-vous point être religieuse et venir demeurer avec nous ? – Non ma sœur, je n'en ai pas la moindre envie ! – Eh ! Que voulez-vous donc devenir, mon enfant ? – Ma sœur, j'ai envie d'être mariée. – Qu'est-ce qui vous fait désirer le mariage ? – Rien autre chose que l'affection que j'ai pour les petits enfants. Je les aime de tout mon cœur. Je ne puis me passer de baiser et tenir mes petits-neveux. Et c'est ce qui me donne envie d'en avoir[2]. »

Angélique se met à rire, considérant sa sœur bien innocente et ignorante des réalités de la vie. Peut-être retrouve-t-elle aussi dans les aspirations encore confuses de sa sœur l'écho de celles qu'elle avait vingt ans plus tôt ? Angélique ajoute ceci :

> Il est vrai que cette simplicité d'une petite fille de dix ans, qui ne savait ce que c'était que la virginité et le mariage, et qui témoignait seulement avoir envie d'être mère de petits enfants, me fit rire un peu d'abord ; mais ensuite je sentis de la douleur de la voir si mondaine et si éloignée de se donner à Dieu[3].

La domestique qui accompagne Madeleine se confie sur son désir de devenir religieuse. Angélique se livre alors, comme toujours en pareil cas, à un véritable chantage spirituel. Elle lui dit qu'elle ne peut la recevoir de sitôt, les places vacantes ayant été retenues par d'autres personnes. Elle lui conseille d'attendre et de prier Dieu pour qu'il fasse la grâce de convertir sa petite sœur ; que si Dieu se servait d'elle, elle lui promettait de la recevoir à Port-Royal. La nuit qui suit ce discours, Madelon, tout excitée, réveille la servante pour lui décrire le songe qu'elle vient de faire. Sa sainte patronne l'appelait en lui disant : « Venez ma fille, venez au désert avec moi », tout en lui montrant un habit blanc de religieuse. Au matin, elle raconte ce rêve à son père qui s'en joue, puis à sa tante Catherine Le Maistre qui en rit, enfin à sa mère qui croit davantage à ce discours. Angélique se réjouit, certaine que ce rêve est prémonitoire et qu'il est capable de changer « le cœur d'une fille en un moment et la tenir dans une résolution ferme ». Elle est désormais certaine que Madeleine entrera à Port-Royal.

Réformer à tout prix

Durant ce temps, l'abbé de Cîteaux dispose les religieuses à la recevoir, car elles sont entrées dans un « grand effroi » en apprenant qu'on doit faire d'Angélique leur supérieure. Celle-ci arrive à Maubuisson dans le même carrosse que sa mère alors que les sœurs psalmodient l'office d'une manière si pitoyable qu'elle se demande alors si elles chantent ou bien se querellent. Elles la saluent avec respect mais avec froideur. S'appliquant à se montrer sous un visage riant et à renouer avec les religieuses qui ont gardé d'elle le souvenir d'une jeune fille inoffensive, elle en reconnaît une, l'embrasse et lui dit gaiement : « Bonjour, ma grande amie », car elle se souvient qu'elle l'appelait ainsi jadis.

Nicolas Boucharat la conduit solennellement au chapitre pour établir son autorité afin d'exercer la charge de l'abbesse absente. Il lui donne pleins pouvoirs d'ordonner et de disposer de toutes choses tant pour le spirituel que pour le temporel.

Les premiers jours se passent à apprivoiser ces pauvres filles qui ne savent pas ce qu'elles doivent attendre de leur nouveau gouvernement. Il y a seize professes et six converses qui expliquent qu'elles ont été placées là contre leur gré. Angélique leur prodigue de nombreux témoignages d'amitié. Elle va voir tous les soirs l'ancienne maîtresse des novices, devenue aveugle. C'est auprès d'elle qu'elle fait sa collation : du pain avec sept ou huit feuilles de chicorée sauvage, toutes crues, sans huile ni vinaigre. Elle creuse le morceau de pain pour y mettre la salade. Elle veut que les sœurs soient frappées par son comportement et qu'elles cherchent à l'imiter.

Angélique trouve les sœurs identiques à ce qu'elles étaient : aussi peu religieuses qu'on le peut être et très libres dans leurs habitudes qui consistent en une pratique routinière non contraignante et une vie relâchée. Comme elles n'aiment pas se voir reprocher leurs péchés, elles ont rédigé trois types de confession, pour les grandes fêtes, pour les dimanches et pour les jours ordinaires. Elles se les prêtent pour aller se confesser les unes après les autres. Le reste est à l'avenant. Elles passent leur temps à se divertir, à jouer la comédie pour leurs amis qui viennent les voir. Plusieurs d'entre elles ont un jardin particulier, équipé d'un petit bâtiment pour servir une collation. Quand il fait beau, après vêpres et complies, la prieure les mène hors de l'abbaye se promener près des étangs bordant le grand chemin vers Paris. Comme dans sa jeunesse, les moines de Saint-Martin de Pontoise les y rejoignent pour danser avec elles au son d'orchestres ambulants.

Recruter de bonnes sœurs

Angélique se rend vite compte qu'elle ne pourra rien changer, car ses compagnes sont « regardées comme de nouvelles créatures arrivées d'un nouveau monde tant elles ont peu vu d'exemples de vie religieuse[4] ». Les servantes les observent ; la plupart des sœurs les ignorent. Les talents d'Angélique seront cette fois insuffisants pour faire plier le monastère. Elle choisit une nouvelle stratégie : créer une communauté parallèle qui supplantera l'ancienne. L'abbé de Cîteaux lui suggère de recevoir suffisamment de professes pour remplir le monastère prévu pour cent personnes.

Les candidatures affluent. La nouvelle abbesse en choisit trente dont la motivation n'est ni la cupidité des parents ni le désir se se retrouver dans un beau monastère. Elle crée un noviciat complètement séparé que dirige Isabelle-Agnès de Chateauneuf. La consigne est d'empêcher toute communication avec les anciennes religieuses. Les nouvelles font réfectoire et exercice de la religion à part, excepté l'office qui ne peut se dire ailleurs qu'à l'église où les deux groupes s'affrontent. Ne pouvant rien suggérer aux anciennes qu'elles ne prennent mal, Angélique n'obtient rien sur leur manière de chanter. Elle se concentre sur les nouvelles, qu'elle forme elle-même avant de les confier à Madeleine-Scholastique de La Croix dont la voix est magnifique et qui leur apprend le plain-chant. La consigne est de chanter plus fort afin de couvrir les voix « indévotes, discordantes et fausses ».

Elle se comporte avec les nouvelles recrues comme jadis à Port-Royal : elle donne l'exemple. Elle veille à effectuer les travaux manuels avec elles : porter du bois aux cuisines, balayer les passages, l'église, les dortoirs, laver la vaisselle, monter le linge de la lessive au grenier, désherber le potager. Elle leur fait observer scrupuleusement la règle du silence et l'abstinence de viande. Elles mangent une livre de pain par jour, avec de la soupe aux légumes verts l'été, aux choux l'hiver. À quoi s'ajoutent des œufs brouillés ou en omelette avec de la salade de chicorée ou de laitue et un peu de sel.

Toute abbesse qu'elle est, elle se dépouille et décrit ses conditions de vie comme étant volontairement des plus rudimentaires. Elle a choisi une cellule malcommode et laide, proche d'un égout et envahie par les mauvaises odeurs. Des lézards et des crapauds y entrent parfois. On n'y voit goutte. Comme elle est très sombre et qu'on n'y peut faire le ménage, les punaises pullulent. « Je suis dans la grotte de Bethléem où la lumière n'entrait pas[5] », aime-t-elle à dire. Elle dort sur une paillasse posée sur deux petits tréteaux, conformément à ce que stipule la règle de saint Benoît. Une chaise, une petite table et un crucifix de papier complètent ce mobilier sommaire.

L'exemplarité de sa conduite et de celle de ses compagnes n'a pourtant pas l'effet escompté sur les autres religieuses. Malgré toute son énergie, elle ne parvient pas à les rallier et les deux communautés vivent côte à côte. Sa seule consolation est la présence de Marie-Claire qu'elle soigne car elle traîne son paludisme avec des accès de fièvre, ainsi que celle de son autre sœur, Anne-Eugénie, qui, malade, est venue la rejoindre à la demande de son père. Alors qu'elle se trouve dans une impasse, un éminent personnage vient bientôt la soutenir.

François de Sales

Au mois de novembre 1618, tout Paris bruisse de la présence de l'évêque de Genève, François de Sales, qui accompagne le duc de Savoie, Charles-Emmanuel, pour négocier le mariage de son fils Victor-Amédé avec Christine de France, fille du feu roi Henri IV. Une réputation de sainteté le précède. Nommé en 1602 évêque de Genève, capitale du calvinisme, il n'a jamais pu prendre possession de son siège épiscopal et vit à Annecy où son œuvre pastorale et son humanisme impressionnent ses contemporains. Il évangélise avec douceur, rétablit le culte catholique sur les terres du duc de Savoie, soutient les ordres réformés, fonde l'ordre de la Visitation et écrit des livres religieux dont le plus célèbre, l'*Introduction à la vie dévote*, s'adresse aux fidèles dans une langue fleurie et agréable.

La délégation s'attarde dans la capitale tant l'enjeu diplomatique est grand. Il en va de l'influence française dans la région au moment où le duc de Savoie est sur le point de succomber aux sirènes espagnoles. Prélat incontournable, l'evêque prêche le carême à Saint-André-des-Arts avec un succès insolent, provoquant une émeute à l'extérieur de l'église trop petite pour contenir la foule qui se bouscule pour y entrer.

Immédiatement, Angélique a grand désir de le rencontrer. Se mêlent en elle l'envie de garder un contact avec la vie parisienne, une sorte de snobisme ainsi que le besoin inlassable d'être reconnue. C'est la confirmation d'une des novices qui lui en donne l'occasion. Un ami de la famille Arnauld, René de Thou, seigneur de Bonneuil, est l'introducteur des ambassadeurs à la Cour de France. Comme il héberge l'évêque, à ce titre il lui a demandé de confirmer sa fille aînée qui vient d'entrer à Maubuisson. Marie de Thou, novice à l'abbaye royale des Clairets, au diocèse de Chartres, avait exprimé le désir de rejoindre Maubuisson depuis qu'Angélique y était. La cérémonie se déroule après Pâques, vendredi 5 avril 1619. François de Sales confirme, prêche et repart le jour même.

Cette première rencontre avec l'évêque de Genève est un moment important. L'abbesse reconnaît un homme admirable : « Dieu est visiblement et vraiment dans ce saint évêque[6]. » Le soir même, elle prend la plume pour le supplier de revenir. Il accepte. Ils se retrouvent le 11 juin et s'entretiennent tout le jour. Il revient encore le 17 juin. C'est le début d'une direction spirituelle féconde.

François de Sales profite de son séjour à Paris pour y installer une Visitation ; l'ordre qu'il a fondé à Annecy avec Jeanne de Chantal en 1610 est en pleine expansion. Il accueille des femmes dont aucun couvent ne veut parce que trop pauvres, trop âgées ou veuves. Mme de Chantal est arrivée avec deux professes d'Annecy, deux novices de Moulins et une sœur domestique de Bourges. Certes, l'installation à Paris suscite des jalousies et des oppositions, pourtant elle se réalise le 1er mai dans une maison prêtée par une pieuse amie au faubourg Saint-Marceau. Le lieu a beau être étroit et mal placé entre deux tripots, les vocations ne s'essoufflent pas. Une veuve charitable offre six cents livres et une maison au faubourg Saint-Michel plus grande et plus pratique. Ce nouvel établissement séduit Angélique. La pauvreté, l'élargissement à des femmes jusqu'alors rejetées, l'esprit de pénitence sont ce qu'elle-même a imposé à Port-Royal et qu'elle cherche à insuffler à Maubuisson.

Direction de conscience

Trouvant en l'évêque de Genève l'écho de ses propres préoccupations, elle lui parle très librement. Elle lui explique combien elle souffre de n'avoir jamais encore rencontré personne en qui elle ait une confiance absolue et dont elle puisse suivre sans réticence les conseils. Elle parle de « soumission » à l'égard d'un directeur spirituel parce que jusqu'à présent, elle n'en a fait qu'à sa tête et se gouverne elle-même selon son humeur :

> Je me sers pour prendre avis et conduite de ceux qui nous assistent selon que je reconnais qu'ils sont portés à ce que je désire que je croie bon et utile pour le bien de nos sœurs, prenant ainsi conduite par parties et de ceux que je crois qui favorisent mes pensées et mes désirs, en sorte que je me conduis moi-même, ce qui me donne beaucoup de peine[7].

D'une douceur extrême, l'évêque prononce des paroles qui pénètrent son âme quand il l'assure « qu'il n'y a point de mal à chercher sur plusieurs fleurs le miel qu'on ne peut trouver sur une seule et des juges favorables à nos inclinations pourvu qu'étant examinées elles soient trouvées bonnes ». Une réelle et profonde sympathie naît entre eux deux. Elle est fascinée par le charisme et la bienveillance de François de Sales, qui abandonne rapidement les usages conventionnels pour lui proposer de l'appeler « mon père ». Dans sa correspondance, il écrira « ma très chère fille », certes comme d'autres religieuses qu'il dirige, alors qu'il ne se permet pas une telle familiarité avec Mme de Chantal, sa plus proche collaboratrice, à qui il ne s'adresse que par « ma très chère mère ». Il est vrai qu'il est son contemporain alors que vingt-quatre ans séparent l'évêque de Genève de l'abbesse de Port-Royal.

Il lui rappelle dans une lettre qu'il n'y

> aura donc plus en moi de monsieur pour vous, ni en vous de madame pour moi ; les anciens cordiaux et charitables noms de père et de fille sont plus chrétiens, plus doux et d'une plus grande force pour témoigner la dilection sacrée que Notre-Seigneur a voulu être entre nous. Je dis ainsi hardiment que Dieu a voulu être en nous, parce que je le sens puissamment et ne crois pas que ce sentiment puisse venir d'ailleurs. Et de plus je connais qu'il m'est profitable, et qu'il m'encourage à mieux faire : c'est pourquoi je le conserverai soigneusement. De vous dire que vous en fassiez de même, je ne le ferai pas, car s'il plaît à Dieu, il vous l'inspirera, et je ne puis douter qu'il le fasse[8].

Angélique s'est donc mise sous la direction de conscience de François de Sales avec confiance et s'ouvre à lui de nombreux sujets. L'une de ses obsessions est son avenir. Les difficultés de mise en œuvre de la réforme à Maubuisson ont réveillé ses scrupules. Sa rencontre avec l'évêque de Genève lui a fait découvrir l'ordre de la Visitation dans lequel elle est tentée d'entrer. Elle envisage sérieusement de renoncer à sa charge d'abbesse. Soit pour ménager les susceptibilités de sa famille, soit qu'elle estime que la seule personne capable de lui succéder est sa sœur Agnès, elle veut résigner sa charge en faveur de celle-ci. Mais Arnauld refuse d'avoir dépensé en vain tant de temps et d'argent pendant si longtemps. Il propose de ne faire d'Agnès que la coadjutrice d'Angélique, ce qui assurera le maintien de la charge dans la famille. Agnès semble dans les mêmes sentiments que sa sœur : elle fuit les honneurs et les responsabilités qui lui paraissent dépassés ; elle se sent si perturbée qu'elle tombe malade. Angélique demande alors l'avis de François de Sales sur les arrangements proposés. Devant son indignation – « Comment, ma fille, êtes-vous de ceux qui veulent perpétuer les bénéfices dans leurs familles ? » –, elle s'oblige à lui répondre qu'elle a proposé sa sœur, « croyant en conscience qu'elle était la plus capable de la maison » et que s'il voulait bien lui parler, « elle accepterait de bon cœur[9] ».

Un séjour déterminant

De retour à Paris en août, il l'assure qu'il est allé voir Agnès et qu'il l'a trouvée ainsi que ses compagnes conformes à « ce qui est vraiment le Port-Royal qu'il aime et aimera toujours ». Il a passé quelques jours à Andilly chez Robert où séjournait aussi Catherine Le Maistre. Elle a fait, le jour de la Saint-Alexis, vœu de chasteté perpétuelle entre ses mains, premier jalon dans un itinéraire qui la conduira elle aussi au couvent. C'est donc l'ensemble de la famille Arnauld qui se met à l'école de François de Sales.

L'évêque de Genève passe neuf jours à Maubuisson jusqu'à la fin du mois d'août, après avoir prêché à Paris le 25 pour la Saint-Louis, dans la maison professe des Jésuites où la foule était si dense qu'il lui fut impossible de passer par la porte pour monter en chaire. Il fut contraint d'entrer par une fenêtre du chœur avec des échelles. À Maubuisson, il consacre le grand autel et fait un admirable sermon qui reste dans toutes les mémoires. Animé d'une ardeur « extraordinaire », il explique durant une heure et demie aux religieuses le cérémonial de la consécration. Angélique est conquise. Elle se rappelle qu'il a si bien parlé qu'il a touché les cœurs et la volonté. Ça n'a pas été comme avec l'un de ses amis, l'abbé Jean-Pierre Camus, venu prêcher plusieurs fois et dont les prêches pourtant brillants restaient superficiels. Elle est sensible aux efforts de l'évêque de Genève pour proportionner les exigences aux possibilités de ses interlocuteurs. Il enseigne une religion aimable, souriante et forte qui attire les cœurs à l'amour. En même temps, il est exigeant vis-à-vis de lui-même. Il jeûne souvent, mange sans goût et se loge dans une chambre très froide. Il ne se découvre qu'aux âmes qui ont une véritable confiance en lui et qu'il voit disposées à le croire. Il n'est pas dans une « dévotion doucette » et ne pardonne rien à celles qui veulent être conduites dans la vérité. Cet accompagnement élitiste séduit le tempérament altier d'Angélique.

Aussi le départ de François la plonge-t-il dans l'incertitude tant elle est convaincue qu'il aurait réussi à ramener les anciennes religieuses à Dieu et à les mettre sur la voie du salut. Il la rassure en lui demandant de ne pas se décourager « de ne pas voir encore l'effet du travail de tant de personnes qui les ont instruites et exhortées à changer de vie ». Il lui écrira plus tard de continuer inlassablement ses efforts auprès d'elles :

> Encore que leurs paroles parussent effacées dans leur esprit, elles s'en souviendront un jour et ces semences qui semblent perdues produiront leur fruit en leur temps. Ne vous ennuyez point de cultiver cette terre tardive et ingrate. Souvenez-vous que Dieu a jeté les yeux sur vous pour se servir de vous en choses de conséquence, et vous tirer à une excellente sorte de vie. Laissez-moi vous dire franchement les choses. Je vois clairement cette fourmilière d'inclinaisons que l'amour-propre nourrit et jette sur votre cœur, ma très chère fille. Votre esprit subtil, délicat et fertile contribue à cela. Mais pourtant, ma très chère fille, ce ne sont que des inclinations. Votre cœur peut être trémoussé par le mouvement de ses passions, mais enfin il s'en plaint et n'y consent pas[10].

Elle espère un moment qu'il restera à Paris, qu'il répondra favorablement à la demande de la Cour et de l'évêque de Paris, Henri de Gondi, qui le prendrait volontiers comme coadjuteur. Mais François de Sales, fidèle au diocèse dont il est originaire, pense que sa place est auprès des plus humbles. Sa direction spirituelle sera donc épistolaire.

Le chemin royal

Invariablement, dans les nombreuses lettres qu'ils échangent, elle parle de son « âme légère et inconstante ». Invariablement, il tempère son jugement. Ainsi, le 16 décembre 1619, il la conseille :

> Soyez juste. N'excusez ni n'accusez qu'avec mûre considération votre pauvre âme, de peur que si vous l'excusez sans fondement vous ne la rendiez insolente et si vous l'accusez légèrement vous ne lui abattiez le courage et la rendiez pusillanime. Marchez simplement et vous marcherez confidemment. Votre naturel si actif fera des saillies certes, mais veillez à ce que, vous apercevant de ces mouvements, vous tâchiez de les apaiser. Prenez bien garde à ce qui peut offenser le prochain, et à ne rien découvrir de secret qui lui puisse nuire, et s'il vous arrive, tâchez à réparer le tort tant que vous pourrez sur-le-champ. Soyez patiente. Ne croyez pas que l'œuvre que nous avons entrepris de faire en vous puisse être sitôt faite. Les cerisiers portent bientôt leurs fruits parce que leurs fruits ne sont que des cerises de peu de durée, mais les palmiers, princes des arbres, ne portent leurs dattes que cent ans après que l'on les a plantés, dit-on. Une médiocre vie se peut acquérir en un an, mais la perfection à laquelle nous tendons, ma chère fille, ne peut venir qu'en plusieurs années[11].

Et il lui donne du courage, l'assurant qu'elle fera de grandes choses :

> Cependant, ma très chère fille, souvenez-vous de ce que je vous ai dit. Dieu a jeté ses yeux sur vous pour se servir de vous en des choses de conséquence et vous tirer à une excellente sorte de vie. Portez donc respect à son élection et suivez fièrement son intention. Ne perdez pas courage. Animez continuellement votre courage d'humilité. Que votre courage soit humble et votre humilité courageuse[12].

François de Sales a perçu avec acuité les défauts et les qualités d'Angélique. Sa volonté de faire le bien se nourrit d'un puissant orgueil ; son aspiration à la sainteté a toujours quelque chose de superficiel ; son don pour le commandement est tyrannique ; la maîtrise qu'elle voudrait avoir sur tous les événements est un défaut de confiance.

Il lui écrit souvent de se modérer dans ses mortifications parce qu'il perçoit dans ces pratiques ascétiques, pourtant assez courantes à son époque, un excès nuisible tant physiquement que moralement, car elles traduisent arrogance et suffisance :

> Mais promettez-moi encore une chose, ma très chère fille. Ne chargez point votre faible corps d'aucune autre austérité que de celle que la règle vous impose. Gardez vos forces corporelles pour les pratiques spirituelles. Ne vous chargez pas de trop de veilles ni d'austérités, croyez-moi, ma très chère fille, car j'entends bien ce que je dis en ceci. Allez au port royal de la vie religieuse par le chemin royal de la dilection de Dieu et du prochain, de l'humilité et de la débonnaireté[13].

Et il insiste en lui écrivant le 12 septembre 1619 qu'il est nécessaire qu'elle dorme durant au minimum six heures. « Manger peu, travailler beaucoup, avoir beaucoup de tracas d'esprit et refuser de dormir au corps, c'est vouloir tirer beaucoup de service d'un cheval qui est efflanqué et sans le faire repaître[14]. » Plus qu'un autre, il veille sur son hygiène de vie, convaincu qu'il faut être en bonne santé pour conduire de grands projets et tenir sur la durée.

Pour la persuader encore, il lui fait porter les *Points d'humilité*, petit livre écrit par Pierre de Sans de Sainte-Catherine, visiteur des Feuillants et grand directeur de conscience. Elle y lit des propos propres à la rassurer puisqu'ils sont un appel à s'abandonner à la providence divine et à faire confiance.

Mais elle interprète le texte à la lettre et ne retient que la petitesse de la condition humaine et l'angoissant sentiment de sa faiblesse. Elle n'a que trop l'habitude de se mésestimer :

> En premier lieu, ouvrez les yeux à cette vérité et voyez que vous n'avez aucun bien de vous-même pour lequel vous deviez vous exalter et avoir bonne opinion de votre personne. Car le bien de nature et de grâce qui est en vous vient de Dieu et à lui seul en appartient l'honneur et la gloire. Mais que vous devez incessamment vous humilier et mépriser à cause que vous n'avez rien de vous-même que le mensonge et le péché. Ayez toujours un grand sentiment de votre néant[15].

Le néant ? Qu'est-elle d'autre si Dieu ne l'en tire par sa grâce ? Si l'expérience de Maubuisson est pour elle douloureuse, la rencontre avec François de Sales transforme son rapport au monde. Elle qui, par naturel, aime plaire et veut séduire son entourage trouve dans les conseils mesurés de l'évêque de Genève l'assurance qu'il convient aussi de tempérer la rigueur austère, qui est l'autre pan de sa personnalité complexe. L'une de ses compagnes témoignant de ses vertus après sa mort a dit qu'« on s'étonnait qu'elle ne faisait point l'abbesse comme les autres et de ce qu'on agissait envers elle avec grande liberté[16] », ce qui est bien éloigné de l'image altière et sévère que la postérité a conservée. Se conjuguent en elle deux figures : celle d'une supérieure autoritaire, effrayante même, à qui son entourage a souvent préféré sa sœur Agnès, et celle d'une religieuse abordable, exemplaire en son comportement et exigeante uniquement envers elle-même. Toutes ces facettes font la richesse d'une femme qui, par ses actes et par ses paroles, sait toucher les cœurs et emporte la conviction de ses interlocuteurs. Il n'y a qu'à Maubuisson qu'elle échoue, bien qu'elle y apprenne la patience.

Chapitre VIII

Coups de théâtre

1619-1622

Peu après le départ de l'évêque de Genève, le 10 septembre 1619, a lieu un événement tragicomique qui vient ajouter à la notoriété de l'abbesse. Alors qu'elle est dans l'église peu avant l'heure de tierce, soit neuf heures du matin, et qu'elle entre dans le chœur pour chanter l'office, un bruit venu de l'extérieur de la clôture se fait entendre. Elle se dirige vers la porte pour voir de quoi il retourne quand elle tombe nez à nez avec Angélique d'Estrées. La stupeur se lit sur son visage. Pour la première fois dans sa vie, elle n'est pas préparée à l'événement, ne l'a pas anticipé. Lorsqu'elle a refusé l'entrée de Port-Royal à ses parents, dix ans plus tôt, elle avait imaginé la confrontation. Mais cette intrusion est tellement inattendue qu'elle la laisse interdite. Sa réaction montre néanmoins son sang-froid et sa véritable carrure, car à aucun moment elle ne se laisse intimider.

Acte 1 : confrontation

Comment Angélique d'Estrées peut-elle être ici alors qu'elle est reléguée à Paris, aux Filles pénitentes de l'abbaye Saint-Magloire de la rue Saint-Denis ?

> Madame, il y a assez longtemps que vous tenez ma place. Je suis venue ici pour vous remercier du soin que vous avez eu de mon abbaye pendant mon absence, et pour vous prier de vous en retourner en la vôtre, et de me laisser la conduite de la mienne.
>
> – Madame, je suis toute prête de le faire, quand ceux qui m'y ont mise m'en retireront. L'abbé de Cîteaux m'a ordonné de venir prendre la conduite de cette maison. Y étant venue par obéissance je n'en puis sortir que par la même obéissance.
>
> – Je suis l'abbesse et je vais prendre ma place, affirme-t-elle en se dirigeant vers le chœur et en menaçant : Vous en sortirez, vous en sortirez.
>
> – Madame, vous n'êtes plus abbesse, ayant été déposée.
>
> – J'en ai interjeté appel.
>
> – Votre appel n'est point jugé et la sentence de déposition rendue contre vous subsiste. C'est pourquoi ne trouvez pas mauvais si je m'assieds à la place de l'abbesse.
>
> – Quelle hardiesse que mon écolière prenne ma place en ma présence[1] !

Tandis que Mme d'Estrées prononce ces paroles, Angélique s'asseoit prestement, entourée des religieuses qu'elle a recrutées depuis un an. Elle demande discrètement à l'une d'entre elles de veiller à ce que quelqu'un enfourche un cheval pour aller prévenir son père à Paris que Mme d'Estrées vient pour la chasser. Aux autres, elle recommande de toutes communier à cette messe, pour implorer « l'assistance du Saint-Esprit dans cette tempête ». La plupart même s'y sont préparées la veille en se confessant, car c'est une fête solennelle qui est célébrée ce jour-là. Au moins une trentaine d'entre elles communient.

Au-dehors se tiennent des cavaliers avec à leur tête le comte de Sanzai, le beau-frère de Mme d'Estrées, qui l'a escortée jusqu'à Maubuisson. Elle est entrée par la porte de la basse-cour proche des étangs, que l'on appelle la porte de l'Aulnoye, après avoir molesté le portier. Le pauvre homme a crié, s'est époumoné, mais n'a pu l'arrêter. Quoique blessé à un bras, il est immédiatement parti pour Paris avertir Arnauld. Une religieuse complice a ensuite ouvert la porte de l'église avec une clé qu'elle avait fait faire.

Acte 2 : bataille au monastère

Mme d'Estrées déambule dans le monastère et se rend dans son ancienne chambre transformée en infirmerie. Lorsqu'elle aperçoit à terre deux religieuses malades couchées sur des paillasses, elle déclare avec dédain : « Qu'on ôte toutes ces saletés de ma chambre ! Quelle vilenie que tout cela ! – Madame, si votre chambre est en mauvais ordre, la faute est bien pardonnable, on ne vous attendait pas », réplique Angélique qui s'en va donner des ordres pour faire rassembler ses papiers et les mettre à l'abri[2]. Le confesseur de la communauté, après s'être entretenu en aparté avec Mme d'Estrées, conjure Angélique de se retirer et de céder à la force. Devant sa résistance, l'ancienne abbesse lui propose de retourner dans l'église. « Allons, Madame, nous ne saurions être mieux nulle part », lui répond-elle. Quelle n'est pas sa surprise quand elle voit débarquer dans le sanctuaire le comte de Sanzai et quatre gentilshommes, l'épée à la main, et s'avancer jusqu'à elle en la menaçant. Elle reste immobile. Tout à coup, l'un des quatre décharge un coup de pistolet, pensant l'effrayer. Elle répond fermement qu'elle ne sortira que si on la fait sortir de force, et qu'en ce cas seulement, elle pourra être excusée devant Dieu. Les religieuses s'approchent d'elle et lui mettent chacune la main dans la ceinture pour empêcher que les cavaliers ne se saisissent d'elle. Mme d'Estrées s'échauffe en paroles, puis touche le voile d'Angélique comme si elle voulait le lui ôter. Sœur Anne de Sainte-Thècle, fille d'un gentilhomme, s'avance alors vers elle et lui déclare : « Comment ! Misérable que tu es, tu as la hardiesse de vouloir ôter le voile à Madame de Port-Royal ! Ah ! je te connais, je sais qui tu es[3] ! »

Et elle lui tire son voile de dessus sa tête et le fait voler à six pas de là, sous les yeux médusés de ces hommes armés. Les anciennes religieuses, qui assistaient jusque-là à la scène sans mot dire, s'enfuient, ne voulant pas être impliquées dans cette affaire. Anne-Eugénie, à part, se tient seule dans une stalle, priant intensément mais sans oublier de regarder furtivement autour d'elle pour intervenir si nécessaire.

« À moi, mon frère, à moi ! On me tue ! » s'écrie Mme d'Estrées. Le confesseur entre à l'instant : « Vous ne devez pas résister davantage, Madame de Port-Royal. Vous devez céder à la force. – Oui, mon père, quand elle m'emportera. – Saisissez-vous d'elle ! » ordonne alors Mme d'Estrées[4].

Aussitôt, les gentilshommes la prennent sous les bras et la traînent à l'extérieur. Lasse d'être tirée de tous côtés, elle n'oppose plus de résistance. On l'emporte ainsi hors de l'église dans la basse-cour où se tient un carrosse dans lequel on la hisse. Une dizaine de sœurs s'y accrochent immédiatement. Il y a les quatre religieuses de Port-Royal, Madeleine-Scholastique de La Croix, Anne-Eugénie et Marie-Claire Arnauld, Isabelle-Agnès de Chateauneuf, ainsi que trois anciennes religieuses de Maubuisson réformées, sans oublier onze novices et toutes les postulantes. Trois montent sur le siège du cocher, trois sur le derrière comme des laquais et les autres se pendent aux roues. « Démarrez donc, cocher ! s'impatiente Mme d'Estrées. – Je n'ose pas. Je vais tuer les religieuses. »

Pendant ce temps, Angélique réussit à sortir de la voiture. Voyant qu'ils ne peuvent l'emmener en carrosse, le comte de Sanzai et ses acolytes la poussent violemment vers la porte de l'abbaye. Mme d'Estrées sort la première pour la tirer dehors. Une courageuse novice commence à parler hardiment à l'homme que Mme d'Estrées a placé pour surveiller la porte : « Prenez garde que si vous nous empêchez de sortir, nous allons toutes vous écraser derrière la porte[5]. » La menace est aussitôt mise à exécution. Une fille robuste pousse la porte contre lui, force le passage, se précipite sur Mme d'Estrées, la prend par le milieu du corps, la jette à terre où elle la maintient jusqu'à ce que tout le noviciat soit sorti.

Acte 3 : sur le chemin de Pontoise

Toutes ont réagi avec sang-froid et à-propos. Seule la dernière professe arrivée à Maubuisson, refusant de sortir de la clôture car persuadée que c'est un péché mortel, s'évanouit. Angélique décide alors de partir à pied avec la trentaine de filles jusqu'à Pontoise, qui est à moins d'une lieue, pour y trouver les secours du juge ecclésiastique. Elle les fait ranger en bon ordre, comme en procession, les postulantes les premières, les novices après et les sept professes les dernières, en rang deux par deux. Pendant qu'elles marchent en silence, récitant le chapelet, le lieutenant de Pontoise, qui est de mèche avec Mme d'Estrées, vient à passer à cheval et se moque d'elles. Elles font halte à L'Aumône, le faubourg de Pontoise, pour se rafraîchir. Arrivées à Pontoise, le peuple les accueille à bras ouverts, leur donne mille bénédictions : « Voilà les Filles de la bonne Madame de Port-Royal ! Elles ont laissé la peste, cette infâme, cette perdue, qui les a chassées de Maubuisson[6]. »

Elles entrent dans la première église qui se présente. C'est celle des Jésuites, qui les accueillent avec respect et courtoisie. Après avoir dit leurs prières, elles sortent au moment où arrive du Carmel voisin André Duval, docteur de Sorbonne et grand professeur de théologie. C'est lui qui a fondé ce Carmel réformé où la bienheureuse Barbe Acarie s'était retirée et y est morte l'année précédente. Il vient leur dire que toutes les religieuses de Pontoise se proposent pour les héberger. Les Carmélites parlent d'abriter toutes les professes, les Ursulines demandent onze novices et l'Hôtel-Dieu offre de les recevoir toutes. Pour éviter l'éparpillement et se mettre sous protection épiscopale, elles acceptent finalement d'occuper la maison du grand vicaire de l'archevêque de Rouen. Avec deux belles et grandes salles, des chambres et un jardin en terrasse, elles seront à leur aise et même en clôture. Plusieurs personnes charitables de la ville leur envoient des lits, de la vaisselle et de quoi se restaurer.

L'une des postulantes manque à l'appel. Elle arrive un peu plus tard, ayant fait le trajet seule parce qu'elle n'a rien vu ni entendu de ce qui s'est passé dans le monastère. Elle a travaillé à la laiterie toute la journée et ne s'est aperçue du départ de ses conseurs qu'en fin de journée. Déclarant à Mme d'Estrées « qu'elle n'était point sa religieuse ni elle son abbesse » puisqu'elle était de celles qu'Angélique Arnauld avait recrutées, elle obtient de partir.

Acte 4 : retour à l'abbaye

Le lendemain, vers dix heures du soir, on sonne à la porte. C'est Jean de Fontis, grand prévôt d'Île-de-France, qui avait jadis accompagné Angélique à Port-Royal lors de son premier voyage. Il vient, sur ordre du roi, la ramener à Maubuisson avec la communauté. L'intrusion s'est déroulée au début des vacances du Parlement, certainement dans l'espoir de ralentir la réaction des autorités. En effet, l'exprès envoyé à Paris n'a pas trouvé Antoine Arnauld, parti voir sa fille Agnès à Port-Royal, mais son fils Henri, qui s'est alors présenté à la Chambre des vacations où il a obtenu un décret de prise de corps contre Mme d'Estrées et un arrêt pour rétablir Angélique. De son côté, Fontis est arrivé dans l'après-midi à Maubuisson avec des archers qui ont fait fuir Mme d'Estrées et le comte de Sanzai puis ont sécurisé les lieux pour permettre le retour de la communauté.

Les religieuses repartent immédiatement en cortège, à pied, comme elles sont venues. Les curés de Pontoise et un grand nombre d'habitants les accompagnent. Les archers, le mousquet sur l'épaule et un flambeau à la main, les escortent de sorte qu'on y voit presque comme en plein jour. Elles rentrent à Maubuisson sous leur protection, heureuses de ce qu'ils garderont le monastère pour le sécuriser. Une partie des religieuses s'activent alors en cuisine pour préparer les repas des gardes, tandis que d'autres veillent en prière. Angélique a dirigé les opérations avec fermeté, calme et ordre.

Au matin, les gardes qui surveillent le dortoir entendent quelqu'un se moucher derrière un mur. Ils découvrent une haute armoire derrière une tapisserie où se cache la religieuse qui, la veille, a fait pénétrer Mme d'Estrées dans le couvent. Elle finit par descendre du haut de l'armoire où elle a passé la nuit. Par précaution, une cinquantaine d'archers resteront encore quelques jours.

L'incident a vite fait d'être relaté et relayé. On vante le sang-froid d'Angélique, le courage de ses religieuses et leur piété car elles n'ont pas arrêté de prier durant ces deux journées. Jeudi 19 septembre, lors d'une halte à Tours, François de Sales prend le temps d'écrire à Angélique :

Le second jour se passe, ma très chère fille, de notre arrivée en ce lieu et je n'ai pas encore vu votre frère, M. d'Andilly, quoique je l'aie désiré ; ce sera, Dieu aidant, demain ; mais en attendant il faut que mon cœur salue le vôtre. Je sus à mon départ de Paris que vous étiez rentrée dans Maubuisson avec votre chère petite troupe ; mais je n'ai pas pu savoir si vous aviez trouvé vos papiers, vos meubles de dévotion et votre argenterie. Car celle qui s'est elle-même dérobée à Dieu, pourquoi ne déroberait-elle pas tout autre chose ?

Je vous écrirai avant mon départ de ce lieu, après que j'aurai vu ce cher frère ; et croyez-moi, ma très chère fille, mon âme se console de vous écrire tant il est vrai que Dieu veut que mon âme regarde la vôtre, la chérisse et soit parfaitement vôtre. En somme, mon cœur se retourne à tous moments de votre côté, et ne cesse point de répandre des souhaits pour votre avancement pur et courageux, mais humble et doux[7].

Le retour à Maubuisson signe la reprise d'une vie conventuelle régulière. Mais un nouvel et triste événement intervient, qui blesse profondément Angélique.

La mort d'Antoine Arnauld père

Le 29 décembre, une page de l'histoire de Port-Royal se tourne avec le décès d'Antoine Arnauld mort d'une hydropisie de poitrine – c'est-à-dire d'une embolie pulmonaire – à cinquante-neuf ans. La nouvelle, qui est portée à Port-Royal et à Maubuisson, plonge toutes les personnes qui le connaissaient dans une profonde douleur tant il était le père commun des deux abbayes. Angélique insiste pour montrer à quel point son père s'est éteint en bon chrétien. La maladie a duré trente jours durant lesquels il s'est préparé « avec une résignation absolue et une infini charité pour que Dieu lui pardonne ses offenses et le reçoive en Son paradis ». Il s'est dépouillé de ses biens, les a donnés à sa femme et à son fils aîné, Robert d'Andilly, sans même s'enquérir à quoi ils les emploieraient. Il leur a également permis de vendre l'hôtel familial avant son trépas si tel était leur désir, ce qu'ils se sont bien gardés de faire.

L'évêque de Genève écrit à sa dirigée :

> Que puis-je dire sur ce trépas ? Notre bonne mère de la Visitation, Mme de Chantal, m'en a donné l'avis, mais en même temps elle m'écrit qu'elle avait vu Madame votre mère et ma très chère fille votre sœur Catherine braves, résolues et vaillantes. Je n'en doutais pas, ma très chère fille, que Dieu n'eût soin de votre cœur en ces occurrences, et que, s'il le blessait d'une main, il n'appliquait son baume de l'autre. Mais c'est assez, ma très chère fille, Dieu et votre bon ange vous ayant consolée, je n'y mets plus la main. Qu'est-il besoin d'en plus parler ? À mesure que Dieu tire à soi, pièce après pièce, les trésors que notre cœur avait ici-bas, c'est-à-dire que nous y affectionnions, il y tire notre cœur même et puisque je n'ai plus de père et de mère en terre, dit saint François d'Assise, je dirai plus librement, notre Père qui est aux cieux[8].

Avec son père, Angélique perd son premier bienfaiteur et son conseiller juridique. Il n'aura pas eu la satisfaction de tenir entre ses mains les bulles de coadjutrice d'Agnès arrivées de Rome le 31 janvier 1620. Le 6 septembre de cette même année, a lieu la cérémonie d'investiture, qui remplit de joie Angélique. Elle fait le déplacement à Port-Royal, s'arrête à Paris, rend visite à Jeanne de Chantal qui est au faubourg Saint-Michel, où elle est en train d'organiser le nouveau couvent de la Visitation Sainte-Marie. Les deux femmes se rencontrent pour la première fois, toutes deux auréolées d'une solide réputation. Jeanne de Chantal a quarante-huit ans ; Angélique, vingt-neuf. La différence d'âge est celle d'une mère et de sa fille. Angélique est ravie de retrouver en Jeanne un peu de ce qu'elle a connu chez l'évêque de Genève, l'affection maternelle en plus. La fascination est telle que leur amitié réactive son désir de « tout quitter » pour devenir « simple religieuse ». Par son entremise, elle espère convaincre François de Sales de l'accepter à la Visitation. Mais celui-ci hésite. Sans doute redoute-t-il ce qu'il appelle la « subtilité de son esprit ». Il craint que « son cœur, si prompt à commander », ne puisse se satisfaire de la condition d'humble visitandine. Enverra-t-il une demande à Rome ? Rien n'est moins sûr, comme il s'en explique : « Je jugeai convenable de ne point faire le juge souverain, mais de laisser la décision finale à l'événement. »

L'amitié de Jeanne

Jeanne de Chantal vient à deux reprises séjourner à Maubuisson, en 1621 et en février 1622. Angélique est attentive à son bien-être et lui prodigue des soins lorsqu'elle est incommodée. C'est ainsi qu'elle la saigne elle-même, geste certes charitable mais aussi intéressé, afin de conserver le sang tiré à titre de relique.

Leurs longs entretiens témoignent d'une confiance réciproque. Angélique fait part à son amie de son extrême lassitude face à la contestation d'une partie de la communauté. L'opposition rencontrée lui fait douter de ses capacités de commandement. Elle ne sait où elle doit être : elle cherche sa place depuis très longtemps. Et lorsque Jeanne lui répond que si Dieu l'éprouve, c'est qu'Il a ses raisons, Angélique lui répète qu'elle aimerait entrer à la Visitation pour rester près d'elle :

> Me voilà toute rétablie dans mon tracas, où je veux être puisque Dieu le veut. Mais je ne puis cesser de jeter les yeux sur le doux repos que j'aurais aux pieds de ma chère mère, s'il

plaisait au Seigneur que j'y puisse vivre et mourir. Je ne crois pas que je vous ennuie en vous disant ces petites particularités, afin, qu'au moins en la matière je sois votre petite novice.

Ma chère mère, pour l'amour de Dieu, aimez-moi toujours et faites par vos prières et vos soins maternels que je sois toute à Lui. Que Dieu vous conserve et soit béni ! Revenez au plus vite, ma chère mère, je vous en conjure[9].

Pourtant, Anne-Eugénie ne cesse de lui dire qu'elle n'impose rien mais suggère, incite, montre l'exemple, n'étant dure qu'avec elle-même, qu'elle a un don particulier pour gagner la confiance et pour persuader sans violence et avec bienveillance, ce qui fait qu'elle convainc les personnes les plus rétives. Au crédit d'Angélique, il faut mettre le temps qu'elle passe auprès des religieuses à leur parler et le capital de sympathie qu'elle génère. Bien souvent, ses interlocuteurs se laissent convaincre parce qu'ils veulent lui faire plaisir. Mais dans ce couvent-ci, les anciennes, à quelques exceptions près, refusent de se réformer. Ses efforts lui paraissent inutiles.

Bouleversements

Au début de 1622, le roi nomme abbesse de Maubuisson Mme de Soissons, une religieuse qui vient de la prestigieuse abbaye de Fontevrault. Arrivée avant même que la troisième sentence contre Mme d'Estrées ne soit prononcée, elle ne peut encore être investie. C'est une personne de qualité, une fille naturelle du comte de Bourbon-Soissons, cousin du roi. Sa réputation de vertu et de régularité la précède. Mais elle se montre difficile car elle trouve que les religieuses sans dot sont une charge trop lourde. Ce point d'achoppement n'est pas rare. Angélique estime, elle, que les couvents ne sont pas des institutions mondaines, mais le refuge charitable de filles peu aisées ou âgées. Et c'est aussi ce qui la remplit d'admiration pour la Visitation qui justement accueille ce genre de femmes. Au reproche d'avoir rempli la maison de filles sans dot, Mme de Soissons ajoute celui d'empêcher les « belles magnificences à l'église », comme elles se pratiquent dans les maisons de fondation royale. À plusieurs reprises, Angélique affirme préférer le laid au beau si c'est le luxe qui apporte la beauté. Elle a tellement simplifié l'apparat qui accompagne la liturgie qu'elle choque.

Pendant une année, l'abbesse par intérim et l'abbesse putative vivent ensemble froidement, quoi qu'Angélique fasse pour faire fondre la glace. Lorsque Mme de Soissons contracte la petite vérole (c'est-à-dire la variole), cette maladie infectieuse d'origine virale très contagieuse qui couvre la peau de pustules, elle lui sert de garde jour et nuit, lui rendant toutes sortes de services, jusqu'à tomber malade elle-même. Un œil infecté mettra des mois à guérir en la faisant terriblement souffrir.

François de Sales lui avait écrit qu'il fallait laisser la Providence décider. Le 28 décembre 1622, le destin bouleverse de nouveau la route d'Angélique : M. de Genève meurt brutalement durant un séjour à Lyon. En un instant, sa vie s'écroule. Elle demeure sans conduite. Vers qui aller ? Elle décide de retourner sans plus tarder à Port-Royal accompagnée des religieuses qu'elle a reçues à Maubuisson depuis trois ans. Ces pauvres filles s'avancent alors timidement : « Ma mère, nous vous prions instamment d'écrire aux sœurs de Port-Royal pour leur demander si elles auraient le courage de nous faire part de leur pauvreté[10]. »

La réponse ne se fait pas attendre : une longue lettre écrite par Agnès et signée de toutes les assure qu'elles recevront avec joie celles qu'il lui plaira de leur amener. L'abbé de Cîteaux donne l'autorisation de transférer les religieuses de

Maubuisson à Port-Royal. Angélique demande alors à sa mère de lui envoyer des carrosses pour conduire les passagères. Tandis qu'elles partent pour Port-Royal, elle l'accompagne à Paris pour passer quelques jours avec elle. L'expérience Maubuisson a duré cinq ans durant lesquels la détermination de l'abbesse n'a jamais faibli mais qui lui laissent un goût amer et d'inachevé. Elle n'a pas réussi comme elle l'entendait ni à convertir toutes les sœurs ni à leur insuffler des dispositions pour l'ascèse.

Chapitre IX

Retour à Port-Royal
1623-1630

Alors qu'Angélique est chez sa mère, le 2 mars 1623, vient rendre visite Jean Duvergier, abbé de Saint-Cyran-en-Brenne, un prêtre ami de son frère Robert, qui ne la blâme pas d'avoir accepté des religieuses sans dot. D'Andilly est à présent premier commis de Henri de Schomberg, récemment nommé surintendant général des finances de France. Lorsqu'il a accompagné Louis XIII dans ses campagnes militaires en 1620, d'Andilly a fait connaissance à Poitiers d'un chanoine du chapitre cathédral, secrétaire de l'évêque, qui est devenu son ami intime. Il a mis Angélique en relation avec lui si bien que l'abbé de Saint-Cyran lui a écrit en 1621, mais sans la connaître. Installé à Paris depuis un an, aumônier de Marie de Médicis, il est directeur de conscience de Catherine Marion-Arnauld. C'est un homme dont tout Paris vante les mérites et la science. Il lui promet de lui écrire encore et elle se dit heureuse de trouver en cet homme une « si sainte amitié[1] ». Pour le moment, rien de plus. Rien de comparable avec l'engouement qui a été le sien lors de sa première rencontre avec François de Sales ou qui le sera quelques années plus tard lorsque Saint-Cyran se rapprochera de Port-Royal.

Elle y revient le 11 mars 1623. Elle a imposé aux filles de garder le silence jusqu'à son arrivée pour éviter d'y déclencher de l'agitation. Chacune a cousu un billet sur sa manche pour faire connaître son nom et son emploi. Elles sont là depuis une semaine quand elle les rejoint.

En retrouvant la maison qu'elle a quittée il y a cinq ans, elle éprouve une intense émotion, bientôt une véritable joie lorsqu'elle aperçoit les sœurs qui lui font fête, la remercient de leur avoir envoyé de « bonnes filles », soumises à la règle et régulières dans leurs pratiques religieuses. C'est alors qu'elle délie la bouche des trente muettes.

Une décision majeure

Revenir à Port-Royal console son cœur, et plus encore, puisque les religieuses ont accepté les trente-deux nouvelles qu'elle a amenées. Celles-ci n'apportent que cinq cents livres de pension ; seules deux ou trois ont un peu de bien, tandis que les autres sont des pauvres à qui elle n'a rien pu demander à leur entrée en religion. Port-Royal est prévu pour vingt sœurs et six mille livres de revenus. La charge s'accroît encore un peu plus tard lorsque six du Paraclet d'Amiens demandent à être reçues. Cela porte l'effectif à plus d'une cinquantaine, et même, après de nombreuses entrées, à quatre-vingts. Ce succès extraordinaire, qui fait oublier les déceptions de son intérim à Maubuisson, bouleverse radicalement le statut de Port-Royal. Il y a presque cinq fois plus de religieuses que le prévoit le règlement. C'est devenu une abbaye considérable en prestige et renommée. Désormais Port-Royal sera regardé, scruté, admiré comme un modèle de réforme conventuelle.

De nombreux amis pressent alors Angélique de quitter la vallée de Chevreuse pour s'installer à Paris. Un proche de François de Sales, le Jésuite Étienne Binet, qui était parfois venu la voir à Maubuisson et qui conseillait le cardinal de La Rochefoucauld, grand aumônier de France et commissaire apostolique pour la réforme des réguliers depuis 1622, lui avait parlé le premier de partir de cet endroit malsain et l'assurait qu'elle ne manquerait pas d'assistance pourvu qu'elle en demande. Le feuillant Eustache de Saint-Paul Asseline, de son côté, lui écrit le 24 juin : « Je voudrais bien vous voir établie dans cette ville au lieu de certaines hospitalières qui sont venues de Louviers, qui se mettent ici au faubourg Saint-Germain, bon gré mal gré. Monsieur notre archevêque ne goûte guère cet établissement et aimerait bien mieux le vôtre, aussi bien que moi[2]. » Asseline arrive peu après avec Mgr Étienne de Vilazel, évêque de Saint-Brieuc, qui doit à la protection de Bérulle d'être prédicateur ordinaire du roi. Il prêche le 17 juillet « admirablement » à Port-Royal, avant de repartir le lendemain, non sans avoir aussi appuyé lourdement l'idée d'un déménagement.

En fait, l'échec d'Angélique à Maubuisson n'est qu'apparent. Les sœurs y ont gagné la réputation de vivre strictement, selon la règle, et on les demande un peu partout. Le 18 juillet 1623, Anne-Eugénie devient ainsi prieure à l'abbaye du Lys près de Melun. Elle part avec Marie des Anges Suireau, maîtresse des novices, pour soutenir la réforme portée par Mme de La Trémoïlle, coadjutrice de l'abbesse, contre l'abbesse elle-même. Elles montrent l'exemple d'une grande austérité. Elles sont régulières, assidues aux offices de jour et de nuit, abstinentes, mais en proie – comme Angélique l'était à Maubuisson – à de multiples vexations. Elles y restent trois ans. La politique de réformation monastique se heurte partout à une farouche résitance. Angélique n'est pas la seule à avoir transformé son abbaye. Des jeunes femmes, de noblesse ancienne ou récente, sont en train de faire de même. Après avoir refusé l'entrée de leur monastère à leurs parents, elles introduisent une règle plus exigeante avec la mise en communauté des biens personnels et le choix d'un habit distinctif, comme Claude de Choiseul de Praslin à Notre-Dame de Troyes ou Laurence de Budos à la Trinité de Caen dans les années 1620[3]. Mais la caractéristique d'Angélique est d'avoir été l'une des premières, si ce n'est la première à imposer la réforme.

La vocation d'une veuve

À l'automne 1623, Mme Arnaud et Catherine Le Maistre viennent séjourner aux Champs où celle-ci tombe malade. Le vallon est insalubre. L'humidité est constante, l'eau qui dévale de la colline des Granges envahit l'église lors des gros orages. Certes, les terres autour de l'abbaye sont d'un bon rapport. Converties en rentes par Antoine Arnauld, elles ne demandent aux sœurs aucun travail et font vivre les pauvres. Mais les conditions d'existence dans le couvent demeurent précaires.

C'est durant la maladie de Catherine que Mme Arnauld prend la décison d'entrer à Port-Royal. Le sermon prononcé à l'occasion des vœux d'une religieuse la touche tellement qu'elle vient aussi aussitôt lui demander de lui faire faire une retraite. L'abbesse se doute bien que cette retraite de quelques jours aboutira à celle de toute une vie. Angélique raconte qu'elle la lui « accorda aussitôt et elle eut la bonté et l'humilité de n'y vouloir prendre conduite que d'elle » ; dès le lendemain, « son âme fut changée au point qu'elle vint lui demander pardon à genoux, les larmes aux yeux, de ce qu'elle s'était parfois fâchée contre elle durant son enfance[4] ». Deux jours plus tard, elle lui confie qu'elle sent que Dieu l'appelle à être religieuse. Néanmoins, ce ne sera pas pour tout de suite. Catherine Marion-Arnauld a encore des obligations. Elle doit aider sa fille séparée de son mari à élever ses fils dont le plus âgé, Antoine, a quinze ans, et le plus jeune,

Louis-Isaac, dix ans. De son côté, ses filles Agnès, Anne-Eugénie et Marie-Claire sont déjà religieuses. Madeleine, âgée de seize ans, novice, deviendra bientôt sœur Madeleine de Sainte-Christine. Excepté Antoine qui a onze ans, ses fils sont tous majeurs : Robert d'Andilly a trente-cinq ans, est marié et père de famille ; Henri, vingt-six ans, est secrétaire du nonce apostolique à Rome ; et Simon, vingt ans, est militaire. Et lorsque les charges familiales se desserreront, elle s'interroge pour savoir si elle ne sera pas plus utile « dans le monde » pour protéger ses filles plutôt que « de rentrer à plus de cinquante ans au monastère ».

Catherine, dont la vocation religieuse a été contrariée, entendant cette conversation, est si ravie qu'elle se lève immédiatement de son lit de malade. En se mettant à genoux et en prenant les mains de leur mère, elle lui déclare : « Je vous supplie très humblement, mère, de suivre la vocation de Dieu sans faire attention à moi. Je vous conseille d'acheter une maison à Paris pour y mettre les religieuses et nous avec. » Pensait-elle à l'incommodité des Champs ou au souhait de se retrouver ? Il est certain que les bâtiments étaient insuffisants pour une communauté de quatre-vingt-quatre personnes. Malgré les réparations effectuées par Antoine Arnauld, ils sont en mauvais état. Ils sont surtout malsains en raison des marécages alentour. Les sœurs et les servantes sont continuellement souffrantes. Quinze sœurs sont déjà mortes depuis le retour d'Angélique. À peine arrivée, Catherine est tombée malade. L'insalubrité est l'une des principales raisons du projet de transférer Port-Royal à Paris ; de plus, sa mère et sa sœur pourraient y demeurer en attendant de pouvoir totalement se consacrer à Dieu.

L'hôtel de Clagny

Il faut demander à l'abbé de l'ordre et à Jean-François de Gondi, nouvel archevêque de Paris, l'autorisation de chercher une maison. Mais le prélat n'aime guère l'implantation des religieux dans son diocèse car ils ne sont pas soumis à son autorité directe. L'abbé de La Charmoye, visiteur régulier de Port-Royal et supérieur direct, plaide la cause auprès de Gondi, de même que d'Andilly qui appuie d'autant plus volontiers la demande de sa sœur qu'il vient de lui confier l'éducation de sa fille aînée, Catherine, neuf ans.

Le 13 janvier 1625, une lettre patente favorable à la translation est scellée : l'archevêque se réserve le droit d'entrer dans la maison pour visiter et constater que la clôture est bien respectée, de permettre aux professes de sortir autant que de besoin, d'examiner les postulantes et de nommer le confesseur extraordinaire. La translation devra s'opérer en totalité et on devra construire de nouveaux bâtiments. Angélique est autorisée à s'installer à Paris pour superviser les travaux avec dix-huit religieuses.

Finalement, après en avoir visité plus d'une centaine, les Arnauld finissent par dénicher la maison « la plus commode qu'on pût jamais avoir pour la commodité[5] », rapporte Angélique. Mme Arnauld l'achète en viager. Les religieuses s'installeront dans l'hôtel de Clagny qui a appartenu à Léon Lescot, frère de l'architecte Pierre qui a réalisé l'angle sud-ouest de la Cour carrée du Louvre, le jubé de l'église Saint-Germain-l'Auxerrois et la fontaine des Innocents à la fin du XVIe siècle. Léon est prêtre et chanoine de Notre-Dame de Paris, conseiller au Parlement et abbé de Notre-Dame de Clermont au diocèse du Mans. Le 20 mars 1623, celui-ci avait transmis à Robert de Romain, seigneur de Fontaine, clerc du diocèse de Meaux et professeur de théologie, les maisons et les jardins de Clagny, d'une superficie de 3,5 arpents. Mme Arnauld convient d'échanger avec Robert de Romain les biens donnés contre mille cinq cents livres de rente viagère annuelle. Elle signe en même temps une déclaration pour se dessaisir de ce bien « au profit des religieuses, abbesse et couvent de Port Royal » le 19 juillet 1625.

Une seule voix s'élève contre le projet, mais personne n'écoute les réserves du directeur de conscience de Catherine Marion-Arnauld, l'abbé de Saint-Cyran, qui vient passer deux jours à Port-Royal en mai, la veille de l'Ascension. Il déconseille vivement de s'installer à Paris. « La campagne et l'isolement sont plus propices à la vie conventuelle qu'une capitale », prévient-il[6]. Mais Angélique est entêtée, sa mère et ses sœurs également, et elle ne prête pas attention à l'avertissement. Elle ne s'en souviendra que bien plus tard, lorsqu'elle sera confrontée à divers problèmes. En revanche, elle commence à apprécier les discours de l'abbé, qui la flatte en prétendant qu'il « avait vu beaucoup d'abbesses réformer leur monastère, mais qu'il en avait vu peu réformer leur personne[7] ». Or, elle cherche constamment à suivre des pratiques de pénitence et à entraîner ses compagnes. L'abbé lui suggère alors d'instaurer en plus de l'adoration diurne du Saint-Sacrement, l'adoration nocturne, ce qu'elle met en place dès le lendemain.

L'installation au faubourg Saint-Jacques

Dimanche 29 mai 1625, jour du Saint-Sacrement (ce qui est pour elle un signe), elle s'installe avec dix-huit religieuses à Paris. La maison est située au faubourg Saint-Jacques, à la limite de Paris, entre des jardins et des cultures. La rue de la Bourbe les sépare des Carmélites, logées dans l'ancien prieuré de Notre-Dame-des-Champs, et le faubourg Saint-Jacques des

Capucins. Les Ursulines, les Capucins, les Oratoriens et leur séminaire de Saint-Magloire, les Bénédictines du Val-de-Grâce sont leurs voisins. La maison, au milieu d'un grand jardin, ressemble un peu à Port-Royal-des-Champs et possède une petite chapelle.

La clôture est établie le 16 juin. Les serviteurs, servantes et autres laïcs demeurent en dehors de la clôture sur la paroisse de Saint-Jacques-du-Haut-Pas. Jean-François de Gondi vient lui-même installer le Saint-Sacrement, tandis que Louis XIII délivre l'autorisation de transférer Port-Royal-des-Champs à Paris et ajoute que cette abbaye de fondation royale jouira des droits et des privilèges attachés à ce titre. La reine mère déclare solennellement qu'elle se constitue fondatrice en considération de l'œuvre accomplie par l'abbesse car elle tient en grande estime les religieux et les religieuses qui tentent de réformer leur ordre et y parviennent.

Des travaux d'agrandissement doivent être entrepris rapidement pour accueillir les religieuses restées dans la vallée de Chevreuse. Il faut faire des ouvrages de maçonnerie pour aménager un chœur dans la chapelle, un réfectoire dans le bâtiment et une galerie qui servira de logement. La poussière, les gravats et le bruit deviennent le quotidien des religieuses qui se serrent, dînant à tour de rôle, lambrissant les greniers pour y pouvoir loger.

Le budget est serré. Catherine Le Maistre apporte son aide de son expérience de mère de famille et de ses talents en décoration. Entre les dons et les dettes, il faut jongler. Scrupuleuse, Angélique refuse les trente-neuf mille livres d'une parente de l'archevêque car celle-ci conditionne son apport à l'entrée de trois de ses nièces, voulant en marier deux autres plus richement. Elle se résout en revanche à accepter Marie de Pontcarré qui, séparée de son mari, résidera dans le couvent, nourrie et servie par deux sœurs converses, moyennant la somme de vingt-quatre mille livres pour construire le grand dortoir.

Il est nécessaire également d'emprunter, car les travaux sont nettement plus coûteux que prévu. Des proches de la famille Arnauld, les Dominicaines du faubourg Saint-Marcel, le collège de la Sorbonne et des voisins du monastère des Champs acceptent de prêter et les soutiens ne manquent pas. Il faut aussi payer les intérêts des emprunts, qui se montent à cent trente-six mille livres. Angélique découvre aussi que les dépenses quotidiennes s'accroissent tous les jours tant la vie à Paris est chère. Peut-être aurait-elle dû écouter Saint-Cyran quand il lui conseillait de ne pas quitter les Champs ?

Sébastien Zamet

À l'été 1625 se tient l'Assemblée générale du clergé, qui fait affluer de nombreux ecclésiastiques dans la capitale. Sur les conseils de Jeanne de Chantal, l'évêque de Langres, Sébastien Zamet, vient consulter Angélique. Après avoir introduit l'Oratoire à Dijon, le Carmel à Châtillon, il est en train de réformer Notre-Dame de Tart, abbaye mère de la branche féminine des Cisterciens, aidé de Jeanne de Chantal. Elle lui a parlé de ce qui a été accompli à Maubuisson et il estime que ce serait un excellent modèle. L'évêque a pris sa décision d'autant plus facilement que les Zamet et les Arnauld sont liés puisque Robert d'Andilly a trois amis intimes, Jean Zamet, le frère de l'évêque, Sébastien Bouthillier et l'abbé de Saint-Cyran. Trois ans plus tôt, le 8 septembre 1622, c'est dans les bras de Robert que Jean Zamet est mort après avoir été blessé au siège de Montpellier.

M. de Langres fait une très bonne impression à Angélique. Il lui paraît un « homme rempli de zèle, de mortification et de vraie dévotion ». Et parce qu'elle n'a alors personne à qui se fier, il lui est « aisé de prendre créance en lui, et de le prier de l'assister de ses saints conseils[8] ». Zamet prend auprès d'elle la suite de François de Sales. Il la dissuade de continuer à s'imaginer visitandine. Il caresse l'idée de fonder un établissement, réunissant quelques religieuses de Port-Royal et de Tart, dont l'objet serait l'adoration perpétuelle du Saint-Sacrement. Angélique explique que Port-Royal a déjà une dévotion particulière au Saint-Sacrement depuis quinze ans le jour, et la nuit depuis que Saint-Cyran le lui a conseillé. Il suffirait d'accoler le nom de « filles du Saint-Sacrement » à celui des filles de saint Bernard, tout en ajoutant l'adoration perpétuelle aux pratiques de la règle pour transformer Port-Royal en Port-Royal-du-Saint-Sacrement. Cette transformation aura lieu, mais bien plus tard, au terme de multiples péripéties. Pour le moment, Zamet persiste à vouloir un ordre qui suivrait non plus la règle bénédictine en vigueur à Cîteaux, mais celle de saint Augustin, une maison entièrement nouvelle et un habit particulier. Angélique se met à l'œuvre. Elle demande à la duchesse de Longueville, Louise de Bourbon, qui vient assez souvent au monastère, de faire présenter une supplique en son nom au Saint-Père.

Deux duchesses de Longueville successives ont été protectrices de Port-Royal car Henri II d'Orléans-Longueville a eu deux épouses : Louise, née Bourbon-Condé, morte en 1637, et Anne-Geneviève, la plus connue, sœur du Grand Condé et du prince de Conti, qui fut frondeuse et fréquenta Port-Royal à la fin de sa vie. La première duchesse, élevée à l'abbaye de Fontevrault par sa grand-tante Éléonore de Bourbon, est dévote. Angélique l'admire de ne pas oublier, parmi le tourbillon des plaisirs de la Cour, les exercices de dévotion et la fréquentation assidue des couvents. Ce soutien prestigieux permet d'approcher le pape. Le messager est trouvé par Saint-Cyran qui est donc associé à l'entreprise. Il s'agit d'un certain

Blaise Le Féron, docteur en Sorbonne, qui part à la fin de l'année 1625.

La fondation excite l'intérêt du milieu dévot. Des soutiens arrivent de toutes parts. Charles de Condren, qui ouvre des maisons de l'Oratoire pour former les prêtres un peu partout dans le royaume, rend visite à Angélique, l'assure qu'il « est plus au Saint-Sacrement que jamais » et affirme qu'il enverra un courrier de recommandation à Blaise Le Féron. Le supérieur de l'Oratoire, Pierre de Bérulle, les soutient également mais sans aller jusqu'à écrire à Rome.

Sortir de la juridiction de Cîteaux

Ce projet est une aubaine pour Angélique qui réfléchit depuis un moment à sortir de la juridiction de Cîteaux dont elle ne pense que du mal. Elle estime que les couvents de femmes sont exploités financièrement par les abbés sans la moindre contrepartie ni protection. Leurs seules instructions sont de « bien plaider ». Après la mort de son père qui s'y connaissait en matière de droit, l'un des religieux leur a fait entreprendre un procès, que son père leur avait déconseillé d'intenter et qu'elles ont perdu. Dans la plupart des maisons, les cisterciens font commerce, tiennent des fermes, vont à la chasse et viennent se rafraîchir, manger à la table des confesseurs qui est une bonne table d'hôte. On envoie aux sœurs des bacheliers bernardins qu'il faut soigner quand ils sont malades, dont il faut payer les études et le doctorat. Il faut leur offrir leur habit, leurs ornements d'église et leurs voyages. Il y a les neveux des confesseurs qu'il faut pourvoir. Angélique estime que les aumônes doivent aller aux vrais pauvres, à tous les misérables qui attendent de véritables secours, et non à des ecclésiastiques nantis.

La grogne enfle à l'occasion de la mort de Nicolas Boucherat. Son successeur, élu le 3 novembre 1625, Pierre Nivelle, est issu de la bourgeoisie de Troyes et abbé de Saint-Sulpice-en-Bugey. Adversaire de tout perfectionnement qu'il qualifie de « singularités », il commence par révoquer Étienne Mauguier, abbé de La Charmoye, comme supérieur et visiteur de Port-Royal, décision qui envenime les relations et décide Angélique à accélérer la sortie de l'ordre de Cîteaux. Le Féron reçoit mandat pour en organiser les modalités.

Mgr Sébastien Zamet annonce solennellement la fondation de l'Institut du Saint-Sacrement le 11 août 1626, et Le Féron obtient d'Urbain VIII, le 15 juin 1627, un bref pour faire passer Port-Royal de la juridiction de Cîteaux à celle de l'archevêque de Paris. Peu après, Angélique reçoit des lettres patentes pour l'enregistrement de ce bref. Le 11 août, une bulle institue l'ordre du Saint-Sacrement.

Emporter la décision royale

La dernière étape de la réformation serait de revenir à l'antique tradition de l'élection de l'abbesse par les religieuses. Mais cela signifierait de nombreuses concessions : pour Angélique d'abord, qui perdrait son titre viager ; pour sa famille ensuite, qui abandonnerait son bénéfice ; et pour le roi, qui se dépouillerait de son pouvoir de nomination. Tenace, l'abbesse s'en ouvre à la reine mère qui vient visiter les sœurs dans les derniers jours de 1628. Elle la supplie, en se jetant à ses genoux très humblement, d'obtenir du roi, en action de grâce quand il aura gagné La Rochelle – dont le siège est en cours –, de leur accorder le droit d'élection, puisqu'elles prient nuit et jour pour la victoire sur les protestants. La marquise de Maignelay, Marguerite de Gondi, qui accompagne la reine, appuie fortement sa demande. Non, cela ne créera pas de précédent : « La grâce que demande Mme de Port-Royal ne tirera point à conséquence. Il se trouvera peu d'abbesses en France qui, ayant plusieurs religieuses fort capables et des nièces, penseront à quitter une abbaye pour la mettre en élection[9]. »

L'ensemble de la famille Arnauld fait bloc derrière l'abbesse et travaille à défaire ce que les deux générations précédentes ont construit. Cette attitude interroge les contemporains. Robert d'Andilly est moqué parce qu'il met toute son énergie à une chose qui est contraire aux intérêts humains et matériels de sa famille. Il fait, « pour perdre l'espérance d'une abbaye, ce que les autres font pour en briguer pour leurs enfants[10] ». Comment cela s'explique-t-il ? C'est qu'il a déjà commencé à modifier ses habitudes de vie. Il reste mondain et engagé dans la vie politique, mais s'est fixé des limites morales. En 1625, il s'est vu proposer la charge du surintendant des finances qui vient de mourir – charge qu'il convoitait quelques années plus tôt. Mais ce serait à condition de dédommager les héritiers en leur versant cent mille livres. Très opposé à la vénalité des charges, il a refusé sans jamais regretter son geste. Aussi a-t-il obtenu un poste qui l'honore, mais qui n'a rien de lucratif. Il est devenu l'intendant général de Monsieur, frère du roi, fonction compliquée parce qu'il sert d'espion. Il renseigne le nouvel homme fort du gouvernement, Richelieu, sur les intentions de l'héritier à la couronne dont les velléités de mariage affaiblissent la position de Louis XIII, sans enfant. Gaston d'Orléans accepte d'épouser la candidate de Richelieu, Marie de Bourbon, duchesse de Montpensier, richissime et unique héritière d'une branche cadette des Bourbons. Mais loin d'être récompensé pour son loyalisme, d'Andilly est sacrifié à la réconciliation entre le roi et son frère. Richelieu, qui un temps a pensé à lui pour les Affaires étrangères, l'exile sur ses terres à la demande de Gaston. Il n'en prend pas ombrage, se bornant à dire : « Je prie Dieu qu'il ne lui arrive pas souvent des choses aussi préjudiciables à son service que celle d'éloigner un aussi homme de bien que je suis[11]. » Depuis qu'il s'est installé à Andilly, il s'adonne au jardinage, sa grande passion.

La reine mère soutient les dévots et permet que Louis XIII, rentrant triomphant de La Rochelle où il a soumis les protestants, accède à la demande d'Angélique de revenir à l'élection de l'abbesse. Le roi renonce à son droit de nomination en janvier 1629. Le 20 février, le brevet est expédié et enregistré au Grand Conseil. Le pape entérine une décision qui n'a pas d'exemple dans l'Histoire.

Démission solennelle

La réforme de Port-Royal continue d'attirer : en 1626, Agnès a passé deux mois à Gomerfontaine près de Gisors pour faire connaître leur observance à l'abbesse. Au printemps 1629, la prieure de Saint-Aubin près de Gournay vient s'initier à Port-Royal à la vie religieuse réformée, puis Angélique passe chez elle les trois mois d'été. En septembre, Agnès est conduite par Marie de Pontcarré à l'abbaye de Tart à la demande de Sébastien Zamet qui commence ainsi à réunir les deux communautés. Elle emprunte des chemins si boueux et difficiles qu'Angélique déclarera qu'elle a eu « l'inquiétude de sa vie ». Quant à Agnès, placide et optimiste, elle ne s'affole jamais de rien. Elle ne regarde que le moment présent, « ayant aussi peu d'inquiétude pour l'avenir qu'elle fait peu de réflexion sur le passé ».

Toutes les dispositions étant enregistrées et scellées, Angélique remet sa démission le 20 juillet 1630, abandonnant une fonction qui lui a été attribuée à vie. Elle estime effacer le péché de sa nomination à un âge indû. Dieu, pense-t-elle, présidera à la nomination de sa remplaçante, et c'est sa volonté qui s'exprimera à travers le nom sur lequel les religieuses s'accorderont.

Trois jours plus tard, mardi 23 juillet, le vicaire général Denis Le Blanc vient présider l'élection. Geneviève de Saint-Augustin Le Tardif est désignée pour une durée de trois ans, avec vingt-neuf voix sur trente-trois. Angélique se déclare heureuse, car la nouvelle abbesse a « beaucoup de vertus et parle aux religieuses avec douceur en étant toujours exacte à faire les choses comme on les lui demande[12] ». Elle a vingt-neuf ans. Angélique l'a reçue à Maubuisson presque sans dot, car ses parents étaient assez « incommodés », et l'a emmenée à Port-Royal où elle est devenue maîtresse des novices. Ses pensées élevées lui attirent un concert de louanges.

À l'aube de sa quarantième année et après plus de trente ans de vie religieuse, Angélique est enfin une sœur comme une autre. Presque comme une autre… Maintenant commence l'autre histoire de Port-Royal.

Troisième partie

L'OMBRE D'ANGÉLIQUE

La quête de perfection d'Angélique se poursuit : elle a parachevé sa réforme par le retour à l'élection de l'abbesse. Démarche extraordinaire et inédite, elle a donné sa démission en 1626. Les efforts de son grand-père Simon Marion et de son père Antoine Arnauld pour lui procurer une charge prestigieuse et lucrative sont anéantis. Elle a détruit ce que sa famille a délibérément construit.

Elle se cherche ensuite un directeur de conscience suffisamment sévère pour satisfaire son besoin d'absolu, mais sa quête n'est jamais assouvie. François de Sales, de qui elle s'est rapprochée dans les années 1620, est mort trop tôt et Sébastien Zamet la déçoit. Pourtant, c'est en grande partie grâce à lui que surgit ce que l'on appelle le jansénisme. « Port-Royal est entré dans l'histoire du jansénisme de façon tout à fait indirecte et fortuite. Non pas même à proprement parler par Saint-Cyran, mais par Zamet[1] », note un historien. Angélique a rencontré Jean Duvergier de Hauranne, abbé de Saint-Cyran, par l'intermédiaire de son frère Robert et de l'évêque de Langres qui ne séjourne qu'épisodiquement à Paris et lui a recommandé ce théologien réputé pour sa science et sa vie exemplaire.

Saint-Cyran est sans doute le seul ecclésiastique qui impressionne Angélique par son caractère énigmatique et inspiré.

Bientôt emprisonné, il meurt en 1643. L'image qu'elle se fait de lui est celle d'un homme modéré. Invariablement, il lui conseille de se montrer compréhensive, de prendre patience, de ne pas en faire trop. Elle mêle dans sa mémoire les conseils de François de Sales et ceux de Saint-Cyran. À l'entendre, l'abbé serait plutôt enclin à la passivité – forme de quiétisme avant l'heure –, figé dans une posture d'attente, persuadé que les événements, même contraires, sont mus par la Providence. Lui-même se définit comme un intellectuel à la puissance de travail et à la capacité d'abstraction phénoménales. Quelques confidences montrent que le fond de son caractère étrange cache un déséquilibre psychique que l'abbé Bremond, au cours des années 1930, a mis en évidence dans son *Histoire littéraire du sentiment religieux*, mais sur lequel aucun autre historien ne s'est appesanti. Il croit recevoir des messages du ciel, persuadé que sa conception rigoriste de la foi est la vérité.

L'ensemble des théologiens de son temps sont fascinés par la redécouverte de saint Augustin, ce Père de l'Église qui fait la synthèse entre l'Antiquité classique et chrétienne[2]. Étudiés particulièrement à l'université de Louvain, ses écrits sont répandus en France par Pierre de Bérulle. Centrés sur le mystère de l'Incarnation et l'humilité nécessaire à l'homme pour faire son salut, ils permettent de dégager le raisonnement de la gangue scolastique. Mais ce rationalisme débouche sur une philosophie pessimiste qui dénonce inlassablement la sécularisation. Le débat sur la grâce divine est la traduction concrète de cette philosophie : l'homme doit-il et peut-il coopérer à sa rédemption ? Selon saint Augustin, la grâce est purement « efficace », donnée gratuitement par Dieu, mais elle ne saurait être « suffisante » dans la mesure où l'homme est incapable, en dépit de sa bonne volonté et de toutes les bonnes œuvres qu'il ferait sur terre, de se sauver par lui-même. Mais lorsqu'on accepte la grâce efficace se pose immédiatement la question de savoir si Dieu sauve tous les hommes. Et se pose aussi la question épineuse de la place des sacrements – confession et communion – dans l'économie du salut. Les positions ne sont ni tranchées ni définitives, mais ces débats rappellent trop ceux qui ont opposé catholiques et réformés un siècle plus tôt pour rester dans les enceintes universitaires à l'écart des controverses publiques.

Angélique Arnauld persuade ses sœurs Agnès, Marie-Claire et Anne-Eugénie de se mettre sous la direction de Saint-Cyran, alors qu'elles expriment des réticences, peu séduites par son caractère fantasque, effrayées par ses exigences, interloquées par ses silences et ses colères. De son côté, Angélique se laisse emporter par sa fougue. Elle bavarde sur la grâce et la prédestination devant des visiteurs chics et des dames de la bonne société qui fréquentent les couvents, comme cela se fait couramment à cette époque.

Les années qui suivent l'installation de Port-Royal à Paris sont donc celles des regrets. Angélique Arnauld regrette d'avoir renoncé à sa charge d'abbesse tant elle a le goût du pouvoir. Elle est toujours crainte. Entre 1633 et 1636, elle retrouve transitoirement des fonctions de commandement à la tête de l'Institut du Saint-Sacrement. Mais de même qu'elle a naguère fui Port-Royal, elle finit par abandonner l'Institut pour retourner à son abbaye sous la direction de sa sœur Agnès.

La blessure la plus profonde est d'être née fille. Son regard affûté lui fait deviner les raisons de l'amertume que l'on sent poindre en elle. Elle est fille, et comme telle, elle doit se mouler dans un carcan : elle ne doit pas s'adonner à la réflexion car elle est censée n'avoir pas d'instruction ; elle doit s'effacer devant ses frères, car ce sont eux qui détiennent la véritable autorité. Elle regarde l'expérience des solitaires de Port-Royal de loin. Le pouvoir est embarrassé par le chapelet de messieurs qui, à la suite d'Antoine Le Maistre, son neveu, se retirent dans la solitude à partir de 1637, se regroupent en dehors des formes traditionnelles, s'occupent en instruisant de jeunes garçons, neveux et fils d'amis. Du point de vue éducatif, l'expérience des écoles de Port-Royal est originale mais Angélique n'en parle quasiment pas. Dans les *Mémoires d'Utrecht*, textes publiés par les jansénistes au XVIIIe siècle, il est question d'activités totalement séparées. Les messieurs travaillaient à l'extérieur du monastère tandis que les « saintes filles qui l'habitaient levaient vers le ciel des mains pures qui attiraient sur leurs frères et sur leurs amis les grâces dont ils avaient besoin pour se conduire d'une manière digne de Dieu[3] ». Mais Angélique, à la différence de ses sœurs, est très peu faite pour la prière et la spéculation. C'est une femme d'action et de direction.

De quarante à cinquante-trois ans, pétrie de regrets, elle tente d'apprendre le renoncement. Sous la conduite de Duvergier de Hauranne, elle n'est plus que l'ombre d'elle-même. Le moment Saint-Cyran fait basculer la destinée de Port-Royal.

Chapitre x

L'Institut du Saint-Sacrement
1630-1633

La réforme de Port-Royal est achevée avec l'élection de l'abbesse. Tout est rentré dans l'ordre voulu par Angélique. À Dijon, Jeanne de Saint-Joseph de Pourlan s'est déjà démise de sa fonction. Elle devient prieure à Port-Royal, tandis que Marie de Saint-Bernard de Toulorge est élue abbesse. Mme de Pontcarré, qui y avait conduit Agnès Arnauld en septembre 1629, repart pour Dijon afin de ramener Jeanne de Saint-Joseph. La fusion entre les deux communautés s'enracine, mais on attend toujours l'autorisation de l'archevêque de Paris pour ouvrir l'Institut du Saint-Sacrement.

En réalité, la direction que prend Port-Royal inquiète Angélique. Elle avait cru que la nouvelle mère et la nouvelle prieure nourriraient une exigence conforme à la réputation de l'abbaye de Tart, mais il n'en est rien. Geneviève de Saint-Augustin Le Tardif se laisse influencer par Jeanne de Saint-Joseph de Pourlan : elle change habitudes et pratiques, ce qui provoque chez Angélique beaucoup d'amertume.

Pourtant, les changements opérés par les religieuses issues de Tart ne sont pas si importants. Il est objectivement assez difficile de comprendre les raisons de la mésentente à moins d'y voir l'effet de l'orgueil d'Angélique et de sa difficulté à passer la main. Jeanne de Saint-Joseph lui ressemble d'ailleurs par bien des aspects. Née en 1591 dans une famille de vieille noblesse de Bourgogne, ancienne clarisse, elle était devenue abbesse par résignation, mais avait refait son noviciat sous l'habit cistercien à son arrivée à Tart, signe de son zèle dévot. Elle cherchait à entraîner sa communauté vers l'observance de la règle, c'est-à-dire le transfert à la ville, comme le concile de Trente le préconisait, le rétablissement d'une clôture stricte, l'élection de l'abbesse et – dans une moindre mesure – l'abstinence de viande. Au cours des années 1620, Zamet avait soustrait l'abbaye de Tart à la juridiction de Cîteaux, comme cela avait été le cas pour l'abbaye de Port-Royal. Les évêques réformateurs mettaient la main sur les communautés de femmes et les installaient en ville pour mieux les contrôler. Tart et Port-Royal avaient donc suivi des chemins comparables.

Déceptions

Angélique porte un regard critique sur la direction des religieuses venues de Tart. Il lui semble que tous ses efforts pour promouvoir une vie monastique digne de ce nom sont voués à l'échec. Elle affirme que « ses parents l'ont fait religieuse sans lui demander sa volonté ; elle ne leur a point demandé la leur pour vivre en religieuse et se sauver[1] ». À chaque fois qu'elle pense y parvenir, quelque chose vient tout défaire : il faudrait tout reprendre depuis le début. Lors d'une de ses visites, elle exprime très clairement sa désillusion à l'évêque de Langres car c'est lui, selon elle, qui se trouve à l'origine des « adoucissements[2] ». Ses griefs sont de trois ordres : relâchement dans les observances alimentaires, abandon du travail manuel, concessions au confort.

En premier lieu, Port-Royal s'éloigne de la pauvreté originelle. L'agencement des repas lui déplaît car « la nouvelle abbesse sert des mets fins au réfectoire, change de potage tous les jours, fait des saupiquets d'œufs avec force épices dont on n'a pas accoutumé d'user ». Désormais, le service se fait dans de la faïence fine au lieu du grès habituel et à l'aide de fourchettes « dont on ne s'est jamais servi ». On a ressorti des godets de faïence donnés par sa mère qu'Angélique trouvait trop luxueux et qu'elle avait remisés dans un placard. Elle se plaint ensuite de ce qu'« il faut renouveler les robes plusieurs fois par an », contrairement à l'usage d'habits rapiécés, parce que Zamet se montre rigoureux sur la propreté du corps et du linge. L'habit est un continuel sujet de discussion dans les ordres réformés : soit la couleur ne convient pas pour des raisons symboliques, soit l'étoffe ne correspond pas à la simplicité recherchée. L'hygiène est également un sujet sensible. Valorisée, elle exprime une attitude de respect envers le Créateur. Aux religieuses de son diocèse, l'évêque de Langres conseille, par exemple, de laver leurs mains et leur bouche le matin au lavoir et de faire de même après les repas, en sortant des grâces, et de prendre garde à se laver les pieds une fois par mois, ce pour quoi on fait bouillir de l'eau chaude avec des herbes. « Cette grande propreté extérieure est recommandée, selon lui, non par vanité mais par amour de la netteté[3]. »

Le renoncement au dépouillement choque aussi Angélique :

> La nouvelle abbesse inonde l'autel de parfums, dispose des bouquets partout et repasse le linge. Les cellules doivent être proprement ornées, tout doit être dans un grand ajustement. Ce ne sont que des détails vulgaires et indignes de la vie religieuse. Orner de pierreries le soleil où est exposé le Saint-Sacrement comme elles le font, c'est déshonorer la pauvreté de Jésus-Christ.

Zamet réplique qu'elle suit en cela ses conseils car « la beauté du culte doit se voir », ce dont n'est absolument pas persuadée Angélique qui pense que ce qui doit se voir, c'est l'attitude corporelle extérieure, parce qu'elle est le reflet des dispositions intérieures.

Autre grief : la multiplication des distractions. Elle demande pourquoi

> on a garni incontinent toutes les cellules d'écritoires, afin que toutes les religieuses écrivent. Je n'ai pas cru devoir apprendre à lire et à écrire aux sœurs qui ont été reçues ici sans le savoir. Je n'ai pas jugé que ces esprits médiocres devaient être employés à des charges où il fallait écrire. Elles ne sont point toutes bêtes comme on dit, mais elles vivaient auparavant en toute simplicité. Lorsque j'apprenais qu'une sœur occupait son temps libre à transcrire des extraits de dévotions, je lui faisais retirer ses petits billets ridicules et je lui disais qu'elle avait tort de sanctifier si mal les fêtes en s'occupant de niaiseries, au lieu d'adorer le repos éternel de Dieu. La confection des billets de dévotion est une activité à laquelle les novices se consacrent avec plaisir et même passion pendant leurs loisirs. Elles s'amusent à ces badineries au lieu d'employer leurs moments de liberté à convertir leur cœur à Dieu par l'oraison. Lorsqu'on rencontre quelque belle sentence, on ne l'écrit point, on se met à genoux et on prie Dieu de l'imprimer dans le cœur et de la faire pratiquer. Autrement, ce sont des trésors qu'elles amassent pour les laisser moisir. On visitait souvent les cellules pour cela[4].

À plusieurs reprises, l'ancienne abbesse s'exprime au sujet de l'éducation et de la place des femmes. Pour quelqu'un qui a été bien élevé, qui a occupé un poste de commandement, qui aime lire et écrire, elle exprime des réticences au sujet des femmes « savantes », moins faciles à diriger que des ignorantes.

Elle s'indigne enfin de ce que la règle n'est plus strictement suivie. Les religieuses les moins méritantes sont mises à la porterie ou à la sacristie simplement pour contenter leur vanité, non pour récompenser des progrès spirituels, et les offices de nuit ont été supprimés : « Nous ne disons plus matines à deux heures du matin mais à neuf heures du soir, et les laudes ensuite », ce qui est un moyen radical d'allonger le temps de sommeil. En réalité, Angélique n'est contente de rien, ergotant sur le moindre changement, comparant sans cesse l'état d'avant l'arrivée des religieuses de Tart et celui d'après.

L'ombre d'Angélique

Sur le fond, Zamet s'imagine que les reproches d'Angélique sont la conséquence de sa démission, qu'elle rechigne à obéir, qu'elle critique parce que, sans se l'avouer ni même l'analyser ainsi, elle est furieuse de n'être plus abbesse. Sa renommée est telle qu'elle fige toute initiative. Elle ne sait pas se tenir au second plan ; avec elle, c'est toujours tout ou rien. Alors que pour Zamet, « la piété n'est pas incompatible avec la belle humeur et la gaieté », Angélique critique le nouvel esprit de Port-Royal quand « à la récréation il faut se moquer les unes des autres et se contrefaire, ce qu'on appelle se déniaiser. J'ai dû me présenter au réfectoire une corbeille d'ordures autour du cou et m'accuser de toutes les indignités possibles. On plaisante, on fait de l'esprit, on fait jeu de tout ». À côté de ces sottises, les dévotions ne sont que des mascarades et les pratiques de pénitences relèvent de l'hypocrisie : « On fait faire des austérités extraordinaires, des jeûnes au pain et à l'eau, des disciplines terribles, des pénitences les plus humiliantes. Celles qui sont les plus difficiles à leur manger pour se mortifier mangent après des chenilles et autres ordures[5]. » Une profonde désorganisation règne sur le couvent. On peine à imaginer véridiques ces faits tant ils paraissent grossiers et enfantins. Angélique les rapporte vingt ans plus tard avec une certaine amertume à l'égard de Zamet de qui elle fut pourtant pendant huit ans très proche.

Traverserait-elle une période de dépression, comme le suggère l'évêque lorsqu'il lui dit qu'elle est « trop retirée », qu'on ne la reconnaît plus et qu'elle rebute même ses amis ? Ses silences proviennent-ils seulement de ce qu'elle « lutte contre sa promptitude à enseigner les autres dans les conversations », ce qu'elle sait n'être pas convenable pour une fille et encore moins pour une religieuse ? Zamet lui assène sèchement qu'il lui faut attendre patiemment l'ouverture de l'Institut du Saint-Sacrement et que dans l'intervalle, elle doit se faire plus « discrète au sujet de son mécontentement ». « Vous me nuisez céans », ajoute-t-il. Elle reste silencieuse. Il insiste : « Votre ombre nous nuit[6]. »

Il lui interdit d'écrire à Mme de Chantal et à sa sœur Agnès. La privation de sa correspondance avec ses amies est une pénitence bien rude qu'elle subit avec aménité sans jamais y manquer. Mais elle pense que si Zamet a fait montre d'une piété austère quelques années auparavant, il semble moins soucieux de réforme à Paris. Ses intentions et son zèle ne sont pas en cause, mais il est inconstant. Elle regrette de s'en être remise à lui pour la guider. Elle est injuste avec le prélat qui prêche une austérité mesurée, comme Archange de Pembroke, Condren ou François de Sales. Mais au début de la décennie 1630, cela ne suffit plus à combler Angélique.

« La malice ni l'infirmité de l'homme ne sauraient être si grandes qu'elles surpassent la divine miséricorde qui n'a ni bornes ni limites et, partant, que vos péchés ne vous rendent pas pusillanime mais humble[7] », conseillait-il en 1622 dans ses *Avis spirituels*. Zamet ne cessait de rassurer l'âme inquiète d'Angélique en prêchant l'espérance dans la miséricorde de Dieu et prônant une liberté spirituelle qui est un abandon à la Providence. C'était selon lui la seule voie de perfection, la seule manière d'obtenir « l'humilité et la grandeur » ensemble.

Heureusement pour Angélique, il lui reste à Port-Royal sa mère, ses sœurs Marie-Claire et Catherine – séparée de son mari hérétique et qui y réside souvent –, ses nièces, les filles de Robert, Catherine de Sainte-Agnès et Angélique, la future Angélique de Saint-Jean qui succédera à sa tante et animera Port-Royal à la fin du XVIIe siècle. La petite Angélique est arrivée à six ans, en 1630. Elle montre déjà de belles qualités. Lorsqu'elle lui apprend que sa mère a donné naissance à une fille, elle lui demande si elle n'a pas envie de lui rendre visite et de découvrir le bébé. Elle s'entend répondre : « J'ai grande envie de voir ma nouvelle sœur. Mais j'aime mieux me priver de ce contentement que d'aller chez mes parents à Andilly. Je ne veux pas quitter le monastère. Je ne veux pas vous quitter, ni ma bonne-maman[8] », dit-elle en parlant de sa grand-mère Catherine Marion-Arnauld. Et quand elle lui demande si ces cinq filles ne feront pas blanchir les cheveux de son père, la petite fait une réponse qui la remplit d'aise tant elle est une promesse pour l'avenir : « Mais vous comptez celles qui sont en religion ; il ne le faut pas, car nous ne sommes plus au monde. » Elle lui répond : « Dieu est notre père. Notre seul soin doit être de chercher son royaume et sa justice et, cela étant, toutes choses nous seront données. Les enfants sont riches de la confiance en Dieu de leur parent et ce leur est une fortune plus assurée que si votre père possédait l'Europe[9]. »

La création de l'Institut

Angélique est d'une nature qui ne se laisse pas abattre. Ce qui l'occupe durant trois ans est la création du nouvel Institut : trouver des fonds, obtenir l'aval du roi pour la publication des lettres patentes de fondation, enfin et surtout obtenir celui de l'archevêque de Paris. Cette troisième étape prendra un temps considérable.

Pour les fonds, un legs providentiel arrive. Une riche veuve sans enfant dont le beau-frère est un prêtre ami des Arnauld, a laissé par testament trente mille livres, à condition de jouir du privilège de fondatrice pour les prières et d'être enterrée dans l'église du couvent. Cette dame est morte peu après la promulgation de la bulle. Son beau-frère, exécuteur testamentaire, a tranféré le legs à Port-Royal pour contribuer à la fondation du nouvel Institut. Il fallait ensuite l'accord du roi.

Un an plus tard, à l'été 1630, la Cour se trouve à Lyon. Le 22 septembre, le roi est pris d'une forte fièvre et de violentes douleurs au ventre. D'heure en heure, il s'affaiblit. Le jour de son vingt-neuvième anniversaire, le 27, il fait ses adieux à ses proches, reçoit le saint viatique des mains du père Suffren. Mais, le soir même, l'abcès se perce, Louis XIII est guéri. En action de grâce, et certainement sur les instances du père Suffren, ami de Port-Royal, il accepte la création de l'Institut. C'est le garde des Sceaux, Michel de Marillac, proche du Carmel et pourtant hostile à une création qui viendra concurrencer les couvents déjà réformés, qui prépare les lettres patentes.

Le troisième obstacle reste l'archevêque de Paris, Jean-François de Gondi, irrité de devoir partager l'autorité avec les évêques de Langres et de Sens. L'adjonction de ce dernier s'explique par le poids personnel d'Octave de Bellegarde et aussi parce que Paris ne dépend plus de Sens que depuis 1622. Angélique a rencontré M. de Sens par l'entremise de Mme de La Trémoïlle, abbesse du Lys au diocèse de Sens, lorsque celle-ci est venue se former à Port-Royal. Quant à Mgr de Gondi, il est dépeint par ses contemporains comme un prélat jaloux, difficile, incapable et timide, « le plus faible de tous les hommes, et par une suite assez commune le plus glorieux[10] », selon son neveu et successeur le cardinal de Retz. Il s'offense d'être associé à deux autres évêques et il se fait prier durant trois ans avant de donner son accord. Il permet enfin de chercher un endroit où s'installer. Zamet impose que l'Institut soit proche de la Cour. On trouve une maison, rue Coquillière dans le quartier du Louvre, au « plus grand bruit de Paris, environnée de rues et de grandes maisons, sans aucun moyen de s'accroître que par des sommes immenses[11] », se rappelle Angélique. Le bâtiment est inconfortable et malcommode. On l'achète quand même et aussitôt, on travaille à le tranformer en monastère, tandis que Zamet écrit les constitutions.

Un institut très parisien

Angélique regrette cette proximité avec la Cour et aussi le choix de riches vêtements pour les religieuses. Zamet veut, dit-elle, que « l'habit soit beau et auguste, de belle serge blanche, grands manteaux traînants, un scapulaire rouge de bel écarlate, de beau linge, l'église magnifique et toutes choses dans un grand ajustement et propreté pour attirer les filles riches, qu'on y dise matines le soir à huit heures, et que tout y soit doux et si agréable qu'il ne fasse point peur aux filles de la Cour. Au reste que les filles soient polies, civiles et d'une dévotion agréable, qu'elles soient capables d'instruire des princesses[12]. » Angélique refuse que le futur Institut ne recrute que des filles riches, car la dot est fixée à dix mille livres, somme largement supérieure à ce que l'on demande dans les couvents de province. Il s'agira d'un monastère pour la noblesse. Angélique n'a pourtant pas l'air de savoir que le propre demi-frère de Mgr Zamet est le secrétaire d'une congrégation secrète regroupant des hommes soucieux de dévotion au Saint-Sacrement, dont le duc de Ventadour a eu l'idée en 1627. Henri de Lévis, prince de Maubuisson, duc de Ventadour, petit-fils d'Henri Ier de Montmorency, connétable de France, a été lieutenant général de Louis XIII en

Languedoc et gouverneur de la Nouvelle-France de 1625 à 1627. L'Institut est créé pour procurer un « état » aux filles des membres de la Compagnie du Saint-Sacrement. Par leur proximité avec la Cour, ces religieuses auront une influence sur l'éducation des filles des plus prestigieuses familles et probablement sur leurs parents.

L'Institut est donc la vitrine officielle d'une association secrète, une congrégation laïque issue de milieux favorisés et aptes à recueillir des aumônes prestigieuses. Angélique n'a compris cela que tardivement. Sa fascination pour la haute noblesse – dont témoigne par exemple sa correspondance avec la reine de Pologne – ne l'empêche pas de critiquer la morgue de certains de ses membres. Elle-même issue de la noblesse de robe, elle éprouve un orgueil non feint d'être respectée par les Grands, orgueil nourri par Zamet lors de la création de l'Institut. Ce projet est en fait une tentation de vanité, un snobisme contre lequel elle lutte depuis toujours. Qu'elle ait été ou non informée des buts cachés, Angélique n'en parle pas. C'est pourtant ce qui nourrit les réticences de Gondi peu désireux de favoriser la Compagnie du Saint-Sacrement qui, pour être charitable, n'en est pas moins secrète.

La création de l'Institut ne répond donc pas du tout aux objectifs d'Angélique. Entre Zamet et elle, le malentendu est total. Le premier veut du beau, du grand, de la mondanité ; la seconde, de la simplicité, de la rigueur, de l'ascétisme. C'est pourquoi elle se tourne vers d'autres horizons. Durant ces trois années, Angélique se rapproche du directeur de conscience de sa mère, l'abbé de Saint-Cyran, qui passe pour le meilleur théologien du royaume. C'est l'évêque de Langres lui-même qui la pousse à lui faire confiance. Il lui a demandé de relire les constitutions : « Ne craignez point, montrez-les-lui. Je veux qu'il en soit maître absolu ! » Saint-Cyran les a approuvées, même s'il n'a validé certains articles que du bout des lèvres. Dès lors, Zamet le prie d'avoir soin des religieuses et de les assister dans leur nouvel établissement. Cela revient à transférer sa direction spirituelle à Saint-Cyran. Il le fait d'autant plus volontiers que les occupations dans son diocèse ne manquent pas et qu'il se lasse lui aussi du retard pris par l'Institut. Il s'en ouvre à Angélique :

> Je suis si las des œuvres de Dieu que je voudrais n'en voir jamais aucune en la terre ; elles n'y sont que pour faire souffrir les gens de bien et, au bout, Dieu sait quelle récompense ils en auront. Nous n'avançons encore rien pour notre affaire. Je voudrais que Dieu l'étouffe en sa naissance, tant elle me fait de peine. Je m'étonne qu'il y ait des âmes qui aient ferveur pour ces œuvres. Elles sont tout à fait accablantes et consommantes, c'est-à-dire épuisantes, portant de continuels renversements sans aucun soutien[13].

L'installation rue Coquillère

Gondi finit par accepter la fondation, mais il continue à tergiverser car il ne veut pas de la présence d'une religieuse que Zamet a adjointe à Angélique. Il s'agit de Jeanne de Saint-Joseph de Pourlan qui, on l'a vu, vient de l'abbaye de Tart et qui est prieure de Port-Royal. La bulle du 15 janvier 1633 autorise son transfert au Saint-Sacrement « pour y demeurer librement et licitement avec pouvoir d'y exercer toutes les charges, offices et autres choses ». Vigoureuse et expérimentée, elle soulagera Angélique d'une partie de ses tâches. De son côté, l'archevêque se laisse fléchir par la duchesse de Longueville qui, par le truchement du père Joseph, conseiller de Richelieu, lui fait obtenir le cordon du Saint-Esprit, ordre fondé par Henri III. L'insigne, attaché autour de l'épaule droite par un ruban bleu, figure une colombe sur une croix. Cette distinction était « l'objet de ses plus ardents désirs ». En réalité, plus encore que le cordon bleu, l'archevêque obtient ce qu'il veut : un couvent au recrutement strictement parisien et le retrait de sœur Jeanne de Saint-Joseph. Le prélat obtient aussi que les religieuses dijonaises, qui demeurent encore à Port-Royal, soient renvoyées dans leur monastère. Refusant de s'en aller, elles prétendent qu'elles n'ont pas les moyens de payer le voyage. Mgr de Gondi doit envoyer six cents écus pour leur transport et elles sont obligées de partir. Finalement, l'archevêque a réussi à empêcher la fusion entre Port-Royal et Tart, même si Agnès, élue à la tête de Tart en 1632, dirige toujours l'abbaye dijonnaise.

Le 8 mai 1633, Angélique quitte Port-Royal, se dirige vers le nord, emprunte le Pont-Neuf et s'installe rue Coquillère avec trois professes et quatre postulantes. Les trois professes sont Marguerite de La Trinité Mauroi, Agnès de la Mère de Dieu de Chouy de Pensières et Anne de Saint-Paul Arnauld, la fille d'un de ses neveux. Les quatre postulantes se nomment Catherine de Sainte-Agnès Arnauld d'Andilly, une fille de Robert ; Anne de la Nativité Hallé, qui a été mariée à un Maignard de La Gravelle et vient d'entrer dans les ordres ; Anne de Jésus de Foissy de Chamesson ; et Madeleine de Sainte-Agnès de Ligny, fille d'une amie des Arnauld. Ces religieuses n'ont pas été choisies au hasard : elles sont toutes issues de la noblesse parlementaire ou d'offices de magistrature. De puissants liens amicaux lient leurs familles. Seule Anne de Chamesson, protégée de Zamet et qu'il envisage de placer à la tête de l'Institut, n'est pas de la mouvance Arnauld. La cérémonie de consécration a lieu en présence du père Suffren et de Charles de Condren, le confesseur d'Agnès, qui est devenu supérieur de l'Oratoire à la mort de Bérulle le 2 octobre 1629.

L'Institut du Saint-Sacrement reçoit bientôt des novices auxquelles Mgr de Gondi donne le voile. Des dévots d'illustres familles prient dans la chapelle. Les grandes dames de la

Cour viennent en grand équipage. L'opinion est favorable à l'Institut.

Le Chapelet secret

Pourtant, la mésentente des trois prélats chargés de diriger celui-ci le fragilise rapidement. Un mois seulement après l'installation rue Coquillière, Octave de Bellegarde, l'archevêque de Sens, s'en prend à lui par une machination redoutable : il accuse Zamet d'hérésie. Il s'est souvenu d'avoir lu quatre ans plus tôt un court texte rédigé par Agnès Arnauld sur ordre de son directeur, Charles de Condren. Ces trois ou quatre pages, relatives aux mystères de l'eucharistie, sont une méditation sur les seize siècles écoulés depuis l'institution du Saint-Sacrement. Agnès dira plus tard qu'elle les a écrites comme si quelqu'un d'autre lui avait dicté les mots. Sur le moment, M. de Langres a jugé l'opuscule merveilleux et on en a fait des copies pour Mme de La Trémoïlle, abbesse du Lys, qui séjournait à Port-Royal, pour la duchesse de Longueville leur bienfaitrice, pour l'oratorien Claude Séguenot et pour une amie intime d'Angélique, Marie de Jésus Nau, sous-prieure du Carmel de la rue Chapon.

Agnès, de retour de l'abbaye de Gomerfontaine à la fin de l'été 1626, avait lu une méditation écrite par Geneviève de Saint-Augustin Le Tardif admirée pour ses paroles qui semblaient inspirées du Saint-Esprit. Zamet l'avait fait imprimer sur une page, de sorte que les sœurs pouvaient avoir accès à cette brève prière d'adoration à Jésus-Christ et au Saint-Sacrement. Agnès avait confié à son directeur Charles de Condren qu'elle s'exprimerait autrement et il lui avait alors demandé de consigner par écrit sa propre méditation. Voilà comment vit le jour *Le Chapelet secret du Saint-Sacrement* qui, lui, ne fut pas imprimé.

Ni Angélique ni Agnès ne peuvent comprendre qu'une chose si futile puisse avoir de tels effets. Alertée par Sébastien Zamet, Agnès, toujours à Dijon, s'afflige d'apprendre qu'a été déclenchée « une persécution contre le monastère de Port-Royal dont elle est la cause[14] ». Elle affirme qu'elle n'a fait qu'écrire à sa façon l'inaccessibilité de Dieu enseignée par Condren qui lui disait de répéter : « Je me sépare de tout ce que je suis ; j'adhère à tout ce que Dieu est. » Le 18 juin 1633, le livre est condamné en termes sévères par un groupe de huit docteurs de la Sorbonne, avec à leur tête Octave de Bellegarde. Ils ont trouvé, disent-ils, « plusieurs extravagances, impertinences, erreurs, blasphèmes et impiétés qui tendent à détourner les âmes de la pratique des vertus de la foi, espérance et charité ; à détruire la façon de prier instituée par Jésus-Christ[15] ».

Une chose si futile

Zamet a l'oreille de Richelieu, qui l'apprécie et ne réagit pas, mais Bellegarde continue à trouver un nouvel opposant en la personne du Jésuite Étienne Binet qui aurait rêvé de devenir le supérieur de l'Institut et qui, par dépit, s'est rangé derrière l'archevêque de Sens. Il dénigre le texte d'Agnès au point que Richelieu se sent contraint de consulter le pape. Dans une lettre au maréchal de Créqui, ambassadeur à Rome, le principal ministre évoque une nouvelle hérésie qui commence à poindre dans Paris par le « trop grand zèle de quelques religieuses, entre lesquelles sont les sœurs de M. d'Andilly. Sa Majesté désire qu'au lieu que vous employiez pour elle, vous agissiez auprès du pape afin que, leur erreur étant condamnée, on arrête de cours d'autres qui pourraient naître par la suite[16] ».

Tout cela n'a guère de sens. Sans la jalousie de Bellegarde, personne n'aurait rien su du *Chapelet secret*, ce maigre opuscule sans grand intérêt. Robert d'Andilly est d'ailleurs toujours isolé dans sa retraite, il écrit des vers galants, des poésies religieuses et des manuels d'arboriculture. En 1628, ses *Stances pour Jésus-Christ* ont connu un vrai succès. Richelieu est bientôt prêt à lui demander de reprendre du service. Alors on comprend que cette cabale l'embarrasse. De son côté, Zamet, qui n'est pas sur place, cherche des soutiens et prie l'abbé de Saint-Cyran d'examiner le texte. Celui-ci le lit attentivement avec son neveu, Martin de Barcos, et ne remarque rien qui puisse être signalé, en dépit de quelque « obscurité » d'expression.

En juillet, Saint-Cyran demande à ses amis Jansénius et Libert Froidmont de bien vouloir envoyer leur approbation. Légèrement embarrassés, ceux-ci soutiennent néanmoins leur ami en écrivant que « ces désirs d'une âme enivrée de l'amour de Dieu et transformée en Jésus-Christ ne semblent contenir rien de trop, si l'on entend bien le langage de l'amour. [...] On peut dire avec vérité que les désirs ardents de cette âme ne contiennent rien qui ne soit conforme à la foi catholique[17] ».

Un mois plus tard, en août, Zamet rédige à l'intention de Richelieu un exposé clair et précis de l'affaire. Cette lettre connaît une certaine publicité :

> L'évêque de Langres supplie très humblement Son Éminence de croire que les assurances par lui données au premier voyage qu'il a eu l'honneur de faire vers Elle sur l'écrit contesté sont véritables, prenant encore la hardiesse de les confirmer et de les appuyer de tels serments que Son Éminence désirera de lui. Et il lui certifie qu'il n'en est point l'auteur, que le texte n'a jamais été publié, que la supérieure du monastère et ses filles n'en ont jusqu'à présent pas fait usage. Et surtout qu'il n'y a point de serment entre ledit évêque et lesdites religieuses du Saint-Sacrement

de tenir cette dévotion secrète et de ne la communiquer qu'à personnes disposées à la recevoir, ainsi que M. l'archevêque de Sens l'a publié en divers endroits, avec aussi peu de charité que de vérité[18].

L'évêque de Langres suggère même au cardinal d'ordonner au lieutenant civil d'enquêter chez les imprimeurs pour connaître les auteurs des copies et savoir sur l'ordre de qui elles ont été reproduites, à combien d'exemplaires elles ont été tirées et de quelle manière elles ont été distribuées, afin d'établir qu'il n'a lui-même pris aucune part à ette affaire.

En septembre, Saint-Cyran fait paraître une *Apologie qui a été faite pour servir de défense à un petit livre intitulé* Le Chapelet secret du Très-Saint-Sacrement *et pour réfuter quelques remarques qui avaient été faites sur ledit chapelet*, qui connaît un énorme succès. De son côté, le pape ne condamne pas l'opuscule car il est, dit-il, « l'expression des mystiques », mais pour faire retomber la polémique, il demande la destruction de tous les exemplaires non encore vendus.

Chapitre XI

Le moment Saint-Cyran 1633-1635

M. de Langres est reparti dans son diocèse en novembre 1633, en recommandant aux religieuses de l'Institut d'obéir à l'abbé de Saint-Cyran, que son apologie du *Chapelet* a rendu si proche de lui qu'il lui a offert de devenir son coadjuteur, ce qu'il a refusé. Angélique jugera rétrospectivement que s'il y a une chose sur laquelle Zamet ne s'est pas trompé, c'est bien sur la personne de Saint-Cyran :

> À mesure qu'il le connut plus particulièrement, il fut épris de sa rare piété et de ses grandes lumières, et comme il n'avait rien de plus à cœur que de nous porter nous, les filles du Saint-Sacrement, à la plus haute perfection, il jugea que personne ne pouvait mieux l'aider dans ce dessein. Il le conjura donc de nous faire des exhortations et même de vouloir nous confesser, et il nous conseilla de mettre notre conscience entre les mains de M. de Saint-Cyran[1].

Prêches véhéments

L'abbé commence par prêcher au parloir devant une assemblée restreinte : les sœurs et trois prêtres, amis de Condren :

Denis Amelote, Balthazar Brandon, abbé de Bassancourt, Alphonse de Halluin de Wailly, abbé de Séry. Il ne s'exprime pas publiquement, car Gondi a formellement interdit les prêches publics. C'est parfait pour Angélique qui reconnaît qu'il peut ainsi affiner ses propos, leur donner des instructions particulières et adaptées à leur état de religieuses.

Pourtant, la plupart des sœurs ne les apprécient pas. Elles redoutent que Saint-Cyran ne soit trop sévère envers elles en leur demandant de vivre autrement. À l'Institut, devant un auditoire choisi, Saint-Cyran commence en effet à se montrer sous son vrai jour et à distiller le fruit de ses réflexions à propos de la décadence de l'Église. Il prétend que Dieu lui a donné et lui donne toujours de « grandes lumières », qu'il lui a fait « connaître que depuis cinq ou six cents ans il n'y a plus d'Église. Avant, cette Église était comme un grand fleuve qui avait des eaux claires ; mais maintenant ce qui semble Église n'est plus que de la bourbe. Le lit de cette rivière est encore le même, mais ce ne sont plus les mêmes eaux. Il faut en revenir à saint Augustin et à saint Paul[2] ». Il critique sans cesse absolument tout, y compris les efforts de réformation : « Beaucoup de monastères se réforment en ce temps, mais il y en a peu qui le fassent vraiment et dans le vrai esprit du christianisme et dans le véritable esprit de la charité sans laquelle toutes choses sont inutiles[3]. » Comprenne qui pourra ! Entre quelques paroles cinglantes et énigmatiques, il reste souvent silencieux. Et lorsque Angélique le prie de lui ouvrir le fond de sa pensée, il lui répond comme s'il entendait des voix : « Il se présente trop de choses à mon esprit et je regarde Dieu pour voir ce qui est à propos que je vous dise[4]. »

C'est un homme secret, sincèrement pieux, « qui prend autorité sur les esprits » selon son détracteur jésuite le père Rapin, mais il n'a besoin que d'un petit cercle de disciples, il ne veut pas conduire les âmes et, dès qu'il le peut, il s'en décharge sur autrui parce que sa volonté est défaillante ; il cherche la solitude, il est démonstratif dans sa piété et il énonce des pensées banales sur des airs inspirés et dans une langue si prodigieusement alambiquée qu'elle paraît géniale. Faible de caractère, il avoue qu'il fuit la conduite des religieuses car « il y en a peu de dociles ». En même temps, son ascétisme s'accompagne d'un caractère doux et tendre ; il pleure facilement. Son haut front le fait ressembler à François de Sales, qui portait seulement la barbe un peu plus longue. Sur les portraits, il n'est que douceur et simplicité, loin de la rigidité dont ses ennemis vont bientôt l'accuser. C'est un être très égocentré qui est hanté par une seule préoccupation : ce qu'il appelle « la vérité », c'est-à-dire le retour fantasmé à la pureté de l'Église primitive. Ne serait-ce pas de la mégalomanie ? Sa prodigieuse érudition et sa mémoire remédient à l'épuisement dans lequel le met le moindre effort. Finalement, il se révèle excessif en tout, et particulièrement en paroles.

Toujours est-il que son obsession, qui tourne à la monomanie, fascine autour de lui et captive Angélique quand d'autres se montrent totalement imperméables. « Trop de lectures lui auront tourné la tête », a dit de lui le futur évêque de Chartres, Jacques Lescot, qui l'a plus tard interrogé dans sa prison de Vincennes[5]. Selon lui, Saint-Cyran souffrirait d'un épuisement intellectuel qui enferme ce misanthrope dans des pensées obsédantes.

Directeur de conscience

Sur l'Institut, Saint-Cyran s'est montré sévère dès le début. S'il n'a pas voulu accabler Zamet, par révérence vis-à-vis d'un évêque, en corrigeant à peine les constitutions qu'il lui a soumises, il ne se cache plus une fois la rupture consommée pour exprimer son jugement et ses certitudes : « Je n'approuve pas certaines directions de l'Institut, comme d'avoir acheté une maison de trente mille écus dont les deux tiers sont d'emprunt, de vouloir l'église la plus magnifique possible et le monastère aussi, de vouloir attirer des filles de condition, de les instruire des nouvelles du monde, de n'avoir que peu d'austérité du corps, de vouloir un habit de belle serge blanc et rouge, d'avoir un office fort court[6]. »

On ne sait si ces paroles confortèrent Angélique ou la déroutèrent. Elle affirme en tout cas qu'elle demeura « interdite », avouant qu'elle avait sincèrement voulu fonder un ordre voué au Saint-Sacrement et qu'elle était confuse de la manière dont « cela s'était fait et mal fait ». En réalité, l'Institut était une tentation pour elle qui aime la mondanité et la célébrité, tout en déplorant les dots excessives demandées aux religieuses et le luxe des maisons les plus en vue. Saint-Cyran, sans s'en rendre véritablement compte, amplifie le désir de perfection de la mère abbesse qui, à plus de quarante ans, n'a pas encore identifié ses limites spirituelles et personnelles. Contrairement à Archange de Pembroke ou à François de Sales, Saint-Cyran ne sait pas y mettre de frein. Il n'est pas fait pour être directeur de conscience – ce qu'il perçoit assez bien –, il n'aime ni prêcher ni confesser. Pourtant, Angélique le sollicite constamment. Son désarroi illustre les difficultés qu'elle éprouve à mener une vie religieuse sans directeur spirituel, ce qu'affirmait François de Sales en citant Thérèse d'Avila : « Vous ne trouverez jamais si assurément la volonté de Dieu que par le chemin de cette humble obéissance, tant recommandée et pratiquée par tous les anciens dévots[7]. »

La conscience aiguë de cette nécessité de se faire accompagner dans la vie intérieure la guide depuis qu'elle a résolu de devenir une religieuse parfaite lorsque « Dieu l'a touchée » à l'âge de seize ans. Elle a trouvé Archange de Pembroke puis François de Sales. Sébastien Zamet a répondu imparfaitement à ses attentes. Elle se lance à cœur perdu dans cette relation avec Saint-Cyran dont elle n'espère aucune indulgence. Elle pense que sa réputation d'abbesse réformatrice interdit à quiconque de lui adresser la moindre critique. Elle espère donc avoir trouvé dans son nouveau directeur l'homme direct qui saura l'encourager à faire mieux encore :

> Ceux qui ont de la charité pour moi ne connaissent pas assez mon extrême misère et le besoin que j'ai de me convertir, de sorte que l'on ne prie pas Dieu assez de me faire cette grâce et je regarde cela comme un effet de la justice et du courroux de Dieu sur moi qui me paye comme je l'ai servi. Car n'ayant fait que des œuvres vaines et qu'il sait être toutes remplies de corruption, j'ai pour salaire la vaine estime et affection des hommes au lieu du véritable mépris que je mérite, lequel me servirait de pénitence et m'aiderait à détruire ma présomption. C'est une chose pitoyable qu'avec tant d'expérience qu'on a tous les jours du malheur des âmes qui ne servent Dieu qu'à demi, on les laisse en paix dans leurs bassesses et misères[8].

Saint-Cyran réussit à convaincre sa dirigée que les louanges qu'elle a reçues au long de sa vie sont vaines car mondaines ; elles cachent l'incommensurable néant de sa personne. Elle décide alors de lutter contre son orgueil qui l'empêche de renoncer à ces multiples satisfactions et se lance dans la réforme d'une institution pourtant récemment créée.

Angélique tente d'inspirer aux religieuses le souhait de se mettre toutes sous la conduite de Saint-Cyran. Aux récréations, elle prend l'habitude de répéter ce qu'il lui a dit. Elle espère ainsi les convertir à une plus grande austérité, mais est-ce possible lorsqu'on vit près de la Cour ? En juillet 1634, l'oratorien Claude Bertin, pourtant ami de Zamet et qui a plaidé la cause de l'Institut à Rome, dresse pour le nonce un rapport sévère sur le fonctionnement de l'établissement, qui vivrait au-dessus de ses moyens. Les dissensions internes vont avoir raison de la pérennité de celui-ci : les trois directeurs finissent par s'en détourner, les événements politiques lui sont contraires, Angélique n'en accepte plus l'élitisme. Elle se déclare perdue : « La division n'apporte jamais rien de bon. Je me sens comme un pauvre vaisseau agité sur la mer, qui ne va pas où je veux, mais où le vent me porte. » Pourtant, elle reste confiante car « les tempêtes ne sont pas continuelles et encore Dieu fait-il quelquefois luire quelque rayon de lumière qui doit produire son effet, non dans le seul moment qu'il est donné, mais pour toujours[9]. » Un fond d'optimisme demeure chez elle qui n'est pas encore éteint par la misanthropie et la rigidité de Saint-Cyran.

Louis Macquet

Angélique trouve alors un dérivatif à son inaction : un ami d'Archange de Pembroke, Louis Macquet, curé de Saint-Étienne près de Boulogne, rencontré il y a une dizaine d'années et avec qui elle correspond, la sollicite. Le nouvel évêque de Boulogne, l'oratorien Bouthillier, vient de lui confier la réformation des franciscaines de sa ville. Victor Bouthillier est le frère puîné de l'un des grands amis de Robert d'Andilly, Claude, secrétaire d'État aux Affaires étrangères, proche de l'abbé de Saint-Cyran qu'il a connu dans sa jeunesse et qu'il a pris comme directeur spirituel. C'est leur père, Denis Bouthillier, qui, ayant hébergé le cardinal de Richelieu lorsqu'il était étudiant, l'a présenté à Marie de Médicis. Le principal ministre a gardé un attachement pour les fils de son hôte et les deux familles se rendent des services. Ainsi leur frère Sébastien, évêque d'Aire, est-il parti pour Rome en 1622 afin de demander au pape la barrette de Richelieu.

Installé dans son nouvel évêché, Victor Bouthillier a entrepris sa réformation, en commençant par rétablir la clôture au couvent des franciscaines. Elles étaient en conflit avec l'échevinage car elles souhaitaient se renfermer, n'ayant plus les moyens de s'occuper d'une poignée de malades alors qu'un hôpital plus vaste et plus moderne existait dans la basse ville. Elles ne voulaient plus prendre de pensionnaires que pour rendre service aux familles. L'évêque leur procura l'hôpital Sainte-Catherine, désaffecté, et leur donna pour chapelain Louis Macquet, qui avait été avocat au Parlement avant d'être ordonné prêtre.

Avec la supérieure Marguerite Careste, Macquet s'emploie à donner une règle aux religieuses comme en ont les Annonciades, car c'est l'ordre qu'elles souhaitent rejoindre, et à rédiger *La Constitution pour les religieuses annonciades de Sainte-Catherine de Boulogne*. Une religieuse est envoyée au monastère de l'Annonciade de Popincourt pour s'imprégner de l'esprit, y recevoir l'habit et faire profession de leur « règle des dix vertus ».

Angélique se dévoile

Louis Macquet a envoyé à Angélique sa constitution, qu'elle se met à lire. Dans les recommandations qu'elle lui adresse apparaît une abbesse attentionnée et soucieuse d'adapter la règle aux forces des sœurs : ce n'est plus une supérieure impérieuse, mais une femme compréhensive et bienveillante ; il s'agit de persuader et non d'épouvanter, de s'entourer de filles saintes et non de filles riches, d'insuffler la grâce de Dieu. Elle reprend les articles point par point pour les adoucir, en commençant par les règles d'entrée. Toujours hostile aux grosses dots, elle insiste sur la vertu et la vocation des postulantes. Elle veut qu'il soit notoire que l'on peut recevoir des jeunes femmes sans bien, « car jamais les bonnes filles ne se présenteront croyant impossibles d'être reçues[10] ». L'argent ne doit jamais être un obstacle.

Le père Macquet prévoit que les novices ne retourneront pas à l'extérieur pour recevoir l'habit, comme c'est l'usage dans les maisons réformées, mais Angélique pense au contraire que les faire sortir puis entrer de nouveau est une épreuve qui les conforte dans leur vocation. Cette seconde entrée, publique, est de grande édification. D'ailleurs, il ne faut pas autoriser les novices à ne se rendre au parloir que trois fois pendant l'année de noviciat. On peut accepter que des novices possédant des biens puissent avoir à s'en occuper ou que des filles attachées à leurs parents se trouvent consolées en continuant à les voir régulièrement. L'apprentissage progressif de la règle favorise son respect.

Angélique prône l'égalité de toutes les sœurs entre elles et préfère ne pas recruter de converses. Moins instruites, celles-ci se vouent aux travaux manuels pour que les religieuses de chœur consacrent davantage de temps à l'office. Elle estime que leur vocation est plutôt faible et qu'elles n'entreraient que pour s'assurer du gîte et du couvert. En revanche, on prêtera attention aux sœurs tourières qui sont responsables des relations avec l'extérieur. Le monastère doit les assister lorsqu'elles tombent malades et quand elles sont vieilles, et, il faut prévoir un dédommagement si on les renvoie. Il faut faire régner justice partout car « les maisons religieuses sont sujettes à être ingrates[11] ».

Le rôle de la supérieure

L'abbesse attache beaucoup d'importance à la liberté et à l'indépendance de la supérieure, qui doit agir « par son sentiment, qu'elle doit essayer de prendre de l'esprit de Dieu et des circonstances », parce que « la lettre tue, l'esprit vivifie[12] ». Afin de maintenir la cohésion de la communauté, il faut proportionner les pénitences à la force de caractère de chacune pour que les réprimandes soient utiles et exemplaires. « Il y a certaines filles, écrit-elle à Louis Maquet, de qui il faut dissimuler les fautes même importantes, ou vous les mettez à pis faire et à se moquer de toutes les pénitences. Quelquefois on fait faire pénitence à de bonnes filles pour celles qui ne sont pas disposées à le faire ou même pour celles qui la désirent afin de les mortifier davantage. Cela n'a point de règles certaines[13]. »

L'équilibre repose sur l'intelligence, les capacités de discernement et le sens de la psychologie de la supérieure. Selon la gravité de la faute, on fait donner la discipline – c'est-à-dire le fouet –, on met en prison pour un jour, on ôte le voile noir, ce qui est une négation du statut religieux, ou encore on fait manger à terre pendant quelques jours sa ration (ou seulement du pain) à la religieuse.

Angélique accorde un rôle primordial à la supérieure comme directrice et comme animatrice de la communauté. Un couvent n'est pas une république égalitaire. À sa tête, l'abbesse fait partie d'une élite qui, par son milieu social, son éducation et ses habitudes, a les moyens de discerner et de gouverner. Elle écrit :

> Je ne crois pas en la correction fraternelle, n'ayant point encore vu de communauté où elle pût être pratiquée utilement. La plupart des filles ont fort peu d'esprit, encore moins de jugement. Elles sont quelques fois scrupuleuses et se rendent importunes à avertir même quand la chose ne se mérite pas. De plus, c'est un sujet de distraction de s'appliquer à autrui et de juger des actions des autres. Tout au contraire nous faisons tout ce que nous pouvons pour accoutumer les sœurs à n'avoir jamais application qu'à leur devoir[14].

Comme elle le redira vingt ans plus tard au supérieur d'une congrégation envoyée auprès de la reine de Pologne, le directeur de conscience d'une communauté féminine doit prendre garde à trois défauts majeurs : la jalousie, la faiblesse et la bêtise. Il ne doit pas « témoigner plus de charité aux unes qu'aux autres et ne dire point ce qu'il pense des unes et des autres, car tout se redit et souvent avec peu de fidélité ». Il faut qu'il ait « une grande patience pour souffrir leurs infirmités » sans les flatter, ni les rudoyer, car cela entraîne chez elles de la présomption ou, à l'inverse, de la dépression. Enfin, « s'il arrive qu'elles disent quelque chose les unes des autres, il le faut bien considérer, mais n'en pas faire grand cas » car leur jalousie naturelle et leur faible discernement les font parler à tort et à travers. Sa longue expérience conduit l'abbesse à porter un regard négatif sur la vie conventuelle dont l'équilibre et la tranquillité sont en permanence menacés par une certaine étroitesse d'esprit. Tout doit être fait pour aider l'abbesse à maintenir la paix dans son couvent.

Il faut avant tout de la souplesse dans la règle, que la supérieure sache juger les comportements et qu'elle adapte ses directives aux personnes. Voyant Macquet s'absorber dans la confection de la règle des Annonciades, Angélique l'avertit – avec un bon sens qui témoigne de son intelligence des situations – qu'il doit également faire de ses paroissiens de bons chrétiens :

> Depuis le plus petit jusqu'au plus grand, bons et mauvais, imbéciles et capables, tous sont ses enfants. On ne s'applique pas assez à ces bonnes gens. Il y a des enfants à catéchiser pour la sainte communion, des malades à visiter. On les confesse bien souvent et toujours si promptement sans les avoir assez instruits auparavant. Encore qu'ils aient été autrefois instruits, ils oublient les vérités de la religion si on ne les leur rappelle. Ils n'entendent, c'est-à-dire comprennent, pas la plupart des sermons. Un mot dont ils n'ont pas l'intelligence leur fait perdre le sens. Encore en ce pays où leur langage est si étrange, je m'imagine qu'ils n'entendent pas la moitié du français tant il est dissemblable au leur[15].

On le voit, Angélique se montre ici compréhensive et bienveillante, non pas cassante et hautaine comme on pourrait l'imaginer. Au moment même où l'abbé de Saint-Cyran prône une morale des plus sévères même à des religieuses innocentes, elle sait garder la tête froide et proportionner les efforts aux forces de chacun, se souvenant des précieux conseils de François de Sales. Elle n'a pas encore basculé dans le rigorisme.

Saint-Cyran confesseur

Au début de l'année 1635, l'abbé de Saint-Cyran accepte de confesser les quelques religieuses de l'Institut du Saint-Sacrement. Il a fini par s'y résoudre parce qu'Angélique n'a cessé de l'en prier longuement et très souvent. Au début, elle est si impressionnée par lui que rien ne sort de sa bouche, mais elle est persuadée qu'il l'aidera à dépasser « sa misère ». Elle veut s'abandonner à sa conduite, renonçant à « son propre esprit et à son propre sens » qui, assure-t-elle, lui ont fait commettre tant de fautes. Elle est parvenue à surmonter son extrême répugnance à se confesser. « Tenez-vous devant Dieu, sans pensées et sans paroles. Il vous entendra bien. Je ne veux point de douleur qui se répande dans les sens : prenez garde à vos larmes. Je ne veux point de mines, de soupirs ni de gestes, mais un silence d'esprit qui retranche tout mouvement. Priez Dieu et soyez à Dieu sans affectation[16] », lui a-t-il recommandé. La retenue et le contrôle de soi ne sont pas si courants. Si ce sont des qualités attendues chez une mère abbesse, elles distinguent cette dernière des autres sœurs. Angélique s'est sentie différente après s'être confessée à Saint-Cyran : « Je demeure si satisfaite et si contente qu'il me semble être une autre créature. Et quoique Dieu me fasse sentir la douleur de mes péchés, je puis dire n'avoir jamais eu tant de véritable et même de si sensible consolation en toute ma vie. Jamais je n'ai eu tant de plaisir à me divertir et à rire que je n'en ai à pleurer[17]. »

Certaines religieuses se plaignent pourtant à l'évêque de Langres de l'autorité de l'abbé, qui se sert d'une postulante pour surveiller les agissements d'Angélique et de son mentor. Sur son conseil, Anne de Jésus de Foissy de Chamesson a été nommée maîtresse des novices de l'Institut, alors qu'elle n'a pas encore fini son noviciat. Elle est considérée comme ayant toutes les qualités que peut avoir une fille bien née. C'est un esprit élevé et sensible, mais elle est de santé fragile. Sa mère l'a confiée à Zamet à la mort de son mari et quand celle-ci a disparu à son tour, l'évêque l'a envoyée avant même l'ouverture de l'Institut pour être formée, car elle lui disait qu'elle voulait devenir religieuse. La duchesse de Longueville, qui la trouve très distinguée, la protège de sorte qu'elle est autorisée à aller seule au parloir alors que d'habitude, les sœurs s'y rendent deux par deux.

Anne de Jésus occupe une position insolite : sans avoir encore prononcé ses vœux, elle devient la rivale d'Angélique pour la direction de l'Institut à laquelle ses origines sociales semblent la destiner naturellement. Zamet, qui n'a pu obtenir qu'une religieuse de Tart seconde Angélique, est prêt à la soutenir, sachant que la jeune fille lui sera dévouée. Mais celle-ci finit par avouer à Saint-Cyran qu'elle se trouve indigne de s'occuper du noviciat alors qu'elle-même n'en a pas passé toutes les épreuves. L'abbé lui conseille alors de demander à en être déchargée. Angélique écrit à l'évêque qui se résout à y consentir. Mais la protégée, regrettant d'avoir été prise au mot et d'être redevenue simple postulante, manifeste son amertume par sa mauvaise humeur. « Ne vous mettez-pas en peine, dit Angélique aux quelques sœurs qui s'indignent, elle ne demeurera pas. Mais ce ne sera pas moi qui la mettrai dehors. Soit elle partira d'elle-même, soit je partirai[18]. »

Machinations

En effet, Angélique a décidé, comme à son habitude, de s'éloigner, de renoncer à sa position de directrice de l'Institut. Cette fois-ci, ce n'est pas vraiment une fonction qu'elle fuit, mais l'hostilité de Zamet et de quelques sœurs. Elle sent sa position mal assurée, convaincue du bien-fondé des critiques envers l'Institut. Elle veut se mettre entièrement sous la direction de Saint-Cyran et médite de retourner à Port-Royal. Au début de novembre 1635, l'abbesse, Geneviève de Saint-Augustin Le Tardif, l'informe que la prieure se démet de sa charge pour aller réformer l'abbaye d'Argensoles dans le diocèse de Soissons. Angélique écrit incontinent à l'évêque de Langres pour le prier d'accepter le retour de sa sœur Agnès, parce qu'elle est « absolument » nécessaire à Port-Royal. Zamet est déjà passé à autre chose et accepte. Agnès arrive le 25 novembre 1635 au Saint-Sacrement avant de rejoindre Port-Royal.

Au bruit des roues du carrosse sur le pavé, Angélique a quitté sa cellule et s'est rendue au parloir pour accueillir sa sœur. Cela fait six ans qu'elles ne se sont pas vues. Les retrouvailles sont moins chaleureuses qu'attendu, la gêne est perceptible. Angélique déclare qu'à quarante-cinq ans, elle se sent toute cassée : « Je vois tous les jours la mort proche sans que j'aie le courage de m'y préparer. » Agnès, elle, revient toute acquise à Zamet et à sa bonhomie qui lui rappelle celle de François de Sales. « M. de Langres est un saint homme qui fait carême dès la septuagésime sans considérer que celui de l'Église l'incommode beaucoup, et pendant ses maladies également. Et avec cela il s'applique à une vie chétive comme sont les nôtres et commande d'en avoir grand soin[19] », affirme-t-elle. Angélique ne nie pas que « la vie de M. de Langres ne soit austère », mais elle préfère la « grande étendue de la lumière que Dieu a donnée à M. de Saint-Cyran ». Elle ne doute pas qu'elle changera lorsque celui-ci lui aura parlé, « la connaissant si raisonnable et si craignant Dieu que la vérité la ramènera aussitôt[20] ». Saint-Cyran ne veut pas s'aventurer à diriger Agnès. Il s'excuse, rechignant à s'avancer, comme toujours il se fait prier. Mais celle-ci lui dit qu'il est obligé de l'aider puisqu'il l'a déjà défendue dans l'affaire du *Chapelet*. Il accepte finalement d'aller la voir à Port-Royal à deux ou trois reprises en décembre 1635.

Double jeu

En janvier 1636, bien résolue à « mettre la maison entre les mains de M. de Paris sans que M. de Langres s'en aperçoive », Angélique prie le chancelier de Notre-Dame de persuader l'archevêque de l'ôter du Saint-Sacrement et de mettre à sa place la mère Geneviève de Saint-Augustin Le Tardif, qui est neutre car elle n'a pas d'engagement avec Zamet. Le 10 février 1636, ce dernier vient brièvement au couvent et met Angélique en garde contre les enseignements de Saint-Cyran dont elle relaie les paroles autour d'elle. Il la prévient que les dames qui lui rendent visite se moquent d'elle parce qu'elle ne leur parle d'autre chose que « de la primitive Église, des canons, des coutumes des premiers chrétiens, des conciles, des Pères, principalement de saint Augustin[21] ». Zamet repart dépité parce que, pour se défendre, Angélique lui a allégué « à tout propos saint Augustin de la grâce et saint Paul de la prédestination avec tant d'extravagance qu'il était facile de juger qu'elle en parlait seulement par ouï-dire et sans aucun fondement[22] », confirmant l'influence néfaste qu'elle subissait selon lui.

À peine est-il parti qu'un carrosse arrive, qui dépose Geneviève de Saint-Augustin et la ramène à Port-Royal. Quand il l'apprendra, Sébastien Zamet se montrera extrêmement surpris de cette permutation qu'il n'a pu empêcher.

Geneviève de Saint-Augustin rencontre immédiatement des difficultés avec la postulante Anne de Jésus, qui écrit à l'évêque de Langres pour l'informer de ce que la nouvelle mère lui donne une fille au parloir et qu'elle mettra la maison sous la conduite entière de l'archevêque de Paris. À la fin du mois de mai, Geneviève de Saint-Augustin déclare franchement à Anne de Jésus qu'elle ne peut la garder et lui intime l'ordre de partir. La princesse de Longueville vient en personne la chercher avec son carrosse. Mlle de Chamesson, rentrée dans le monde et présentée à la haute société, ne cesse plus dès lors de parler d'Angélique Arnauld dans Paris, très librement, très spirituellement et très méchamment.

Chapitre XII

Sous l'autorité de mère Agnès
1636-1638

Revenue à Port-Royal, Angélique est sous l'autorité de sa sœur Agnès, élue abbesse triennale le 19 septembre 1636. Elle l'accueille, affirme-t-elle, avec la grande charité qu'elle met dans toutes ses actions et qui lui obtient partout où elle se trouve un grand respect. Les deux sœurs, bien que de caractères diamétralement opposés – ou peut-être justement en raison de leurs différences –, s'entendent bien. Ayant vécu presque toujours ensemble, elles se connaissent par cœur. Agnès propose à l'arrivante d'être maîtresse des novices, ce qu'elle accepte. Angélique n'est pas désœuvrée et sa voix pèse encore sur les décisions. Elle n'a pour le moment qu'une idée en tête : ôter son autorité à Sébastien Zamet pour la donner tout entière à Saint-Cyran.

Éloignements

Agnès reste « persuadée de la bonté de M. de Langres ». Elle n'est pas la seule. Marie-Claire lui est très attachée, ainsi que la plupart des religieuses du Saint-Sacrement comme de Port-Royal. Agnès use de nombreux arguments pour dissuader

Angélique d'aller vers une séparation irrémédiable. Le premier est qu'une rupture si manifeste serait un mauvais signe alors que les communautés de femmes doivent obéir à leur supérieur. Elle place Angélique face à ses contradictions : sa sœur affirme en effet qu'il n'y a pas plus grand mal que « les murmures, les aversions et les rebellions » contre un évêque qui est de bonnes mœurs. Et que fait-elle si ce n'est se rebeller contre Zamet ? Elle la met ensuite en garde contre les rumeurs qui risquent de leur nuire : « M. de Langres dira qu'il a été exclu par M. de Saint-Cyran et que ce sera une ingratitude que cette volte-face puisqu'il l'a favorisé au début. »

À cela, Angélique réplique que Saint-Cyran ne cherche pas à s'imposer, qu'il « fuirait plutôt cette occupation par mer et par terre s'il le pouvait » et que, si elle a tant de mal à persuader les religieuses de se rallier à l'abbé, c'est qu'elles sont sous le charme néfaste de Mme de Pontcarré qui les reçoit dans ses appartements privés. Pour Angélique, Zamet, qui entretient l'Institut dans la « mollesse », ne doit plus y mettre les pieds. Mais le mal est fait. Cette Mme de Pontcarré a une mauvaise influence sur les sœurs et elle commence à dire en ville que les personnes dirigées par Saint-Cyran ne communient pas. Au contraire, « tant s'en faut qu'il dissuade de la sainte communion, qu'il n'excite à rien tant[1] », rétorque Angélique. Si elle avoue qu'elle n'a pas communié à la messe de Pâques, Saint-Cyran « ne sut rien de cette omission avant le jour de l'Octave où je m'acquittai de ce devoir. Avoir souffert avec humilité les discours qu'on en a faits par tout Paris efface cette prétendue faute[2] ».

En effet, c'est à ce moment que la rumeur de pratiques de pénitences inhabituelles à Port-Royal a commencé à se répandre. Sous l'influence de Saint-Cyran, la privation de sacrements passait pour nécessaire au repentir. Angélique l'avait expérimentée d'elle-même sans avoir mis quiconque au courant. L'idée lui avait-elle été soufflée par Saint-Cyran ? Ce dernier affirmait que l'habitude nuisait au salut, qu'une pleine conscience des actions était indispensable pour qu'elles soient fructueuses spirituellement :

> Peu d'hommes connaissent le vrai esprit de pénitence. Autrefois, j'aurais cru faire grande faute en ne disant pas la messe tous les jours. Mais depuis que Dieu m'a fait la grâce de connaître un peu plus sa vérité, je crois honorer plus le sacrifice de la sainte messe en m'en abstenant quelquefois qu'en en approchant tous les jours. Pour la sainte communion, tant s'en faut que je dissuade ce qui est aussi nécessaire aux âmes. Mais il ne faut pas s'en approcher par coutume[3].

Qu'Angélique, soucieuse de mortifications et d'efforts douloureux, se soit détournée de la communion n'est pas si surprenant, mais qu'un prêtre ne se sente pas obligé de dire sa messe quotidienne l'est davantage. Dix ans avant la parution de *De la fréquente communion*, Angélique et Saint-Cyran expérimentent, de temps à autre et chacun à sa façon, la privation par l'éloignement des sacrements. Il ne s'agit néanmoins, dans leur esprit, ni d'une pratique généralisable ni d'une pratique aberrante. Les Jésuites eux-mêmes se privent de communier lors de la première semaine des exercices de saint Ignace de Loyola. Et Saint-Cyran a par ailleurs tenu des propos plus nuancés : « La vie bonne et chrétienne que l'on mène dans la voie étroite suffit pour donner droit à un chrétien d'aller sans rien craindre à la sainte communion tous les dimanches et toutes les fêtes[4]. » François de Sales recommandait aux fidèles de communier tous les dimanches. À Port-Royal, les religieuses communient tous les jeudis et tous les dimanches ainsi que les jours de fête, ce qui les conduit à la sainte table régulièrement et même « fréquement ». Saint-Cyran s'inscrit dans les pratiques courantes, de même pour la confession puisqu'il ne refuse presque jamais de donner l'absolution sur-le-champ. Il est probable que les bruits entendus dans Paris sont spécialement dirigés contre

Angélique, mais ceux-ci ne l'atteignent pas car selon elle, « toute notre pénitence est fausse si nous n'aimons l'humiliation[5] ».

Restructuration

Sébastien Zamet ne vient plus à Port-Royal. Cela faisait douze ans qu'il en était le directeur. En juillet 1636, grand seigneur, il écrit à l'une des religieuses de l'Institut :

> J'aime la paix avec Dieu et pour l'amour de lui avec le prochain. Je veux l'union, et par conséquent la division me déplaît. On peut avoir de la charité pour tous. Il n'y a que la petitesse du cœur et de l'esprit qui nous en empêchent. Si nous avions part en l'esprit de Dieu nous saurions vivre avec tout le monde, quelque contrariété qu'il y eût[6].

Cette lettre est conforme à l'esprit d'apaisement dont il est coutumier. Il a fort à faire dans son diocèse et il se tourne vers d'autres activités, non sans un regret imperceptible de l'échec de l'Institut, car sa codirection n'a plus d'objet si la supérieure a fui et si celle qu'il a choisie pour lui succéder est repartie vivre dans le monde…

Cependant, ce départ en entraîne un autre. Saint-Cyran, après cet éclat et les commentaires passionnés qui le suivent, ne peut plus demeurer à Port-Royal. En août, il se retire en Berry dans son abbaye. Il trouve pour le remplacer Antoine Singlin. Incité à devenir prêtre par Vincent de Paul, celui-ci est l'aumônier de l'hôpital de la Pitié où sa mère travaille à l'économat. À Port-Royal, il prépare les novices et les pensionnaires à faire leur première communion et il confesse. Il confesse aussi les sœurs du Saint-Sacrement. Dans les années suivantes, en raison du retrait puis de l'emprisonnement de Saint-Cyran, il devient le pilier du monastère et l'homme d'Église le plus proche d'Angélique.

L'exil de Saint-Cyran dure six mois. Il est de retour le 1er février 1637. Il accepte enfin de rencontrer Marie-Claire, la jeune sœur d'Angélique, qui est nostalgique de l'évêque de Langres. Elle ne s'est décidée à se mettre sous la conduite de Saint-Cyran que l'année précédente, lassée de se battre avec sa sœur et avec d'Andilly qui se sont ligués pour la faire changer de directeur de conscience. Elle a été longue à convaincre, encore plus longue qu'Agnès : durant deux ans, elle a résisté aux objurgations de sa sœur et de son frère. Désormais, elle supplie l'abbé de faire d'elle une sœur converse pour toute la vie. Il n'accepte de la voir se charger des travaux ménagers que durant le carême, « pour être dans le travail mais sans excès » parce qu'au fond il respecte l'ordre établi et la hiérarchie sociale. « Voyez-vous, lui dit-il, nous ne sommes pas saints pour faire comme les saints. Il se faut tenir humblement dans la médiocrité et vivre dans un certain déguisement qui ne fasse rien voir en nous que de commun. » Il calme les angoisses existentielles des Arnauld par des aphorismes paradoxaux – l'humilité élève, le petit est grand, le silence crie – dont Angélique nourrit dès lors abondamment sa correspondance, et qui traduisent la perplexité devant la condition humaine et la faiblesse de l'homme condamné à faire son salut avec « crainte et tremblement[7] ».

Apaisements

Depuis le départ de Zamet, Angélique a repris sa correspondance avec Jeanne de Chantal qui traverse alors une période de dépression – ce que les mystiques appellent la « nuit de la foi ». Elle demande à son amie de prier et de faire prier pour elle, car « elle est dans une grande peine intérieure et spirituelle ». Angélique, tout en s'associant à la douleur de son amie, avoue n'être pas arrivée à ce point d'obscurité qui est un signe de sainteté. Sans cesse en introspection, elle recherche la pénitence, la douleur et les épreuves :

> Je supplie souvent Dieu qu'il lui fasse sentir combien je ressens avec une tendresse d'enfant ce qu'elle me communique de son âme. Mon cœur s'attendrit extrêmement sur ses peines. Je vois le singulier amour de Notre-Seigneur qui paraît en elle, tandis que je me vois toujours sans souffrance. Je suis en paix et trop gaie. Je ne suis point fidèle à surmonter l'inclination que j'ai à m'élever au-dessus de tout le monde par mon propre jugement[8].

Elles ont repris leurs conversations comme si elles ne s'étaient jamais arrêtées de s'écrire, et la qualité de leurs échanges montre le degré d'intimité spirituelle qui les unit.

Une chose est certaine : Angélique a accepté sans difficulté la direction de sa sœur. Elles forment un tandem, Agnès insufflant un courant plus affectif et délicat qu'Angélique admire d'autant plus que sa sœur ne fait ni ne dit rien sans son approbation. Douée pour l'art oratoire, elle s'adresse régulièrement à la communauté et crée une ferveur contagieuse d'où l'émotion déborde. Il n'est pas rare que ses auditrices fondent en larmes et qu'elle « mêle ses larmes avec les leurs[9] ».

L'atmosphère créée par Agnès convient à Angélique qui rapporte que l'une de leurs bienfaitrices, Charlotte de Ligny, sœur du chancelier Séguier, de retour au monastère après un long séjour à la campagne, se montre si surprise de voir le changement de la maison qu'elle est ravie. Elle attribue ce changement à l'influence de Saint-Cyran. Sa fille, Madeleine de Sainte-Agnès, « jeune et délicate mais d'un très bon cœur », est devenue l'une des plus humbles. « Il faut que cet homme ait une grâce et une conduite apostolique pour faire de tels changements dans les âmes[10] », dit-elle à Angélique.

La retraite d'Antoine Le Maistre

Au milieu de l'année 1637, de grands événements se produisent : le veuvage de Robert d'Andilly, l'élévation épiscopale manquée d'un autre frère et la conversion d'un neveu. Le 28 août 1637, Mme d'Andilly est morte assistée par Saint-Cyran ; toute la famille a été édifiée. Robert déclare qu'il ne veut plus « songer qu'à Dieu », ce qu'il mettra quelques années à réaliser. Revenu en grâce, il a accepté un poste dans l'armée du Rhin. Au début de novembre 1634, il a reçu un ordre du roi « qui l'envoyait chercher dans sa maison, comme autrefois les dictateurs à la charrue, pour servir comme intendant[11] ». Lui qui se plaisait, à quarante-six ans, au milieu de ses arbres fruitiers et de ses livres obéit aux ordres du roi.

De son côté, leur frère Henri Arnauld vient à quarante ans d'être nommé évêque de Toul. Second fils d'Antoine Arnauld et de Catherine Marion, il a embrassé la carrière ecclésiastique et a vécu à Rome. En 1622, l'ambassadeur de France auprès du pape l'a pourvu de l'abbaye de Saint-Nicolas d'Angers. En France depuis 1625, il fréquente les salons, écrivant des poésies en attendant les bulles de provision du pape pour rejoindre son évêché. Mais Urbain VIII, pour des raisons de politique internationale, refuse de les lui envoyer. Il ne montera pas sur le trône de Toul et devra patienter encore douze ans pour parvenir à l'épiscopat.

Pour le moment, un événement insolite bouleverse le cours de l'histoire de Port-Royal. Antoine Le Maistre, le fils aîné de Catherine, avocat de grand renom, conseiller d'État à vingt-huit ans, quitte le palais de justice et le monde pour se retirer dans la solitude, « étant touché de Dieu fortement. C'est M. de

Saint-Cyran qui a opéré cette conversion[12] », écrit Angélique. Il a assisté sa tante lors de son agonie et entendu Saint-Cyran prononcer ces mots : « Partez, âme chrétienne, partez de ce monde, au nom du Dieu tout-puissant qui vous a créée. » Il a alors fondu en larmes, considérant la confusion où lui-même serait lorsqu'un jour on prononcerait sur lui cet ordre et qu'il y faudrait obéir et comparaître devant son juge. La malade venait de rendre le dernier soupir ; ne se contenant plus, il est sorti au jardin et s'est promené au clair de lune dans une grande allée bordant le logis de l'hôtel de Pomponne.

C'est le 24 août 1637, le jour de la Saint-Barthélemy, que

> dans un saint massacre des espérances terrestres, il prit la résolution de quitter le barreau pour se jeter aux pieds de Dieu. Cette mort donna vie à son âme. Il s'en ouvrit à M. de Saint-Cyran qui trouva cela fort embarrassant. Il prévoyait les grandes suites de cette affaire qui retomberaient sur lui-même, parce qu'il savait quelle était la réputation de M. Le Maistre et que les Grands qui avaient des relations avec lui pourraient se fâcher de ce qu'on leur enlève un tel homme. Il lui conseilla de ne rien précipiter et d'attendre pour l'exécution de son dessein que les vacances du Parlement fussent venues[13].

Antoine Le Maistre est dans une situation très en vue. Tout Paris chante ses louanges et parle de son éloquence. Il a commencé à plaider dès vingt et un ans en apportant au barreau « l'éloquence et de l'ancienne Grèce et de l'ancienne Rome ». Et comment peut-il renoncer à tout cela ?

Le premier solitaire

Sa mère comprend qu'il lui faut une retraite encore plus isolée que la maison de son frère Robert chez qui elle demeure avec lui et décide de lui faire bâtir un petit logement à Port-Royal de Paris. En attendant, il habite chez Saint-Cyran, qui est hébergé chez Henri de Gournay, comte de Marcheville, premier gentilhomme de Gaston d'Orléans, près du couvent des Chartreux où il l'incite à entrer. Les Chartreux sont installés au lieu-dit de Vauvert dans l'actuel 6e arrondissement, au-dessous du palais du Luxembourg et face à l'église Saint-Jacques-du-Haut-Pas. Ils sont donc tout près de Port-Royal.

Antoine Le Maistre écrit incontinent à son père, Isaac, qui est – rappelons-le – protestant, pour lui apprendre qu'il quitte le barreau pour se faire ermite :

> Après trois mois de réflexion, cette pensée m'est venue de Celui qui seul est maître de nos volontés, et qui les change quand bon Lui semble. Je quitte le monde parce qu'Il le veut, comme vous-même le quitteriez et votre religion encore s'Il le voulait ; et, sans que j'aie eu de révélations particulières ou de visions extraordinaires, je suis seulement la voix qui m'appelle dans l'Évangile à faire pénitence de mes péchés[14].

Il ne reçoit pas de réponse. Lorsque le chancelier apprend la retraite d'Antoine Le Maistre, il est extrêmement surpris. Parmi ses collègues, les uns la regardent comme une tocade, une foucade de jeunesse qui ne durera pas, ou comme un trouble de l'esprit. D'autres auraient souhaité le voir embrasser l'état ecclésiastique, car l'absence d'« état », comme on dit alors, déroute le public. Il faut être marié ou bien consacré, ou encore veuf. Mais la solitude, à la manière des premiers ermites, sans consécration ni subordination aux autorités ecclésiastiques, paraît étrange, voire séditieuse. Ce n'est ni l'isolement ni le fait de vivre de ses rentes qui choque, mais la liberté qu'un individu s'arroge par un acte sans équivalent dans l'histoire récente de l'Église. Décidément, les Arnauld sont des gens singuliers : Angélique renonce à sa charge d'abbesse et son neveu se retire sans « état » dans la solitude…

D'une certaine manière, Antoine Le Maistre s'abandonne à la Providence. Il renonce à sa carrière et à ses avantages dès à présent et pour toujours. Il se dépouille des servitudes humaines pour être disponible à l'œuvre que Dieu doit accomplir en lui. Il se replie égoïstement sur lui-même. Il écrit au chancelier une lettre où il lui représente combien Dieu l'a touché depuis quelques mois et comment Il l'a fait se résoudre à changer de vie. Il lui explique qu'il renonce aussi bien aux charges ecclésiastiques que civiles :

> Je quitte, Monseigneur, non seulement ma profession, que vous m'aviez rendue très honorable et très avantageuse, mais aussi tout ce que je pouvais espérer ou désirer dans le monde et je me retire dans une solitude pour faire pénitence et pour servir Dieu le reste de mes jours, après avoir employé dix ans à servir les hommes[15].

À côté du couvent

Les Arnauld aiment les coïncidences, qu'ils interprètent comme des signes du destin. Le jour même où Antoine est touché, l'un de ses frères, Simon Le Maistre de Séricourt, militaire, éloigné de lui quasi de soixante lieues, est pareillement ébranlé. Quand il revient de l'armée, son frère lui déclare : « J'ai assez parlé aux hommes dans le public ; je ne cherche plus qu'à parler à Dieu. Je me suis tourmenté fort inutilement à plaider la cause des autres ; je ne plaide plus que la mienne dans le secret et le repos de la retraite. J'ai renoncé à tout. » Quant à Simon, c'est à l'épée qu'il renonce.

À côté du couvent, une vie parallèle s'organise. Il y a les petites pensionnaires confiées par leurs parents pour les préparer à leur première communion ou à la vie cloîtrée, ce qui est habituel pour les couvents de femmes. Il y a également les premiers solitaires qui vivent sous la direction spirituelle et intellectuelle de Saint-Cyran, ce qui est insolite. Deux prêtres chargés de l'éducation de quelques garçonnets les rejoignent bientôt. Le 10 janvier 1638, Antoine et Simon Le Maistre s'installent tous les deux dans la petite maison qui a été achevée en moins de trois mois. Ils vont tous les jours au cloître des chartreux au faubourg Saint-Michel, ils lisent leur grammaire hébraïque – où ils « n'avancent quasi point », n'y consacrant qu'une demi-heure comme Saint-Cyran l'a ordonné.

Le 4 avril, un autre de leurs frères, Louis-Isaac, qui a vingt-cinq ans, vient s'enfermer avec eux. Tous les matins, avant le lever du soleil, ils se réunissent dans la chambre d'Antoine Singlin pour chanter le *Te Deum* et prier à voix basse. Puis ils donnent des cours aux petits garçons dont Saint-Cyran a chargé, en juin 1637, Antoine Singlin de s'occuper. Ce sont Jérôme Bignon, le fils de l'avocat général du Parlement ; un orphelin de Chartres, François Dauvilly ; Nicolas Vitart, le neveu de la sœur Suzanne-Julienne de Saint-Paul Des Moulins, intendante de Port-Royal de Paris, qui est aussi la sœur de la grand-mère paternelle du dramaturge Jean Racine. Celui-ci, né en 1638 à La Ferté-Milon, bourgade proche de Pomponne, entrera aux petites écoles à la fin de la décennie 1640, au moment où sa tante, Agnès, y devient religieuse. Sa grand-mère, Marie Des Moulins, s'installera en 1651 aux Champs pour participer à l'entretien des bâtiments. Les trois premiers écoliers sont assez vite rejoints par Antoine Dessaut et Louis Grégoire, deux autres neveux de la sœur Suzanne, et par Pierre Davity fils d'un gentilhomme ordinaire de la chambre du roi.

Le 20 juin 1638, quelques jours après l'installation des premiers solitaires, vient frapper à leur porte Claude Lancelot, que Saint-Cyran a rencontré en août de l'année précédente et qui lui sert la messe. Il vient du séminaire fondé par le curé de Saint-Nicolas-du-Chardonnet, Adrien Bourdoise. Bon grammairien, il sera plus tard chargé de l'éducation du duc de Chevreuse et des princes de Conti, et laissera des ouvrages pédagogiques et des *Mémoires* jansénistes. Ayant obtenu son congé du curé Bourdoise, il arrive à Port-Royal sur les cinq heures du soir, alors que les religieuses chantent les vigiles de la Sainte-Agnès. Claude Lancelot la prend pour patronne pour cette raison.

Saint-Cyran à Port-Royal

Saint-Cyran vient à Port-Royal un jour sur deux. Il visite quelques-unes des religieuses, regarde comment se déroule l'instruction des enfants, entretient chaque solitaire dans sa chambre et leur fait lire en commun le traité de saint Augustin, *De la véritable religion*. Dans ses conférences, sa parole abonde en onction et en pensée. Ceux qui l'écoutent disent leur ravissement de n'avoir jamais entendu rien de pareil. Ses discours sur l'Écriture ne sont pas préparés. « Il n'y a rien de plus dangereux de parler de Dieu par mémoire plutôt que par mouvement du cœur », dit-il. Il prie en prêchant : « J'ai été trop dans la vérité de la science, je suis né avec cette passion du savoir qui m'a plutôt nui que servi pour l'acquisition de la vraie vertu. » Et il continue : « Je loue Dieu en écrivant mes pensées sur divers sujets pieux. Mon cœur est comme une mer qui se peut répandre de tous côtés, sans rien diminuer de son abondance[16]. »

Lui qui a été un ami proche de Richelieu, au point de dénoncer les activités du maréchal d'Ornano arrêté en 1626 pour avoir monté Gaston contre le roi son frère, doit affronter la froideur du principal ministre. Peut-être n'aurait-il pas dû refuser l'évêché de Bayonne, avec ses quarante mille livres de rentes, qui lui a été proposé l'année précédente ? Richelieu avait fait approcher d'Andilly par un ami commun, le cardinal de La Valette, pour savoir si Saint-Cyran accepterait un évêché. Saint-Cyran, avait déclaré qu'il ne pouvait pas servir un « gouvernement où l'on ne voulait que des esclaves[17] ». En dédaignant les faveurs du cardinal, il l'a vexé. En refusant de devenir son homme lige, il a gardé sa liberté de pensée, mais l'a inquiété. Ce refus a signé pour ainsi dire son arrêt de mort. À partir de 1637, Richelieu s'emploie à le détruire.

L'arrestation de Saint-Cyran

Richelieu sait que l'abbé est proche de son ancien condisciple Jansénius, qu'il déteste parce qu'il a publié en 1635 *Mars Gallicus*, un violent pamphlet qui conspue la politique étrangère de la France trop favorable aux pays protestants. Au début de mai 1638, Saint-Cyran reçoit la nouvelle de la mort de l'évêque d'Ypres, frappé par la peste en visitant ses diocésains malades. Le 7 mai, il apprend que le commandant du château de Saumur a apporté une lettre de cachet à un autre de ses amis, Claude Séguenot, tout juste nommé supérieur de l'Oratoire de la chapelle royale Notre-Dame-des-Ardilliers dans cette même ville. Séguenot a publié un commentaire sur le livre de saint Augustin *De la Virginité*. Il y écrit que la contrition est nécessaire à la validité du sacrement de pénitence, c'est-à-dire la volonté ferme de s'amender, tandis que le *Catéchisme* du diocèse de Luçon, suivant simplement les canons du concile de Trente, affirme que l'attrition, le regret du péché et la crainte des peines de l'enfer suffisaient. Outre que le cardinal se pique d'être encore plus grand théologien qu'éminent politique, il est dangereux de le contredire sur ce point particulier. Le confesseur de Louis XIII, le Jésuite

Nicolas Caussin, qui soutenait la même chose, a été exilé à Quimper en décembre 1637. Au moment de Pâques, le roi a lu le livre de Séguenot et a soupiré que « son bonhomme » lui disait la même chose. Le principal ministre, ayant entendu ce soupir, en a conçu une violente colère contre l'auteur du livre. Il ne tolère pas qu'on trouble la conscience d'un roi déjà inquiet pour son salut, dont la peur panique de l'enfer l'emporte sur toute autre considération. Louis XIII pourrait lui reprocher sa politique trop accommodante envers les princes protestants. Finalement, Séguenot est conduit à la Bastille sur ordre de Richelieu.

Jeudi 13 mai, jour de l'Ascension, Robert d'Andilly et l'abbé Henri Arnauld font avertir leurs sœurs qu'il se trame quelque manœuvre contre Saint-Cyran. Le supérieur de l'Oratoire, Condren, a été convoqué par Richelieu : Séguenot est-il le seul auteur du livre ? N'a-t-il pas subi d'influence ? Condren a eu la faiblesse de mentionner le nom de Saint-Cyran, parce qu'il supposait qu'il connaissait Séguenot. C'est la haine qui motive le ministre, il n'accepte pas que Saint-Cyran lui reproche publiquement d'absoudre Monsieur, frère du roi, dont il est le confesseur. Pour Saint-Cyran, Gaston d'Orléans passe sa vie dans des « habitudes criminelles et profane les sacrements autant de fois qu'il les reçoit[18] ». En ce jour de l'Ascension, l'abbé reste calme et prêche, au dire des religieuses, mieux que jamais, avant de s'en retourner chez lui avec son neveu, Martin de Barcos.

Le lendemain 14 mai, Robert d'Andilly arrive sans crier gare et réclame ses sœurs de toute urgence au parloir :

> M. de Saint-Cyran est à la Bastille. Dès deux heures ce matin, son logis a été investi par les archers du chevalier du guet au nombre de vingt-deux qui se sont mis en sentinelle de tous côtés jusque dans les jardins d'alentour. Ils ont attendu jusqu'à six heures du matin pour se faire ouvrir. M. de Saint-Cyran déjà

> éveillé était en train de lire saint Augustin avec M. de Barcos : « Allons Monsieur, a répondu M. de Saint-Cyran, en le prenant agréablement par la main, allons où le roi me commande d'aller ; je n'ai point de plus grande joie que lorsqu'il se présente des occasions d'obéir. » Et n'ayant pris que le temps de changer sa robe de chambre pour sa soutane, il dit à son neveu : « M. de Barcos, voulez-vous bien venir ? » Mais le chevalier du guet dit qu'il n'avait ordre que pour M. de Saint-Cyran. En passant par le parc de Vincennes, le carrosse a rencontré le mien qui allait à Pomponne : « Où menez-vous tous ces gens-ci ? – Eh ! Ce sont eux qui me mènent », répondit le prisonnier. J'avais les *Confessions* de saint Augustin sur moi et les lui ai données[19].

Scène incroyable où les amis de Saint-Cyran semblent patrouiller dans Paris pour le surveiller, des exemplaires de saint Augustin sous le bras !

Deux jours plus tard, le 16 mai, Geneviève de Saint-Augustin Le Tardif frappe à la porte de Port-Royal. Stupeur ! Que fait-elle là ? En fait, les religieuses du Saint-Sacrement ont reçu ordre de l'archevêque de revenir à l'abbaye. L'Institut est définitivement fermé.

Chapitre XIII

Le temps des épreuves
1638-1643

L'arrestation de Saint-Cyran marque le début de ce que les jansénistes appellent la « persécution ». Prudente et attentiste, Angélique écrit moins, et un réseau pour faire circuler ses lettres en toute sécurité est mis en place. Les courriers du père Macquet sont portés par l'un de ses cousins à Robert d'Andilly, rue de la Verrerie ; ceux de Jeanne de Chantal passent par un certain d'Aubray de Lyon, et non par le nouvel évêque de Genève dont elle se méfie. Elle tente de se rassurer et de rassurer ses correspondants. Elle commence à développer une théorie personnelle sur la persécution : incompréhensibles pour une intelligence humaine, les attaques dont sont l'objet Saint-Cyran et ses amis sont des moyens de purification. Sorte d'holocauste sacrificiel, elles sont utiles à leur salut et les rendent dignes des bénédictions divines : « Il faut se souvenir des promesses que Notre-Seigneur a faites à ses serviteurs de les éprouver et rendre dignes de lui par la persécution[1] », affirme-t-elle en citant saint Paul.

Elle réconforte ses compagnes en leur disant qu'elle est certaine que Saint-Cyran regarde son état de captivité et de souffrance comme « une faveur singulière » et qu'il s'est mis à genoux dans sa prison pour demander à Dieu la grâce de bien user de cette épreuve et de la lui offrir. Elle est sûre que le pouvoir politique leur en veut « de telle sorte que, si nous n'étions pas ce que nous sommes, nous l'accompagnerions possiblement dans sa prison. Je ne sais s'il n'arrivera rien car tout est à craindre en ce temps-ci. On nous menace fort. Je suis en telle mésestime que je crains tout[2] ».

Tout est à craindre en ce temps-ci

Richelieu demande un rapport à Zamet. Celui-ci s'exécute rapidement et adresse le 26 mai 1638 à l'évêque de Saint-Malo, Achille de Harlay de Sancy, secrétaire du cardinal, un mémoire destiné à rester secret mais que les Jésuites – que l'on voit pour la première fois s'agiter – rendent public.

Il y dresse un portrait peu flatteur d'Angélique, qu'il estime influençable, crédule et plutôt déséquilibrée :

> Je n'ai aucune aversion pour les filles de Port-Royal ni pour celles du Saint-Sacrement, avec lesquelles j'ai depuis deux ans aussi peu de commerce qu'avec les premières, et aussi peu avec les deux qu'avec celles que je ne vis jamais. Je leur ai donné l'abbé de Saint-Cyran, le croyant capable de les servir en la vie spirituelle, mais devant que de l'avoir assez connu. Ayant été établi en cette conduite, il a pris puissance sur les esprits, en quoi il a trouvé de la félicité par l'humeur des filles naturellement amies de changement et de nouveauté, surtout en Angélique Arnauld, alors supérieure dudit monastère du Saint-Sacrement, à laquelle il ordonna de tenir secrètes les pensées qu'il lui communiquait et de me cacher la conduite qu'il tenait envers elle, quoiqu'il n'eût aucune autorité sur ledit monastère et que je l'eusse tout entière alors, comme supérieur nommé par la bulle de leur établissement.
>
> Cette conduite allait à ne parler d'autre chose que de pénitence, à se tenir prosternée contre terre en divers endroits du monastère, particulièrement au chœur, à ne se confesser que

rarement et communier encore moins. Ce qui a été si avant que ladite Angélique Arnaud quoique supérieure, fut une fois cinq mois sans s'approcher de la sainte communion et passa une année le jour de Pâques sans communier pareillement. De toutes lesquelles choses elle ne me rendait aucun compte à cause de la défense qui lui avait été faite, mais je ne laissai pas de le savoir par les filles dudit monastère.

Une religieuse du Saint-Sacrement lui aurait rapporté que Saint-Cyran, en colère, lui aurait un jour dit que sa doctrine était la bonne et qu'elle ne pouvait être combattue que par des ignorants. « J'ai constaté l'esprit outrageux et violent sans nul respect aux personnes qui font la moindre opposition à ses pensées de cet abbé avec qui je ne veux plus démêler[3] », conclut l'évêque de Langres.

L'homme de confiance de Richelieu et exécutant de ses basses œuvres, conseiller au parlement de Bordeaux et conseiller d'État, le commissaire Jean Martin, baron de Laubardemont, celui-là même qui vient d'instruire le procès du curé de Loudun, condamné au bûcher de sorcellerie, veut interroger Angélique. Mais l'archevêque de Paris, qui tient à son autorité sur ses religieuses et davantage encore sur celles qui se sont volontairement mises sous son obédience, s'y oppose. Point n'est nécessaire d'envenimer la situation en troublant un couvent de femmes.

Le logis de Saint-Cyran est fouillé de fond en comble par les archers du roi. Ils trouvent et ne saisissent pas moins de quarante volumes in-folio, ils laissent quelques liasses de papiers qui contiennent des idées sur le Saint-Sacrement pour un grand ouvrage en préparation. Après leur départ, Martin de Barcos les jette au feu de peur qu'ils ne fournissent de nouveaux prétextes pour déclarer Saint-Cyran hérétique.

Plus dangereux que six armées

Robert d'Andilly s'en va voir la duchesse d'Aiguillon, la chère nièce de Richelieu, pour implorer son intervention. Cette dernière parle immédiatement au ministre, mais cela touche « des matières fort grosses », comme on dit alors, des « accusations de nouveautés » en fait de religion, si bien qu'elle n'insiste pas. Angélique, qui consigne toutes les marques de soutien, énumère le nom de nombreux personnages haut placés ou influents, parmi lesquels Jeanne de Chantal. Celle-ci lui demande sans cesse des nouvelles du « bon serviteur de Dieu » et fait dire des messes pour lui au pied du tombeau de François de Sales. Le soutien de la Visitation, en mémoire du saint fondateur, devrait faire bouger les lignes. Il n'en est rien.

Toutes les initiatives pour obtenir la libération de Saint-Cyran sont vouées à l'échec. À cinquante-huit ans, sa santé est fragile. Par chance pour lui, le gouverneur de Vincennes, secrétaire d'État aux Affaires étrangères, Léon Bouthillier de Chavigny, si proche de Richelieu qu'on le dit fils naturel du cardinal, est le neveu de l'évêque d'Aire, Sébastien Bouthillier, très lié à Saint-Cyran. Il est aussi le fils déclaré de Claude Bouthillier, grand ami de Robert d'Andilly. Il fait tout pour adoucir le sort du prisonnier, lui permettant par exemple les visites et les promenades quotidiennes.

Le procureur général, Mathieu Molé, tente également d'obtenir son élargissement. Il insiste tellement que le cardinal lui prend le bras en lui disant : « M. Molé est honnête homme mais il est un peu entier. » Que l'avocat général au Parlement, Jérôme Bignon, ait confié l'un de ses fils à Claude Lancelot pour qu'il lui apprenne la grammaire n'est d'aucune utilité non plus. La mort du père Joseph, l'« éminence grise » du cardinal, ne modifie pas son attitude. Les amis de Saint-Cyran

« croyaient que si le cardinal avait quelques restes de bonne volonté, il ne serait pas fâché de rejeter sur cette tête morte ce qu'il avait de plus odieux dans cette affaire[4] ».

Richelieu ne fait pas mystère de ce qu'il pense du captif : un dangereux illuminé dans le contexte des guerres de Religion qui ne sont pas encore achevées. Son prosélytisme confine à l'affaire d'État dans la mesure où il a converti à ses idées les religieuses de Port-Royal, l'un des premiers couvents réformés de France. Le cardinal, qui a bien perçu la personnalité complexe de l'abbé, surestime néanmoins sa capacité de nuisance et surtout sa volonté de créer une nouvelle religion. Ni Angélique, ni l'abbé, ni aucun de leurs amis n'ont la moindre intention de créer le « jansénisme ». Ils se considèrent comme bons chrétiens et ont pour règle d'obéir aux représentants de l'Église et de l'État.

> Il est Basque et a les entrailles chaudes et ardentes par tempérament. Cette ardeur excessive lui envoie à la tête des vapeurs dont se forment ses imaginations mélancoliques qu'il prend pour des réflexions spéculatives ou pour des inspirations du Saint-Esprit. Si on avait emprisonné Luther ou Calvin quand ils commencèrent à dogmatiser, on aurait épargné aux États bien des troubles[5].

Et quand certains de ses intimes défendent le prisonnier, il répond : « Vous ne savez donc pas qu'il est plus dangereux que six armées ? »

L'expulsion des solitaires

Le cardinal poursuit son offensive et demande à l'archevêque de Paris de ne pas laisser les messieurs dans leur logis. Au début du mois de juin 1638, ceux-ci décident alors d'aller à Port-Royal des Champs délaissé depuis douze ans. Un mois plus tard, le commissaire Laubardemont les y interroge tous, depuis Antoine Le Maistre jusqu'aux enfants de huit ou dix ans. Il affirme qu'il vient instruire contre « quelques personnages de la ville de Paris sans autre conduite que celle de leur propre esprit, imbu de la doctrine et des maximes de l'abbé de Saint-Cyran[6] ».

Il part le dimanche, couche au village voisin et se présente le lundi sur les six heures du matin dans la basse-cour de l'abbaye. Il veut les surprendre : il les trouve en prière. Il parle à Antoine Singlin qui lui désigne la chambre d'Antoine Le Maistre ; ce dernier lui ouvre. Il l'interroge : Saint-Cyran lui a conseillé d'imiter autant que possible la vie des Chartreux. Le commissaire lui demande de qui il prend conseil à présent et s'il se confesse et communie. Singlin lui réplique qu'il se confesse à chaque fois qu'il communie et qu'il communie aux grandes fêtes. Le commissaire lui parlant d'attrition et de contrition, il lui dit qu'il ne sait pas bien la différence, qu'il s'en remet au jugement de l'Église et qu'il ne croit pas que ceux qui ne sont ni ecclésiastiques ni théologiens sont obligés de suivre d'autres règles que celles de l'Église. Interrogé l'après-midi sur d'éventuelles visions, il répond que, quand il ouvre une des fenêtres de sa chambre, il voit le village de Vaumurier et que quand il ouvre l'autre fenêtre, il voit celui de Saint-Lambert. Cela fait beaucoup rire dans Paris.

Le 14 juillet, les solitaires doivent néanmoins quitter les Champs. Certains vont loger dans une maison à l'enseigne de la Barbe-d'Or, au faubourg Saint-Jacques, un peu plus haut que Port-Royal. Louis-Isaac Le Maistre de Sacy va chez Saint-Cyran. Lancelot se transporte à La Ferté-Milon chez Antoine Vitart dont il élève le fils. Antoine Le Maistre et son frère Simon, conduits par Singlin, vont rejoindre Lancelot. Tous quatre gardent le même genre de vie, ne sortant qu'après le souper pour se retrouver, rentrant silencieusement en méditant le chapelet, si bien que les gens du lieu se mettent à leur porte et les saluent en signe de respect.

Le 3 décembre 1638, Saint-Cyran est autorisé à sortir du donjon de Vincennes pour s'installer dans une chambre basse planchée de bois, où l'air est moins froid, afin qu'il trouve quelque soulagement à ses insomnies. On a mis une plaque de fer à la cheminée pour qu'il fasse meilleur dans la pièce. Il a chaud, mais dort moins que jamais. On lui a donné du papier et un crayon. Il écrit dans le noir tant ses yeux le font souffrir.

Angélique est-elle responsable ?

Pendant ce temps, Angélique s'accuse d'être à l'origine des malheurs qui se sont abattus sur l'abbé et le couvent. Elle sait que l'emprisonnement de Saint-Cyran résulte de considérations politiques inaccessibles au commun des mortels, ce qu'elle appelle des « ressorts cachés » ; néanmoins, il lui paraît certain que le prétexte en a été ses « indiscrétions ». Elle a parlé trop librement aux dames qui viennent la voir. Elle les a exhortées à changer de comportement en leur donnant en exemple la manière dont les sœurs révèrent l'eucharistie et leurs pratiques de pénitence dans l'usage des sacrements. Elle en a trop dit. Le bruit que ces pratiques seraient si ce n'est sectaires, du moins litigieuses s'est répandu. Et avoir mis à la porte Zamet a été du plus mauvais effet. Le 29 avril 1638, quinze jours avant l'arrestation de Saint-Cyran, l'official de Paris, c'est-à-dire le juge ecclésiastique, s'était rendu à Port-Royal et avait déclaré aux religieuses médusées qu'elles auraient mieux fait de rester sous l'autorité de l'évêque de Langres – « les affaires n'eussent pas été ainsi » – car il se disait que Saint-Cyran professait des « opinions particulières qui pouvaient être dangereuses pour les filles[7] ». L'avertissement n'avait pas été entendu, mais la décision était déjà entérinée par Richelieu, soucieux d'empêcher la renaissance du parti dévot décapité depuis qu'il avait été confirmé à son poste de principal ministre en 1631.

Angélique n'a pas pris garde aux conséquences politiques de ses choix et de ses actes. Lorsqu'elle n'est pas absorbée par la direction de la communauté, elle tente de diriger des gens de l'extérieur, mais il s'agit d'une tâche délicate qu'elle accomplit de manière brouillonne. Elle trouve toujours des occasions de « distraction », de sortir de sa cellule, d'aller au parloir pour deviser. Elle met ses maladresses sur le compte de son esprit frivole. Elle s'accuse d'être bavarde, toujours prête à faire la morale. Lorsque personne ne vient la voir, elle continue à digresser avec sa plume. Elle croule sous les lettres de sorte qu'il lui « faut beaucoup de temps pour faire peu de chose » et qu'elle se reproche de passer à côté de l'essentiel – la prière et le perfectionnement spirituel – et de ce que la règle prescrit. Mais elle ne s'est jamais posé la question des répercussions publiques de son cheminement personnel.

L'emprisonnement de Saint-Cyran la bouleverse tant qu'elle éprouve une fatigue dont elle se plaint continuellement. Sa santé se délabre ; le corps et l'esprit s'affaiblissent tous les jours. Durant le carême, elle est si mal en point qu'il faut la porter à la messe le jour de Pâques et elle ne sort de l'infirmerie que la veille de la fête du Saint-Sacrement en juin. La famille Arnauld est aussi éprouvée avec la mort de Simon, le dernier frère resté dans le monde, lieutenant et maître de camp des carabiniers. Il est tué au service du roi près de Verdun au printemps 1639. Sa mère, dont il était le préféré – étant d'une grande gentillesse et d'une humeur toujours égale –, tombe à son tour malade.

Au cataclysme qu'a été l'arrestation de Saint-Cyran succède la mobilisation. Comme l'emprisonnement sera long, il faut continuer le combat. À peine rétablie, Angélique se consacre à une nouvelle tâche : la « conversion » de la princesse de Guéméné mais sans persévérer. Anne de Rohan est, au dire de tous, l'une des plus belles femmes du royaume et fait tourner bien des têtes. L'incarcération de Saint-Cyran a attiré l'attention sur Port-Royal et Robert d'Andilly est l'un de ses amis. La princesse a été touchée par les mots qu'il lui a dits. Saint-Cyran a promis de lui écrire, mais il prend son temps.

Ce n'est que le 18 septembre qu'Angélique reçoit la lettre du prisonnier et la fait suivre à son frère pour la transmettre à la princesse. Elle doute d'ailleurs des effets de ces lignes. Ceux qui « se convertissent du monde à la dévotion » se leurrent, pense-t-elle. Le mouvement de la volonté est superficiel. Il peut même être une sorte de jeu lorsqu'on « s'amuse à des discours de dévotions ». Elle se demande si cette conversion est réelle. Elle conseille à son frère de relire les lettres avec la princesse, ce qui rendra ses visites utiles et évitera la banalité des conversations. Angélique se lasse néanmoins assez vite : il n'est plus question de convertir cette grande dame. Elle ne veut pas qu'une fois de plus, ses initiatives aient des effets pervers, en particulier sur la détention de Saint-Cyran.

Les charges contre Saint-Cyran

Cela fait un an que l'abbé est à Vincennes. Laubardemont a fait lire les notes saisies chez lui sans y trouver à redire. Le 14 mai 1639, Jacques Lescot, prêtre, docteur en théologie et confesseur de Richelieu, interroge le prisonnier. On cherche toujours à le convaincre d'hérésie, de calvinisme à cause de ses idées sur la grâce et de témoignages défavorables : ceux de Sébastien Zamet, de l'avocat Le Tardif, propre frère de la mère Geneviève de Saint-Augustin, qui a été élevé par lui et maintenant se retourne contre lui.

À l'automne 1637, avant le départ de Saint-Cyran pour son abbaye, Vincent de Paul a voulu le voir, « au nom de leur amitié », pour lui dire de s'en tenir aux canons du concile de Trente et de ne pas persévérer dans ses propos sur l'absolution. En effet, dans l'esprit de Saint-Cyran, le retour à saint Augustin va de pair avec une critique générale de l'Église. Il aurait un jour déclaré que « le concile de Trente était un concile du pape et des scolastiques où il n'y avait que brigues et cabales. Ce sont les premiers scolastiques et saint Thomas lui-même qui ont ravagé la vraie théologie[8] ». Vincent de Paul l'a mis en garde contre ces outrances qui ne pouvaient qu'être combattues. Vexé, Saint-Cyran lui a ensuite écrit qu'il s'étonnait de ce que son interlocuteur ne s'était jamais permis de lui faire de tels reproches, de surcroît chez lui. Cette lettre a tant ému Vincent de Paul qu'il est venu voir son auteur et qu'ils se sont réconciliés. Aussi, il refuse de déposer contre son confrère et lui fait savoir dans sa prison de veiller à dicter ses réponses au commissaire. De son côté, le premier président du Parlement de Paris, Molé, le fait prévenir de tirer des lignes de haut en bas des pages pour empêcher que l'on puisse y ajouter du texte. L'enquête ne débouche sur rien, mais Richelieu continue à refuser de l'élargir.

Le prisonnier reçoit tant de visiteurs qu'il s'en dit incommodé. Il y a parmi eux Guillebert, prêtre et régent de philosophie au collège des Grassins, bientôt nommé curé à Rouville en Normandie. Il y a aussi l'académicien Antoine de Rebours, un savant qui hésite à se faire prêtre. Il y a encore Charles-Henri Arnauld de Luzancy, le fils de Robert, qui a été page de Richelieu puis enseigne à la garnison du Havre. S'étant senti, en proie à une grave maladie, le désir d'imiter ses cousins Le Maistre, il se retire en Gâtinais chez Anne de Saint-Ange, dont le mari est le premier maître d'hôtel d'Anne d'Autriche et dont le fils aîné a le même âge que lui, c'est-à-dire dix-huit ans.

En mai 1640, Saint-Cyran tombe malade et s'affaiblit au point de ne plus pouvoir s'agenouiller. Son médecin le soigne : il se porte beaucoup mieux, il peut retourner dans l'église et se promener dans le jardin. Il trouve même la force de réconforter deux généraux ennemis emprisonnés là dans l'attente d'être échangés. Comme des ordres ont été donnés pour que le séjour de ces militaires leur soit agréable, ils assistent à un spectacle offert à la reine mère par Richelieu en présence de la Cour et de nombreux prélats. Il s'agit de la grande traji-comédie *Mirame* de Jean Desmarets, avec des machines qui font lever le soleil et la lune et paraître au loin la mer chargée de vaisseaux. Jean de Wert, un mercenaire que les Français redoutent sur les champs de bataille, s'étonna, dit-on, de voir dans le royaume très chrétien « les évêques à la comédie et les saints en prison ».

Saint-Cyran, comme il l'écrit à Angélique le 27 août 1641, considère son enfermement comme une épreuve propre à le purifier, non pas prisonnier des hommes mais de Dieu « qui le mène où il veut ». Il est, comme ses contemporains, un voyageur qui marche vers son pays parmi « les tempêtes et les guerres du siècle ». Ce sera également le parti pris d'Angélique lorsque, vingt ans plus tard, la persécution s'abattra sur Port-Royal.

Le petit frère entre en scène

Durant la captivité de Saint-Cyran, Angélique commence à évoquer le dernier de la fratrie Arnauld, Antoine, âgé de vingt-six ans, étudiant à la Sorbonne et dirigé depuis décembre 1638 par l'abbé. Élevé avec ses neveux Le Maistre dont il est le contemporain, il a mis un temps considérable à composer sa thèse de théologie ; il est souvent tombé malade et a beaucoup écrit, tout en donnant des cours de philosophie au collège du Mans sur la montagne Sainte-Geneviève. On ne peut pas dire qu'il collectionne les diplômes avec enthousiasme. Il gravit lentement les échelons de la théologie. Il passe sa thèse de bachelier en 1635, soutient sa première thèse (la « sorbonnique ») le 12 novembre 1638, la deuxième (la « mineure ordinaire ») le 21 novembre 1639, la troisième (la « majeure ordinaire ») le 13 janvier 1640 et la dernière (la « vespérie ») le 18 décembre 1641.

Son frère Robert d'Andilly a travaillé pour lui obtenir un bénéfice ecclésiastique à Verdun grâce à une cousine, la marquise de Feuquières, dont le mari est gouverneur de cette ville. Il n'en a d'abord pas voulu. Il prétendait imiter ses neveux en devenant solitaire et en se retirant de l'agitation et des conversations mondaines. Saint-Cyran l'a pourtant pressé d'accepter, afin de s'assurer des revenus et de ne pas faire de remous. Le fait de quitter son logement de la Sorbonne, de renoncer au diaconat et à la licence aurait suscité un nouveau scandale qui aurait exposé Saint-Cyran à de nouvelles rigueurs. « La prière et le jeûne deux fois par semaine vous serviront d'étincelles pour allumer le désir que vous avez d'être à Dieu, lui a-t-il dit. Il faut vous bâtir une bibliothèque intérieure et faire passer dans votre cœur toute la science que vous avez dans la tête pour la faire remonter ensuite et répandre lorsqu'il plaira à Dieu. Il n'y a rien de si dangereux que le savoir[9]. » Et il lui a désigné trois pauvres pour leur faire l'aumône toute l'année.

Alors qu'Antoine est en formation, sa mère Catherine Marion-Arnauld, en religion sœur Catherine de Sainte-Félicité, meurt le 28 février 1641. La nuit où elle reçoit l'extrême-onction, Antoine vient de la Sorbonne coucher à Port-Royal. Mais Singlin ne permet pas qu'il assiste à la cérémonie, et seul Louis-Isaac Le Maistre de Sacy est présent. En sortant, il leur rapporte les dernières paroles de la mourante : « Je vous prie de dire à mon dernier fils que, Dieu l'ayant engagé dans la défense de la vérité, je l'exhorte et le conjure de sa part de ne s'en relâcher jamais, et de la soutenir sans aucune crainte, quand il irait de la perte de mille vies et que je prie Dieu qu'il le maintienne dans l'humilité afin qu'il ne s'élève point par la connaissance de la vérité, qui ne lui appartient pas, mais à Dieu seul[10]. » Ces paroles touchent le jeune homme jusqu'au tréfonds. Il est ordonné prêtre le 21 septembre 1641.

L'élection comme abbesse

Angélique ne réagit pas à la disparition de sa mère. Elle est pourtant obsédée par la mort qui frappe les gens qu'elle chérit. Sa correspondance est émaillée de réflexions pessimistes sur le sens de la vie et la manière dont le chrétien doit se préparer au trépas. Lorsque, peu après, le comptable de Port-Royal, Nicolas Vitart père, meurt aux Champs où il s'est retiré, elle souligne qu'il a été soutenu par Antoine Singlin, lequel « assiste merveilleusement les mourants ». Elle perd ensuite sa grande amie Jeanne de Chantal, morte le 13 décembre 1641, et c'est le tour de sa sœur Marie-Claire le 15 juin 1642. Cette dernière perte lui est « fort sensible », mais c'est « un sacrifice qu'elle doit à Dieu, qu'il faut essayer de rendre volontaire afin qu'il lui soit agréable ». Elle se sent dans la paix et dans la joie, ce que seule la grâce de Dieu peut donner « au milieu des amertumes de la mort[11] ». Religieuse modèle et discrète, Marie-Claire est enterrée le soir même. Au même moment, Angélique craint de voir aussi mourir sa nièce Angélique de Saint-Jean, sa sœur Agnès, puis son frère Robert qui en est à la dernière extrémité.

Ces disparitions en cascade et des soucis pour sa propre santé la font plus que jamais réfléchir au sens de la destinée humaine. Elle traverse une phase d'angoisse sur son propre salut. Depuis quelques années, sa correspondance se fait pessimiste :

> La vie se passe ainsi misérablement et nous nous trouverons incontinent prêtes d'aller rendre compte de notre vie lâche et tiède sans que nous puissions produire d'excuses que notre propre malice et corruption, qui nous accuseront nous-mêmes. [...] Ainsi les découragements que nous avons eus pendant notre vie seront suivis du désespoir à la mort. Je suis de plus en plus épouvantée que je n'étais de ce moment effroyable où il nous faut être présentés devant Dieu et être jugés pour une éternité. Je suis obsédée par ce dernier jour que tous ceux que je passe ne me semblent que des moments tant il me paraît qu'ils m'y conduisent précipitamment, et ensuite à l'épouvantable éternité. Car n'est-il pas vrai que le feu éternel qui est allumé dès le commencement du monde nous consumera éternellement si nous ne l'éteignons pas par nos larmes et nos souffrances[12] ?

Mais l'anxiété s'estompe grâce à un événement auquel elle ne s'attendait pas : elle est élue abbesse le 2 octobre 1642. Elle hésite à accepter, mais Singlin lui ordonne de reprendre cette charge qu'elle a quittée jadis, alors qu'elle approche de la cinquantaine. L'élection qui la porte à nouveau à la tête du monastère la légitime définitivement puisqu'elle y voit le choix de Dieu. Elle se sent investie d'une mission. Cette désignation la remobilise et éloigne ses idées moroses. Quant à l'horizon, il se dégage : deux mois plus tard, le 4 décembre, le principal ennemi de Port-Royal, Richelieu, meurt à son tour.

La libération de Saint-Cyran

Rien ne s'oppose plus à la libération de Saint-Cyran. C'est Mathieu Molé qui en parle au roi le premier. Le gouverneur de Vincennes, Bouthillier de Chavigny, accélère le mouvement, assurant qu'il connaît le prisonnier depuis plus de quinze ans et qu'il n'a jamais rien trouvé en lui qui puisse « porter ombre ».

Le 6 février 1643, Agnès, entrant au réfectoire le matin, prend sa ceinture et la délie. Tout le monde comprend qu'elle est impatiente de faire savoir à la communauté que « Dieu rompt les liens de son bon serviteur ». Au bout de cinq années de détention arbitraire, Saint-Cyran recouvre donc la liberté « sous les applaudissements d'une grande quantité de gens de qualité et il est traité par les ministres d'État avec une bonté et une civilité extraordinaires ». Robert d'Andilly, explique Angélique à l'un de ses correspondants, « l'a voulu aller quérir lui-même dans son carrosse. Tout Vincennes est dans le transport ; les chanoines du lieu le félicitent ; les gardes pleurent de joie et de tristesse de le voir partir et lui font une haie au passage avec fifres et tambours[13] ».

Les premières visites de Saint-Cyran sont pour Bouthillier de Chavigny qu'il ne trouve pas chez lui ; pour Molé, qui le reçoit chaleureusement ; enfin, pour Port-Royal, où d'Andilly le conduit et où les religieuses l'attendent bien qu'il fasse déjà nuit. Angélique a réuni toute la communauté au parloir vers cinq heures du soir pour l'accueillir. À son arrivée, le confesseur Antoine de Rebours, qui a la vue basse, prend une lunette pour le détailler. Une religieuse pouffe à ce spectacle, déclenchant un rire général. « J'avais bien quelque chose à vous dire, mais il y faut une autre préparation que celle-ci ; ce sera pour une autre fois[14] », déclare-t-il à l'assistance hilare.

Le jour de l'octave de sa sortie, il assiste à une messe solennelle en action de grâce. Trop faible pour la dire lui-même, il se contente d'y communier avec l'étole pour bien montrer l'éminente dignité du sacrement. C'est Antoine Singlin qui officie. Après le *Te Deum*, l'abbé envoie son domestique à la sacristie dire qu'il prie tous les officiants et le célébrant de s'assembler et de lui choisir un psaume « tel qu'il plaira à Dieu de l'envoyer ». Saint-Cyran avait confié à Antoine Le Maistre, qui avait entrepris leur traduction, qu'il les chantait souvent en prison en les tirant au sort, comme un message envoyé par Dieu. Il conseillait à ses dirigés de faire de même afin d'« être conduits par Dieu seul, sans aucun ministère des hommes[15] ». De Vincennes, il avait écrit à Jeanne de Chantal de prier comme le faisait le roi David (qui passait pour leur auteur), pénitent modèle.

En ce jour d'action de grâce pour sa délivrance, le chant tiré au sort est le psaume XXXIV : « Dieu, plaide contre ceux qui plaident contre moi, fais la guerre à ceux qui me font la guerre. »

De la fréquente communion

L'année 1643 est vraiment celle de la transition pour le royaume. Les changements ont une incidence à plus ou moins long terme sur la vie des religieuses. Après le décès de Richelieu, vient celui de Louis XIII.

Le 14 mai 1643, le roi s'éteint vers trois heures. « Il a pieusement accompli trente-trois ans de pouvoir royal », écrit Angélique à l'un de ses correspondants. Son fils aîné, Louis, n'a que quatre ans, et sa mère Anne d'Autriche reçoit devant le Parlement l'administration entière du royaume pendant sa minorité. Le parrain du Dauphin, Mazarin, est nommé principal ministre. Paris chantonne à propos de Richelieu et de Mazarin : « Il n'est pas mort ; il n'a que changé d'âge, ce cardinal dont chacun enrage. » Ces chansons sont les premiers indices de la contestation qui s'annonce. Pour le moment, les événements sont plutôt à l'apaisement.

C'est durant l'année 1643 qu'Antoine Arnauld se met à travailler, sous la direction de Saint-Cyran, à la rédaction d'une somme sur la pénitence avec l'aide de Louis-Isaac Le Maistre de Sacy, Martin de Barcos et Antoine Le Maistre. Le théologal

– c'est-à-dire le chanoine de Notre-Dame s'occupant des affaires théologiques – Isaac Habert a été chargé par le cardinal de prêcher en chaire contre le livre posthume de Jansénius l'*Augustinus* paru en France en 1641, qui est une réflexion sur l'œuvre de saint Augustin. Bien accueilli par une majorité de théologiens français, il est néanmoins immédiatement critiqué par les Jésuites et condamné par le pape dès 1642. Habert prêche trois dimanches de suite pendant l'Avent 1642 et encore au début de l'année suivante, déclenchant une vaste polémique qui s'étend au-delà du cercle des amis de l'évêque d'Ypres. En conséquence, le 1er février, Saint-Cyran, qui est malade et déprimé, conjure Antoine Arnauld de reprendre le combat :

> Le temps de parler est arrivé ; ce serait un crime de se taire. Il n'y a point lieu de douter et d'hésiter dans cette affaire : quand nous devrions tous périr et faire le plus grand vacarme qui ait jamais été, nous ne devons plus laisser les sermons de M. Habert sans répondre à tous les chefs en particulier ; nous ferions une grande faute au jugement de tous les hommes sensés, si nous ne répondions pas. Il est certain que le silence et la modestie que nous avons gardés jusqu'à présent nous ont fait tort ; mais c'est ma coutume d'avoir longtemps grande patience en semblables affaires qui regardent Dieu et l'Église où l'on n'a pas d'autres parties que des docteurs catholiques[16].

Le 25 août 1643, Antoine fait paraître *De la fréquente communion*. C'est un triomphe qui rappelle celui de l'*Introduction à la vie dévote* de François de Sales. Il a réussi à convaincre Octave de Bellegarde, qui pourtant n'a pas soutenu l'Institut du Saint-Sacrement, de parrainer l'ouvrage, assorti d'une longue préface expliquant les intentions de l'auteur et réfutant point par point les attaques que le théologal de Notre-Dame fulmine en chaire depuis quelques semaines. Quinze évêques et archevêques ont donné leur approbation, sans compter dix-huit docteurs en Sorbonne, souvent hostiles à l'*Augustinus* de Jansénius et qui n'ont rien trouvé de contraire à la foi. En une semaine, le tirage est épuisé. On rapporte qu'« un livre si bien écrit ne peut pas éblouir les yeux sans surprendre les esprits », que « les dames étaient gagnées par cet air fleuri et brillant, qui plut fort à tous les beaux esprits dont le sentiment est d'un si grand poids dans un pays où l'on se pique de politesse », « qu'il surprit jusqu'aux savants qu'il éblouit par la qualité du langage et par la pureté de la morale qui y est exposée d'un air grave et sévère[17] ». Parmi les rares esprits chagrins qui se montrent réticents, le Jésuite Jacques Nouet, dans son sermon du dernier dimanche d'août, juge Antoine fantasque, lunatique et le compare « à un scorpion ou à un serpent ayant une langue à trois pointes ».

La publication de *De la fréquente communion* fait d'Antoine Arnauld le théoricien du jansénisme. Si Angélique n'approuve pas le tapage médiatique, Saint-Cyran, qui a délégué au frère de l'abbesse le soin d'écrire ce livre qu'il n'avait plus la force de composer seul, est satisfait de sa réception. Mais l'incarcération lui a fait perdre ses forces. À peine âgé de cinquante-deux ans, il souffre de multiples pathologies et ses jours sont comptés.

La mort de Saint-Cyran

Dimanche 10 octobre à dix heures du matin, l'abbé de Saint-Cyran s'éteint au terme d'une crise d'apoplexie de douze heures. Depuis deux mois, « il s'affaiblissait extrêmement et était très pâle » et ne souhaitait plus qu'une chose, mourir, « ne pouvant plus supporter le monde et ne désirant plus que Dieu[18] ». Pour Angélique, « cette perte est extrême et nous la sentirons jusqu'à la mort puisque nos besoins d'un tel directeur dureront jusque-là. Il lui semble que personne ne pourra jamais le remplacer tant elle avait fini par vénérer la moindre de ses paroles[19].

Mort un dimanche, il est enterré le mardi parce que ses amis ont voulu préparer le culte à rendre à sa mémoire en gardant des reliques. Son secrétaire particulier, Lancelot, fait tremper du linge dans son sang, prélever son cœur qu'il a laissé par testament à d'Andilly, remettre ses entrailles à Port-Royal, la partie supérieure de son crâne à Barcos qui la cédera plus tard à Port-Royal, la partie postérieure à la Visitation de Poitiers. Enfin, il lui coupe les cheveux. Le lendemain, Antoine Le Maistre fait encore ouvrir le cercueil pour prélever les mains du défunt que les religieuses font bouillir pour en conserver les ossements dans des reliquaires.

Comme tous veulent conserver son image, Lancelot cherche un portraitiste :

> Le jour de la fête fut cause que je ne pus trouver aucun peintre les plus habiles que j'allai chercher chez eux pour le faire tirer, raconte-t-il à Angélique. Les uns étaient allés à leur dévotion, les autres à la promenade, de sorte, que, voyant le temps passer, je le fis jeter en plâtre. Et sur ces plâtres et sur les avis de ses amis, on fera faire les tableaux que nous voudrons de lui[20].

Il est enterré mardi 13 octobre en présence de pas moins de cinquante évêques massés à Saint-Jacques-du-Haut-Pas. La reine transmet l'abbaye de Saint-Cyran à son neveu : « Eh, qu'aurait dit M. d'Andilly si je l'avais donnée à un autre ? » aurait-elle lancé. « C'est une consolation à tout Port-Royal, déclare Angélique, que ce nom tant révéré tombe à une personne qui le mérite, outre que tout le bien que le bon serviteur de Dieu y a établi sera conservé[21]. »

L'abbé de Saint-Cyran mort, Angélique se contente du souvenir de sa direction comme de celle de François de Sales, tout en s'attachant à Antoine Singlin à qui elle voue une immense admiration. Il lui a fallu un demi-siècle pour ne plus avoir à se dérober sans cesse et ne plus avoir à chercher de mentor. Cet homme discret et sage, loin de tout dogmatisme et mal à l'aise avec le latin, n'est pas un intellectuel. Ses qualités de cœur sont évidentes, ses talents pédagogiques indéniables, sa loyauté sans faille, son amitié, qu'il a donnée à Vincent de Paul, à Saint-Cyran et à Angélique, sincère.

Délivrée de Saint-Cyran, l'abbesse reprend la direction de son monastère d'une main ferme mais sensible, avec son habituelle grandeur d'âme. L'apaisement viendra peu à peu. Mais dans leur entreprise de monopole sur la dévotion, les Jésuites lancent contre les admirateurs de Port-Royal une lourde offensive qui change la donne.

Une page se referme, une autre s'ouvre, qui fait d'Angélique la mémoire vivante de la réforme, tandis qu'une nouvelle génération s'empare de la cause. Désormais, c'est au Grand Arnauld de défendre saint Augustin.

QUATRIÈME PARTIE

UNE ABBESSE PRESTIGIEUSE

Antoine Arnauld, frère d'Angélique, est âgé de trente et un ans. Il vient d'ouvrir une polémique avec son traité *De la fréquente communion.* C'est un pur spéculatif qui, comme bon nombre de ses contemporains, a adhéré à l'augustinisme avant même de rencontrer Saint-Cyran. Avec son entrée en scène, le débat se déplace vers les Jésuites qu'il accuse de tous les maux et qu'il rend responsables de la persécution de Port-Royal.

Jusqu'en 1646, l'équilibre des forces est instable. Les Jésuites sont en position délicate, ayant laissé écrire des textes légitimant le régicide et ayant été blâmés pour cela par le Conseil du roi. En 1645, l'Assemblée du clergé renchérit. Elle vote un crédit pour la réimpression des ouvrages parus sous le nom de *Petrus Aurelius* et dont l'auteur n'est autre que Saint-Cyran. La Compagnie se voit contrainte de riposter en publiant les *Reliques de M. de Saint-Cyran* et *La Naissance du jansénisme.* Ils peuvent compter sur le soutien d'Anne d'Autriche, viscéralement opposée aux jansénistes qu'on appelle encore « ypriens », bien qu'elle ait noué des relations de confiance avec Robert d'Andilly et l'ait protégé jusqu'à sa mort. Sa demoiselle d'honneur, dont l'influence lui vaut de devenir la gouvernante de Louis XIV, Marie-Catherine de La Rochefoucauld, marquise de Sénecey, remplace la duchesse de Chevreuse, la mère du duc de Luynes, ouvertement janséniste. Si le poids des amis des Arnauld diminue dans l'entourage royal, il s'accroît parmi la haute noblesse. Deux grandes dames, très en vue dans les salons littéraires parisiens, la marquise de Sablé et la princesse de Guéméné, se séparent de leurs confesseurs jésuites pour s'installer à côté de Port-Royal.

Au printemps 1644, Anne d'Autriche et le cardinal Mazarin, ne sachant plus comment faire revenir le calme, proposent à Antoine Arnauld d'aller se justifier auprès du Saint-Siège. C'est un bon moyen de « dépayser » le problème. Mais l'Église gallicane s'estime bafouée car jamais aucun sujet du roi n'est allé s'excuser auprès d'un chef d'État étranger. Le premier président du Parlement de Paris, le janséniste Molé, le rappelle à Anne d'Autriche. Le conseil de l'université délibère et proteste contre la violence faite à Antoine Arnauld. Anne d'Autriche recule. Afin de sauver la face, Mazarin interdit au Parlement de tenir la réunion envisagée et accepte officieusement qu'Antoine reste à Paris dans la maison d'un ami. Celui-ci profite de cette discrétion forcée pour écrire deux nouveaux ouvrages, *De la Tradition de l'Église* et *De l'autorité de saint Pierre et de saint Paul*.

Le Grand Arnauld devient progressivement le chef de file des partisans de saint Augustin, alors que des divergences existent au sein d'un groupe où chacun garde sa personnalité et ses convictions. Dans sa propre famille, Antoine est à la fois admiré et critiqué. Il nourrit ainsi du ressentiment vis-à-vis de son frère Henri qui l'a élevé après la mort de leur père et gère ses biens. Depuis 1643, il touche une pension de Port-Royal pour avoir donné au couvent la plus grande partie de son héritage, pension qu'il estime insuffisante. Henri devait rembourser les intérêts d'une dette contractée en 1638, mais il ne le faisait pas car il s'occupait plutôt des intérêts de son neveu qui l'avait accompagné à Rome et qui menait grand train. Antoine n'aime ni ses frères ni son cousin l'abbé, pas plus que ses autres cousins.

Entre 1648 et 1653, années durant lesquelles le pouvoir a d'autres priorités parce qu'elles sont celles de la Fronde, la lutte contre les jansénistes se calme. Mais les « persécutions » – selon le mot employé par Angélique – qui s'abattent sur le jansénisme le transforment en une sorte de « parti » qui devient force d'opposition. « Parti » car ses contours sont flous : nul programme ne le fédère et aucune velléité de renverser quoi que ce soit ou qui que ce soit n'anime ses affidés. Il n'est menaçant que dans le regard des autres. La stratégie du groupe est de se défendre par la puissance de l'argumentation en refusant l'affrontement. Chez Antoine Arnauld, l'ardeur à écrire la « vérité » et à aller jusqu'au bout de ses engagements lui fait rechercher l'efficacité de l'éloquence. En 1662, il publiera *La Logique ou l'Art de penser* qui synthétise ses réflexions. Refusant le combat public, il se cache. Il incarne une version de la misanthropie religieuse qui confine à l'égoïsme.

Sa sœur sent en lui un homme doué ; elle le couve et lui manifeste beaucoup de tendresse, mais n'hésite pas à lui donner des leçons de modestie, le priant de ne pas se laisser griser par la notoriété et lui enjoignant de « toujours trembler ». Il faut dire qu'il n'a pas que des soutiens dans sa famille. Il s'entend mal avec ses frères, on l'a dit, qui sont dotés de caractères diamétralement opposés. Lorsqu'en 1661, le Conseil d'État impose au clergé la signature d'un « formulaire » condamnant cinq propositions réputées hérétiques, Antoine recommande de ne le signer qu'avec des réserves, tandis que d'Andilly est favorable à une signature sans restriction. En bon politique, il craint à la fois pour la carrière de son fils, Simon Arnauld de Pomponne, qui deviendra plus tard secrétaire d'État aux Affaires étrangères, et pour Port-Royal où résident ses sœurs, ses filles et ses nièces. Quant à leur frère devenu évêque, il craint tout simplement la destruction de Port-Royal.

Il est pourtant intéressant de se rappeler que la persécution dont s'estiment victimes les jansénistes se déroule alors que la famille Arnauld reste proche du pouvoir royal et occupe des charges éminentes : même si la carrière de Robert d'Andilly subit des éclipses, il demeure un homme respecté et protégé ; des missions diplomatiques sont confiées à l'un de ses fils, tandis qu'un autre deviendra ministre et que son frère Henri est nommé évêque d'Angers. La notoriété de la mère Angélique est telle qu'elle est sollicitée comme directrice de conscience, comme en témoigne son abondante correspondance. Le scandale autour de Port-Royal attire. De grandes dames se pressent pour habiter près du couvent et les dévots viennent y faire des retraites. Angélique papillonne entre les princesses de Gonzague, de Guéméné, de Longueville, les duchesses de Luynes, de Rohan, et tant d'autres. Fière de sa célébrité, elle accepte de reprendre l'habit de l'Institut du Saint-Sacrement, alors qu'elle le critiquait dix ans plus tôt. C'est dans ce vêtement à croix rouge que, peinte par Philippe de Champaigne, elle passe à la postérité. Pour tous, elle est une abbesse prestigieuse. Malgré la proximité du monastère avec les jansénistes et les suspicions qui pèsent sur certains de ses gestes, elle est une figure d'autorité. L'ampleur du rayonnement de Port-Royal est telle qu'elle rouvre le couvent des Champs pour accueillir les religieuses surnuméraires, alors qu'elle a fui le vallon détrempé et malsain vingt ans plus tôt. Elle revient sur les pas de son enfance. La boucle est refermée.

Les douze années où elle retrouve la direction du monastère, entre 1642 et 1654, sont auréolées de son prestige personnel, celui d'une abbesse hors du commun et quasiment intouchable.

Chapitre XIV

La famille Arnauld
1644-1646

Notre bon serviteur de Dieu est au ciel d'où il est délivré de tous ses maux. Nous avons fait mettre son cœur à Port-Royal. Il règne avec Notre Seigneur Jésus-Christ. S'il lui plaît que les médisances que l'on fait contre lui continuent, nous le devons souffrir et ne pas laisser pourtant de le défendre autant que nous le pourrons. Je ne crois pas que les pères jésuites aient gagné M. de Paris. Quand cela serait, il s'en faudrait consoler. Nous ne devons point avoir d'ennemis que ceux de Notre Seigneur Jésus-Christ. Enfin quoi qu'ils fassent, ils seront mis sous ses pieds. Et, en attendant, s'il permet qu'ils triomphent, ils nous aideront à triompher de nous-mêmes qui sommes nos plus grands ennemis. Dieu n'a établi l'Évangile que par le sang des martyrs. Nous serions trop heureux si nos humiliations et nos larmes aidaient à en faire connaître la vérité. Je prie Dieu de tout mon cœur qu'il nous fasse connaître, aimer et suivre sa volonté par laquelle il nous sanctifie et hors laquelle il n'y a que malheur et malédiction[1].

Ces lignes écrites par Angélique à la princesse de Guéméné en octobre 1643 manifestent un calme et une maîtrise de soi étonnants. Elle est maintenant prête à livrer son dernier combat : résister aux pressions et aux humiliations sans se plaindre, comme si elle revivait le sacrifice du Christ. En réalité, la considération qu'on lui porte dans la bonne société en dépit des critiques et l'autorité qu'elle conserve parmi les siens sont telles que sa simple présence suffit à assurer la quiétude à Port-Royal. Une grande partie de son activité réside dans la direction spirituelle et le conseil en « développement personnel », dont sa correspondance témoigne. Le reste du temps, elle décide, gère, organise la vie des religieuses. Son abondante correspondance égrène les péripéties et aléas d'une existence qui, en raison des événements extérieurs, n'est jamais routinière. C'est le quotidien d'un grand couvent qui se dessine en toile de fond, avec ses moments heureux et douloureux.

Ainsi, la veille de Noël, dimanche 24 décembre 1643, la fille aînée de Robert d'Andilly, sœur Catherine de Sainte-Agnès, s'éteint dans son sommeil après quelques jours de maladie. Au témoignage de sa tante, la terreur de la mort ne l'a pas quittée, de sorte qu'elle s'est préparée au grand passage. Elle était debout le mardi précédent, quoique fort mal, et elle avait encore récité l'office avec les novices. Son visage affiche une telle douceur et une telle paix que la princesse de Guéméné et Marie de Gonzague l'admirent longuement sur sa couche mortuaire. Cette dernière, âgée de trente-trois ans, est la fille de l'ancien duc de Mantoue. En quête d'un accompagnement religieux, elle est venue à Port-Royal où elle occupe un grand appartement. C'est une femme cultivée, pieuse et dévouée pour laquelle l'abbesse a beaucoup d'affection.

L'année 1644 s'ouvre sous de bons auspices. Catherine, cinquante-quatre ans, désormais veuve d'Isaac Le Maistre, fait sa profession sous le nom de sœur Catherine de Saint-Jean le 25 janvier. Angélique ne désespère pas de voir son frère rejoindre prochainement les solitaires.

Exil intérieur

Anne d'Autriche a officiellement sollicité Antoine Arnauld et Martin de Barcos pour aller à Rome défendre leurs positions. Mais Antoine pense qu'on ne peut pas leur demander de partir sans leur donner la possibilité de s'expliquer d'abord en France. Embarrassé, Mazarin a fait dire à l'ancien secrétaire d'État aux affaires étrangères, Bouthillier de Chavigny, que, étant étranger, il ne connaît pas toutes les lois du royaume. La duchesse de Longueville, l'avocat général Bignon et Robert d'Andilly poussent Antoine à faire le voyage, mais lui ne le veut pas. Il écrit à la reine pour la supplier d'agréer qu'il ne sorte pas de France. Sur ce, et afin de se soustraire à toute obligation, il disparaît, tandis que la princesse de Guéméné héberge chez elle Martin de Barcos. C'est quelqu'un d'autre qui se rend à Rome, Jean Bourgeois, chanoine de Verdun et abbé de la Merci-Dieu, qui a l'habitude de confesser les religieuses de Port-Royal et qui est docteur en théologie.

« Nuit et jour, dans mon cœur et dans mon esprit, je suis occupée de vous, mon très cher frère », écrit Angélique tandis qu'Antoine se cache : c'est le début d'une errance qui ne prendra fin qu'avec sa mort en 1694 à Bruxelles. Elle sent que l'exil sera long :

> La divine providence a voulu que votre souffrance commence en ces jours que l'Église célèbre celle de Notre-Seigneur Jésus. Je dis commence parce que je ne vois pas quand elle finira. Et puis vous serez heureux. Je serais trop contente si je pouvais vous accompagner et vous servir. Nous le ferons toujours en esprit, avec plus d'affection que je ne vous puis exprimer. Je suis votre fille, votre sœur et votre mère. Que Notre-Seigneur Jésus-Christ soit votre force, votre espérance, votre repos et votre unique

amour, et qu'il occupe entièrement votre esprit, le séparant de toutes les choses de la terre[2].

La lettre part en toute discrétion vers le logis de Jean Hamelin, contrôleur général des ponts et chaussées de la généralité de Paris, rue Saint-Denis. Louis-Isaac Le Maistre de Sacy est venu tenir compagnie à Antoine. Angélique s'inquiète qu'il ne cherche pas un refuge plus sûr où, de surcroît, il aurait plus d'espace, ce qui lui sera nécessaire en été. Il ne faut pas que la générosité de ses hôtes l'empêche de les quitter. Elle est soulagée quand son frère se résout à partir dans une maison de campagne chez un autre ami des Arnauld, à L'Haÿ-les-Roses, pour y être plus à l'aise. À Port-Royal, les religieuses ont fait le vœu de prier saint Joseph tous les jours pendant un an et de dire les litanies de la Sainte Vierge à sept heures et demie du soir pour le fugitif.

Angélique sait bien que le calme politique n'aura qu'un temps et que *De la fréquente communion* continue à susciter de violentes oppositions parmi les Jésuites. De fait, la reine déclare que le dernier ouvrage d'Antoine, publié en mars et intitulé *La Tradition de l'Église sur la pénitence*, est pire que le précédent et qu'elle fera ce qu'elle pourra pour le faire censurer à Rome.

Une famille prédestinée

Dans ses lettres à son frère, Angélique ne cesse de lui demander de se souvenir des pratiques de dévotion que Saint-Cyran avait dans sa prison, lui répétant de suivre son exemple, de se priver et de renoncer au confort, parce que le chemin de la persécution est celui de la pénitence et de la sainteté. Elle finit par lui avouer :

> Je vous regarde comme un homme qui est dans une affaire la plus importante qu'il puisse jamais avoir, où il y va de toute sa fortune, non seulement temporelle mais éternelle. Que, s'il y a des actions uniques pour ménager notre éternité, celle où vous êtes est des plus singulières. Vous êtes dans la possession du trésor qui a enrichi tous les saints. Notre bonne mère qui vous a commandé en mourant de souffrir et de mourir pour la vérité et à moi d'être votre mère, m'a comme laissé ce tendre amour qu'elle avait pour son benjamin. Je ne laisserai pas de prier Dieu qu'il fortifie de plus en plus sa grâce en vous[3].

Mais pour autant, l'exil de son frère l'accable. Il faut imaginer cette abbesse imposante malheureuse et ébranlée par la tournure des événements. Elle ne trouve la paix que dans l'exaltation du martyre, et c'est l'idée même de la souffrance supportée pour faire triompher ce qu'elle croit être la vérité qui l'apaise. La nécessité pour son frère de se cacher lui permettra de s'adonner aux travaux de l'esprit, ce qui lui sera plus profitable que de rendre des visites et d'être dans un mouvement perpétuel, se convainc-t-elle. L'ordre royal contraint Antoine à la solitude, ce que ses neveux ont fait par eux-mêmes, négligeant ce qu'avait de scandaleux la fuite du monde et des honneurs. L'exil de son frère est une manifestation évidente du rôle prophétique des Arnauld, car, dit-elle, « c'est une grande miséricorde que nous avons reçue de Dieu de connaître la vérité et la pureté du christianisme. Je me trouve très heureuse d'avoir part à une si heureuse persécution et je suis confuse que Dieu ait daigné choisir notre famille, tant les religieuses que ceux qui sont dans le monde, pour la rendre participante d'un bonheur aussi rare qu'utile et glorieux[4] ». Angélique affirme qu'Antoine est condamné à défendre les idées de Saint-Cyran, que les vexations sont proportionnelles à la sainteté de ceux qui les subissent, et elle associe l'ensemble de sa famille à ce miracle. Bienheureuse persécution !

Pensées changeantes

De la fréquente communion est bientôt attaqué par l'évêque de Lavaur, François d'Abra de Raconnis, qui prétend que le véritable auteur de l'ouvrage n'est pas celui dont le nom paraît sur la page de titre mais un autre qu'il ne nomme pas – en fait, Saint-Cyran. Un Jésuite, François Pinthereau, affirme la même chose. Il est évident que les approbations d'éminents docteurs en théologie et d'évêques, en particulier celle d'Octave de Bellegarde qui a jadis lancé l'affaire du *Chapelet secret*, protègent le livre et son auteur. Qu'Anne d'Autriche ne l'ait pas apprécié ne serait pas si grave si elle ne s'était pas ralliée, à la mort de Louis XIII, à une politique de modération qui relègue les catholiques zélés dans la seule sphère religieuse. Par leur intransigeance et leurs maladresses, les jansénistes constituent un obstacle aux desseins de Mazarin.

Angélique devient plus que jamais le pivot de la famille : elle conseille Robert vieillissant, elle soutient Antoine exilé, elle dirige l'abbaye avec ses sœurs et ses nièces. Elle est également absorbée par les soucis de la vie quotidienne qui la renvoient à ses limites. Agnès est malade et « pensa mourir le 21 juillet en un instant sans qu'on vît une autre cause qu'un seul mouvement de rire, sans rire néanmoins[5] ». Le médecin Victor Pallu a affirmé que ce n'était qu'un vent qui s'était mis dans les nerfs de la gorge. L'abbesse en tire une sorte de maxime : « Nous voyons le néant de notre vie qui se perd en un moment quelquefois et trop souvent très malheureusement. » Les soucis de santé se multiplient au fil du temps. La correspondance d'Angélique est émaillée de mentions qui soulignent le manque d'hygiène dans le couvent. Sa sœur Anne-Eugénie de l'Incarnation souffre d'érysipèle, qui est une inflammation de la peau provoquée par une bactérie, signale-t-elle à l'été 1644, tandis que son autre sœur, Catherine de Saint-Jean, a dû, six mois seulement après ses vœux, être saignée à deux reprises en six jours pour un motif inconnu.

Pour le moment, Angélique est préoccupée par son monastère. D'abord, elle se montre inquiète d'entendre Antoine Singlin parler de plus en plus de se retirer dans la solitude. Est-ce parce qu'il s'est dégagé de la conduite du fils de la princesse de Guéméné ? Il lui a dit que les habitudes qu'on lui avait laissé prendre étaient impossibles à perdre sans adopter des règles trop dures pour l'amour maternel. L'abbesse et son confesseur sont d'accord sur le fait que gens favorisés par la naissance sont d'une avidité décuplée par leur position et qu'il est très difficile de leur proposer comme idéal la pauvreté et l'humilité. La tendresse maternelle est incapable d'imposer toutes sortes de privations à un fils. De là, la certitude que la conduite évangélique n'est que pour les petits et les pauvres, et non pour les puissants qui ne renoncent jamais à l'ambition. Quoique émargeant au second ordre, les Arnauld ne lui paraissent pas devoir être classés dans la catégorie des privilégiés, soit que leurs métiers intellectuels (avocat, théologien, écrivain) ne donnent pas une assise sociale suffisamment éclatante à son époque, soit qu'ils ont volontairement renoncé aux honneurs.

Les motifs de satisfaction existent malgré tout. Angélique voit enfin l'achèvement des travaux de transformation et d'agrandissement de l'hôtel de Clagny acheté vingt ans plus tôt. L'étendue des bâtiments est spectaculaire et l'agencement intérieur est magnifique. Reste l'église pour laquelle elle a sollicité des donateurs. L'archevêque ordonne alors la visite, le 13 décembre 1644, de l'official et du grand pénitencier. Angélique redoute que ce dernier, qui a été l'un des huit docteurs à avoir signé contre le *Chapelet secret*, ne lui soit hostile. C'est le contraire qui se passe. Il se déclare si édifié du comportement, de la simplicité et de l'union perceptibles chez les sœurs à qui il s'adresse qu'il en témoigne publiquement sa satisfaction, et même, il promet à Angélique qu'il ne croira jamais plus rien de ce qu'on dira contre elle qu'il ne le vérifie par lui-même. L'official parle également en bons termes de la gestion du couvent. La visite se conclut donc favorablement. Aux sœurs réunies dans le chapitre, il déclare solennellement qu'il a trouvé la conduite de la maison bien réglée, une foi sainte, une charité sincère. Il les exhorte à persévérer.

Pareille scène se reproduira à plusieurs reprises. Les religieuses sont en émoi dès qu'un dignitaire de l'Église vient au couvent pour une visite d'inspection. L'abbesse s'inquiète des sanctions éventuelles, bien que son opinion soit déjà faite : le scandale est nécessaire pour que « les justes soient éprouvés », la souffrance morale purifie les cœurs. Elle est néanmoins soulagée que tout se passe bien. À chaque fois en effet, le visiteur ressort édifié, louant le spectacle entrevu et jurant de ne plus jamais croire les rumeurs calomnieuses.

Un nouveau triennat

Le 3 octobre 1645, Angélique est encore réélue abbesse de Port-Royal. Son frère Robert, qui vient l'en féliciter, s'ouvre à elle du projet qu'il caresse depuis quelque temps : se retirer définitivement aux Champs. Il se dit « dégoûté du monde ». Il y a savouré la vie tranquille lors d'un séjour en novembre de l'année passée et en est revenu conquis : « S'il y avait un paradis sur terre, il serait hors de mon pouvoir de m'imaginer qu'il fût ailleurs. » Il a écrit à son neveu Louis-Isaac Le Maistre de Sacy de demander à son fils, Charles-Henri de Luzancy qui, à vingt ans en 1642, s'y est retiré, de lui préparer un logement.

La retraite de Robert d'Andilly est moins radicale que celle de ses neveux et de son fils. Il a longtemps hésité parce qu'il est chef de famille, ayant la responsabilité de la carrière de ses fils et de la situation de ses filles, et enfin espérant sans doute encore être rappelé aux affaires. Simon, son fils puîné, marquis de Pomponne, lui a demandé pourquoi quitter le monde. Robert l'a imploré de ne pas se sentir abandonné car il n'est plus capable de résister à l'appel de la solitude. En réalité, les protestations de Simon sont de pure forme car sa carrière, sauf incident, est toute tracée. En 1642, le roi lui a donné l'intendance de Casal-Montferrat, siège d'une garnison dans le Piémont. Le duché de Savoie, qui est entre les mains d'un allié de la France, le duc de Nevers, est un passage clé vers l'Italie. La reine a accepté que les pensions du père soient reversées au fils qui est nommé dans la foulée conseiller d'État. Robert aime moins son fils aîné, Antoine, au caractère trop effacé pour plaire à un Arnauld. Il n'a pas réussi à percer dans la carrière militaire et il s'est tourné vers son oncle Henri qui l'a emmené à Rome. Tous deux sont chargés de missions diplomatiques par Mazarin auprès du nouveau pape Innocent X. En 1645, à vingt-neuf ans, Antoine est devenu abbé de Saint-Pierre-de-Chaumes en Brie, ce qui lui assure des revenus.

Parmi les filles, Marie-Charlotte de Sainte-Claire, vingt et un ans, est au noviciat de Port-Royal où elle prendra l'habit le 29 novembre 1647. Pour elle, Angélique est prête à faire une exception. Habituellement, les religieuses ne font « point d'assemblée aux prises d'habit », mais pour cette profession, elle se soumettra à ce qui conviendra à Robert car « c'est la dixième de notre nom qui se donnera à Dieu dans cette maison. Je prie Dieu que les deux qui restent accomplissent la douzaine[6] ». Le calcul est juste : Catherine, fille aînée de Robert, née en 1614, a été religieuse à Port-Royal et est morte en 1643 ; sa sœur puînée Angélique, née en 1624, a été la fameuse Angélique de Saint-Jean, future abbesse de Port-Royal qui a pris l'habit le 25 janvier 1644. Une autre sœur, Élisabeth, née en 1632, est morte à treize ans. En 1645, Angélique, sa mère et ses cinq sœurs ont été ou sont encore à Port-Royal, ainsi que trois filles de son frère Robert : Catherine de Sainte-Agnès qui est morte en 1643, Angélique de Saint-Jean et Marie-Charlotte de Sainte-Claire qui est professe. Elles sont donc bien dix, et les deux dernières filles de Robert deviendront religieuses à Port-Royal : Marie-Angélique, née en 1630, professe le 21 novembre 1654, et Anne-Marie de Sainte-Eugénie, née en 1631, qui à treize ans est encore pensionnaire.

De trop bons serviteurs du roi

Rien ne retient donc vraiment Robert dans le monde, mais sans doute espère-t-il toujours servir le roi. Cela fait dix ans qu'il est inemployé. L'attitude du pouvoir est ambivalente : la volonté d'éradiquer les jansénistes se heurte constamment à l'amitié portée aux membres de la famille Arnauld qui ont toujours été des fidèles soutiens et continuent de l'être. Anne d'Autriche tient Robert en haute estime. Elle a même songé à lui comme précepteur de Louis XIV : « Que pourrais-je faire de mieux que de mettre le roi entre les mains d'un homme à qui Dieu a donné le cœur d'un roi ? » Mais Mazarin a choisi un autre homme. Robert ne lui en tient pas rigueur, car Hardouin de Péréfixe, qui est docteur en Sorbonne, est un admirateur de *De la fréquente communion*. Il ne semble d'ailleurs pas que Robert ait été écarté pour ses positions religieuses, mais plutôt parce qu'il vient de rédiger un *Mémoire pour un souverain*, texte vif et audacieux où il prône l'interdiction des duels, l'abrogation de la vénalité des charges, la collation des bénéfices ecclésiastiques à des hommes de savoir et de piété, une meilleure répartition de la fiscalité et d'autres conseils qu'il juge utiles à un prince chrétien.

Toujours est-il que les Arnauld vivent dans l'angoisse d'une mesure policière à l'encontre des solitaires qui habitent aux Champs, et cette perspective calme encore les résolutions de retraite de Robert. On donne, dit Angélique, « tous les jours avis qu'on veut chasser les messieurs ». On grossit leur nombre, on les accuse de vouloir former une « nouvelle hérésie ». Ils ne sont pas cinquante, corrige-t-elle. Il y a deux prêtres « fort simples » pour dire la messe, Louis-Isaac Le Maistre de Sacy, « qui ne fait autre chose que de traduire des vies de saints », le médecin Victor Pallu et un chirurgien, Raphaël Moreau, qui s'est retiré en 1644, ces deux derniers faisant « la charité aux malades pauvres et abandonnés ». Chaque jour, ils sillonnent la campagne pour aller au chevet des malheureux et leur dispensent des remèdes. Il y a deux vieillards paralytiques qui s'occupent à étudier, quatre enfants et deux autres personnes, Charles-Henri de Luzancy, fils de Robert, et un gentilhomme, Pertuis d'Éragny de La Rivière, qui est un cousin du duc de Saint-Simon ; il a été huguenot et, s'étant converti, a désiré se retirer du monde : « Ces deux qui n'ont point étudié ont par charité pris le soin des labours que nous avons été obligés de reprendre, nos fermiers nous ayant quittés tous ruinés à cause des tailles[7]. »

En réalité, Mazarin est réservé quant à la dangerosité des jansénistes. On dit qu'il serait prêt à se déclarer officiellement en leur faveur si le duc de Liancourt donnait sa petite-fille en mariage à l'un de ses neveux. Le duc, ami d'enfance de Louis XIII et grand militaire, s'est rapproché des jansénistes en 1638 lors d'une grave maladie de sa femme. Il a rendu visite à Saint-Cyran en prison, il vient de prendre Antoine Singlin pour directeur de conscience et il confie l'éducation de sa petite-fille aux religieuses de Port-Royal. Dans les années suivantes, l'opinion du cardinal ne varie pas. En 1657, il déclarera que « ces personnes ne sont pas bien redoutables. Et cependant on a si bien prévenu l'esprit de la reine que Sa Majesté croit être obligée en conscience de les chasser comme des personnes très dangereuses. La reine est admirable dans l'affaire des jansénistes : quand on en parle en général, elle veut qu'on les extermine tous, mais quand on lui propose d'en perdre quelques-uns, et qu'il faut commencer par M. d'Andilly ou quelque autre, elle s'écrie aussitôt qu'ils sont trop gens de bien et trop bons serviteurs du roi[8] ». Quoi qu'en pense Angélique, la persécution attendra.

Chapitre XV

Port-Royal-du-Saint-Sacrement
1646-1648

Il ne se passe plus rien. Les années suivantes ne sont pas encore celles de la persécution. Au contraire, Port-Royal obtient de nombreuses formes de consécration avec le séjour de grandes dames, avec l'adoption d'un nouvel habit, celui de l'ancien Institut du Saint-Sacrement, avec la dédicace de la chapelle parisienne et avec la réélection, une fois encore, de la mère Angélique.

Les amies de Port-Royal

Les amies de Port-Royal protègent le couvent. Angélique se préoccupe souvent d'aller « séparer » ces dames, « car elles se gâtent les unes les autres. Une coiffure, un collet, une mode revient toujours à quelque propos sur le tapis. Cela n'est pas permis dans les conversations chrétiennes[1] ». La présence de bienfaitrices qui s'installent à demeure ou pour des séjours plus courts est indispensable à l'existence du monastère. Angélique doit composer avec cette part de mondanité. Au fond, même si elle s'en défend, elle aime le vent frais de la vie parisienne que ces dames font entrer dans un lieu dédié au recueillement.

Madeleine de Souvré, marquise de Sablé, dont le père a été précepteur de Louis XIII, vient aussi souvent qu'elle peut depuis son veuvage en 1640. Après un mariage malheureux et après avoir collectionné les amants et tenu, avec l'esprit fin et délié qui la caractérise, un salon littéraire très couru place Royale, elle s'est rapprochée de Port-Royal. En 1643, elle a donné à Antoine Arnauld une raison supplémentaire pour écrire *De la fréquente communion*. Se demandant avec la princesse de Guéméné si l'on pouvait dans la même journée communier le matin et se rendre au bal le soir, elles interrogent chacune son confesseur, le Jésuite Sesmaisons pour la première, l'abbé de Saint-Cyran pour la seconde. Du fond de sa prison, ce dernier demande l'aide d'Antoine Arnauld, ce qui a fait dire au mémorialiste François de La Rochefoucauld que ces deux dames étaient les fondatrices du jansénisme !

La marquise de Sablé converse longuement avec son amie la princesse de Guéméné et avec Marie de Gonzague qui se prépare à épouser le roi Ladislas-Sigismond de Pologne. Le contrat a été signé à Fontainebleau le 25 septembre 1645 et le mariage par procuration a lieu le 5 novembre dans la chapelle du Palais-Royal. C'est chez Angélique que la jeune reine s'installe plusieurs semaines pour préparer son voyage et composer sa maison. Elle part le 27 novembre, à trois heures de l'après-midi. Le roi et Anne d'Autriche viennent la prendre dans leur carrosse à l'hôtel de Nevers, la résidence de Mazarin, jusqu'à Saint-Denis, suivis de toute la Cour. La maréchale de Guébriant, nommée ambassadrice extraordinaire et surintendante de sa conduite en son royaume, et l'évêque d'Orange sont chargés de l'accompagner jusqu'en Pologne. Elle emmène un confesseur, François Fleury, un médecin, un secrétaire et une demoiselle de compagnie, Marguerite Josse, qui reviendra quelques années plus tard pour être religieuse à Port-Royal sous le nom de Marguerite de Sainte-Thècle.

Mlle de Gonzague a laissé son portrait dans sa chambre et les jeunes pensionnaires sont autorisées à aller l'admirer. Angélique assure que l'une de ses nièces l'a reconnue aussitôt et que « tous ceux qui l'ont vu disent qu'il est le mieux de tous ». L'abbesse de Port-Royal et la reine de Pologne s'écrivent régulièrement durant quinze ans jusqu'au décès d'Angélique. Celle-ci lui raconte la vie de tous les jours au couvent sans omettre de lui donner des conseils spirituels et pratiques. La reine lui adresse régulièrement des aumônes en reconnaissance de son amitié, qui la soutient face aux épreuves : une vie conjugale malheureuse avec deux maris successifs, le décès de ses enfants, des conflits militaires sanglants avec ses voisins. Si l'influence française grandit en Pologne, Port-Royal n'y est pas étranger, et inversement. À Paris, les affaires polonaises se traitent au parloir, et à plusieurs reprises, Angélique fournit des noms pour le service de la reine.

Scapulaire blanc et croix d'écarlate

Ces patronages illustres et la réputation du couvent, même si celle-ci est un peu sulfureuse, attirent. Tant de filles demandent une place pour être religieuses ou pensionnaires qu'Angélique n'a bientôt plus de quoi les loger. Elle a alors dans l'idée de revenir aux Champs. Le 10 septembre 1646, deux jours après ses cinquante-cinq ans, elle s'y fait mener pour voir s'il est possible d'y réinstaller une partie des quatre-vingt-dix-huit sœurs du faubourg Saint-Jacques. Revenir dans ce vallon sombre et solennel la bouleverse. Elle va faire son possible pour y retourner car « on y goûte la solitude et l'éloignement du monde qui est la vraie vie des religieuses. Dieu nous fasse la grâce d'imiter les premières religieuses qui y étaient, il y a plus de quatre cents ans et avaient une très grande vertu au commencement de notre ordre[2] ». La présence régulière de Robert d'Andilly est un atout puisqu'il effectue des travaux d'assèchement des marais ; les religieuses peuvent y revenir, « n'ayant plus peur du mauvais air qui les en avait autrefois chassées[3] ». Si l'assainissement de l'endroit est favorable, encore faut-il réhabiliter les bâtiments et entreprendre des restaurations. Ce déplacement signifie deux communautés. Mais lorsque les religieuses étaient arrivées à Paris en 1626, l'archevêque n'avait pas admis que certaines restent aux Champs et les avait obligées à rejoindre les autres. Allait-il permettre le mouvement inverse ? Le transfert Paris-vallée de Chevreuse est plus aisé car la communauté parisienne est en surnombre et ne risque pas d'être affaiblie par quelques départs. Pour faciliter l'opération, Angélique a l'idée de modifier le statut du couvent parisien, en changeant son nom.

Comme Henri est toujours à Rome avec son neveu pour négocier diverses affaires, elle les charge de faire les démarches pour elle. Tous deux demandent à Innocent X de lier l'ancien Institut du Saint-Sacrement à Port-Royal de Paris, qui s'appellera désormais « Port-Royal-du-Saint-Sacrement ». La protection de la reine de Pologne facilite l'opération et Angélique obtient que les sœurs portent l'habit de l'Institut supprimé. Elles en reçoivent l'autorisation de l'official qui prononce une fort belle exhortation sur la grâce que Dieu leur fait de les choisir « pour l'honorer au Saint-Sacrement et sur l'obligation qu'elles ont de l'adorer sans cesse[4] ». Singlin prépare les sœurs par une retraite de quarante jours, commencée le jour anniversaire de la remise de l'habit aux premières filles du Saint-Sacrement et achevée à la Toussaint.

Elles reçoivent toutes un scapulaire blanc où est cousue une croix d'écarlate pour désigner par ces deux couleurs le pain et le vin. Tous les ans, elles célébreront le jeudi le plus proche du jour où elles ont reçu l'habit « en action de grâce d'un si grand bienfait », car le jeudi est le jour où le Christ a institué l'eucharistie avant sa Passion. On ne touche pas à la règle de saint Benoît, car « les constitutions sont accommodées à cette dévotion » et elles ont déjà pris l'habitude de veiller le Saint-Sacrement jour et nuit.

État vaniteux du monde

Mère Angélique règne donc en souveraine sur une abbaye auréolée de l'intérêt des grands de ce monde. Mais son moral est fluctuant. On l'a vu, elle s'est fixé un nouvel objectif : revenir aux Champs. Ce projet occupe son esprit de sorte qu'elle juge toutes les nouvelles à l'aune de ce désir. Elle se tient informée de l'actualité et s'intéresse à ce qui se passe au-delà de la clôture. Elle fait prier pour le roi qui souffre de la petite vérole depuis le 11 novembre. Elle fustige la vanité humaine car les remèdes dont on a enduit le visage du petit Louis XIV sont réputés dangereux, « ce qui fait voir l'horrible vanité du monde d'hasarder une personne sacrée si importante à tout un royaume pour une vaine beauté[5] ». Elle apprend aussi que la reine de Pologne est tombée malade et craint pour sa vie. Elle s'afflige qu'une de ses nièces qui servait la reine à Port-Royal, n'ayant plus envie d'être religieuse, quitte le couvent. Elle la fait sortir pour voir « si peut-être Dieu ne lui fera point la grâce de se lasser du monde, quand elle en connaîtra les misères qu'elle ignore. Elle nous fait grande pitié[6] ».

Pour achever de fragiliser son moral, elle est clouée au lit, sortant à peine de sa chambre. Elle ne peut plus supporter « Paris et le monde » où se multiplient les crimes, les meurtres, le luxe, le mépris de Dieu, l'opposition à la « vérité » et à l'Évangile. Plus que jamais, elle aspire à « la retraite de l'ermitage des Champs pour n'entendre plus parler de ces misères innombrables ». Dès son rétablissement, elle se rend dans la vallée de Chevreuse pour voir la progression des travaux et estimer le délai avant de s'y établir. Elle se félicite de l'avancement des choses : « C'est une merveille de voir le silence, la modestie et la dévotion, même des valets, qui nous préparent les lieux avec une aussi grande affection que si nous étions des anges qu'ils attendent[7]. »

Mais le froid retarde l'achèvement de la clôture. Le déménagement est remis à l'année suivante.

Le complot jésuite

En ce début d'année 1648, Angélique s'inquiète de ce que les Jésuites travaillent toujours en sous-main à la destruction de Port-Royal, expliquant qu'on a persuadé Anne d'Autriche d'emprisonner le père Toussaint Desmares. Cet oratorien normand, formé par Bérulle et ami de Saint-Cyran, est un prédicateur talentueux et modeste, unanimement apprécié excepté des Jésuites qui voient en lui l'un des principaux fauteurs de troubles. On a « pressé plusieurs fois M. de Paris de l'interdire, ce qu'il n'a pas voulu faire, ne trouvant rien à redire à ses sermons où il assistait souvent. Enfin, le jour de la Purification, le 2 février 1648, ayant prêché à Saint-Merri pour y commencer le carême, il s'y trouva une si grande quantité de personnes et il prêcha si admirablement qu'on ne l'a pu souffrir[8] ». Menacé d'exil en Bretagne, Desmares a préféré disparaître. Le duc de Liancourt le loge dans son château près de Beauvais durant deux décennies. Le curé de Saint-Merri, Henri du Hamel, s'est alors résolu à prêcher le mercredi des Cendres sur les paroles que le prêtre prononce, déposant les cendres sur le front des fidèles : « Souviens-toi que tu es poudre et que tu retourneras en poudre. » L'assistance était « transie et ravie. Il y avait autant de fidèles qu'il y en avait au père Toussaint Desmares, ce qui fait trembler pour le bon curé qu'on ne lui fasse aussi quelque persécution[9] ».

Angélique est intimement persuadée du complot jésuite et croit que de multiples solliciteurs importunent la reine pour l'inciter à la persécution. Ne veut-elle pas ressembler à Charles Quint qui a mis beaucoup d'ardeur à détruire les hérétiques de son temps ? Mazarin, sceptique, lui a dit qu'elle provoquerait une tempête médiatique. Le reine lui a répondu, agacée, de se taire et qu'elle savait bien ce qu'elle faisait.

En réalité, c'est Antoine Arnauld que le pouvoir traque. Sur la rumeur qu'il héberge chez lui une quarantaine de personnes, le lieutenant civil, Antoine Dreux d'Aubray, se rend au faubourg Saint-Marceau chez Paul Le Pelletier des Touches, vingt-sept ans, rentier, dont la piété fait l'admiration des amis de Port-Royal puisqu'il vit modestement et donne tout aux pauvres. Le lieutenant n'y trouve que deux personnes, dont le neveu de Martin de Barcos qui est étudiant. Il se rend ensuite aux petites écoles du faubourg Saint-Jacques, cul-de-sac Saint-Dominique (actuelle rue Royer-Collard), où onze enfants sont instruits par cinq jeunes gens, dont trois bacheliers de la Sorbonne : Claude Lancelot, Pierre Nicole et Charles Wallond de Beaupuis. Le lieutenant civil est surpris de trouver « tout faux que ce qu'on lui avait rapporté et il a dit à ces messieurs qu'ils avaient des ennemis qui leur faisaient bien accroire », affirme Angélique qui n'est pas plus tranquille pour autant car les Jésuites disent ouvertement qu'ils sont résolus à poursuivre la « prétendue secte » et cherchent sans relâche Martin de Barcos et Antoine Arnauld[10].

Antoine Singlin semble également dans le viseur du pouvoir. En avril 1648, lorsque la Cour apprend qu'il a administré l'extrême-onction à la princesse de Guéméné souffrante, la dame d'honneur de la reine, violemment hostile aux jansénistes, déclare haut et fort « qu'elle n'eût pas voulu mourir entre ses mains, que cela était très dangereux[11] » parce qu'il était excommunié.

Retour aux Champs

Angélique arrive à Port-Royal des Champs le 13 mai 1648 vers deux heures de l'après-midi, avec sept religieuses professes dont sa sœur Catherine de Saint-Jean et deux converses. Les pauvres des environs sont accourus pour les accueillir. Traditionnellement, les sœurs leur faisaient l'aumône, on les regrettait depuis leur départ vingt-deux ans plus tôt. Les ermites installés là les reçoivent joyeusement. Ils chantent le *Te Deum*, leur laissent la place de très bon cœur pour se retirer dans une ferme au sommet de la colline. Pour la première fois depuis longtemps, Angélique s'avoue optimiste : « Je me porte si bien que j'en suis étonnée. Il y a près de trois ans que je n'avais eu autant de santé que depuis que j'y suis. Je ne songe pas s'il y a encore un Paris au monde[12]. »

Aux Champs plus encore que dans la capitale, la vie s'écoule avec calme et régularité. Les religieuses se lèvent à deux heures pour chanter les matines puis se recouchent jusqu'à cinq heures et demie. À six heures, elles chantent prime, à huit heures et demie, tierce, puis la messe, à onze heures, sexte. À onze heures et demie, elles déjeunent. Puis, c'est l'heure de la conférence où chacune se retire dans sa cellule pour lire. Elles chantent none à deux heures trente, vêpres à quatre heures. Le dîner est servi à cinq heures et demie. Les complies sont chantées à six heures et demie, avant le coucher. Entre les offices, elles travaillent par esprit de pénitence. Elles fabriquent leurs habits, leurs souliers, leur linge, les ornements de l'église, le « pain à chanter » – c'est-à-dire les hosties – et les cierges. Elles se confessent tous les quinze jours et communient les dimanches, jeudis et jours de fête. Pendant le carême, elles jeûnent jusqu'au repas du soir, constitué d'un potage et d'eau.

La consécration de l'église parisienne

Angélique se plaît à la campagne, mais se déplace régulièrement. La consécration de l'église abbatiale au printemps 1648 requiert sa présence à Paris où la duchesse de Longueville a posé la première pierre le 1er avril 1646. La dédicace a lieu le 7 juin 1648, jour de la Fête-Dieu, en présence de l'archevêque. L'architecte Antoine Le Pautre, dont c'est le premier bâtiment, s'est inspiré de l'église du noviciat des Jésuites (détruite dans les années 1800), au faubourg Saint-Germain, construite par l'architecte Martellange et qui a été son dernier chantier. Mais les dimensions sont moindres : cinquante et un pieds de long, une croisée et trois petites chapelles. Elle est, au dire de tous les observateurs, « si bien bâtie et tellement dans l'ordre de l'architecture que tous ceux qui la voient disent que c'est un petit chef-d'œuvre, qu'elle est la plus jolie et la plus dévote de Paris, quoiqu'elle soit des plus simples[13] ».

Plusieurs particularités sont notables : l'entrée, comme souvent dans les églises abbatiales, se fait par le bras gauche du transept et non par la façade qui n'a pas été achevée, les religieuses préférant la simplicité à l'ornementation. Le bâtiment ne possède pas non plus de coupole, car Angélique ne voulait pas de dôme. C'est ainsi que ce sanctuaire se démarque de l'art italien, romain en particulier, et qu'il affirme le début du classicisme français. À l'intérieur, le chœur, qui contient quatre-vingts chaises, est situé dans l'axe de la nef, ce qui favorise la vue de l'autel. Un rang réservé aux laïcs est situé entre la grille de la clôture et l'autel. Cette disposition fait du public le premier assistant à l'office, avant même les religieuses, placées derrière lui et séparées par une grille. C'est un signe de la volonté de faire de lui non de simples assistants, mais des participants, et d'insister sur le sacerdoce des laïcs tel que le vivent les messieurs aux Champs, « manière » qui a pu paraître « bizarre » à certains visiteurs. Derrière l'autel, un tableau représentant *La Cène*, de Philippe de Champaigne, rappelle d'importance de l'eucharistie, renfermée non dans un tabernacle mais dans une suspension permettant la prière perpétuelle devant le Saint-Sacrement. La chapelle de Paris est donc un manifeste de la spiritualité port-royaliste.

En septembre 1648, Angélique, laissant seule aux Champs la prieure Madeleine de Sainte-Agnès de Ligny, revient à Paris pour présenter sa démission et pour être réélue. De retour aux Champs, elle tombe malade d'une fluxion de poitrine. Elle crache du sang au point que sa sœur aînée accourt pour la soigner. Pour fortifier son poumon, les médecins décident de lui « donner une nourrice ». L'absorption de lait, visiblement, lui fait du bien. En décembre, son frère les rejoint *incognito*. Il confesse les religieuses tandis que Singlin prêche l'Avent dans l'église parisienne pleine à craquer.

Le 1er janvier 1649, de Port-Royal des Champs, Angélique écrit à sa sœur Agnès, prieure, et à la communauté : « C'est de tout mon cœur, ma très chère mère, que je vous souhaite et à toutes nos chères sœurs le bon jour et le bon an. Je vous supplie, ma chère mère et toutes nos sœurs, de demander la grâce à Dieu pour moi qui commence à entrer dans la vraie mortification des sens[14]. »

Chapitre XVI

La Fronde parlementaire
1649-1651

L'Histoire rattrape bientôt Port-Royal : le couvent parisien qui a servi de refuge vingt-cinq ans plus tôt, alors que celui des Champs était décimé par le paludisme, n'est plus un asile sûr. Dans la nuit des rois 1649 (6 janvier), Louis XIV a été emmené à Saint-Germain. Le Parlement veut imposer un gouvernement limité et supprimer les édits fiscaux qui mécontentent les Parisiens. Le 8 janvier, les troupes royales ont encerclé la capitale. C'est le prince de Condé qui mène le blocus de Paris face à son frère, le prince de Conti, nommé général en chef, qui a pris la tête des « frondeurs ». Jean-François Paul de Gondi, coadjuteur, est à ses côtés, installé au Parlement comme conseiller à la place de son oncle l'archevêque. Il vient de baptiser l'enfant dont la princesse de Longueville a accouché. La Fronde figera durant cinq ans la situation de Port-Royal vis-à-vis du pouvoir. Angélique s'absorbe dans la gestion de crise : assurer l'intendance du couvent de Paris assiégé et de celui des Champs bientôt menacé par les troupes armées, accueillir des religieuses d'autres couvents moins chanceux, s'occuper des pauvres gens – bref, montrer et faire savoir que les sœurs poursuivent leurs missions, alors que les politiques ne cessent de se déchirer, négligeant l'intérêt des populations.

Peur sur la ville

Le prince de Condé a pris le village de Charenton et coupe ainsi la route de la Brie par laquelle arrive habituellement le blé des Parisiens. Les soldats pillent la campagne alentour et on redoute qu'ils brûlent les faubourgs. Le 11 janvier 1649, l'abbesse juge à propos, pour mettre les sœurs en sûreté, de transférer Agnès avec trente des plus jeunes religieuses dans une maison, rue Christine, près du couvent des Grands-Augustins, qui appartient à un ami, Charles Maignard de Bernières, conseiller au Parlement de Paris et maître des requêtes. Elles s'y rendent à pied escortées par les parlementaires en robe. Marie des Anges Suireau, qui n'est plus abbesse de Maubuisson et est revenue en octobre, reste dans la maison de Paris avec les anciennes.

Le 12 janvier, l'Arsenal et la Bastille sont pris par les frondeurs. Dès qu'ils l'apprennent, les messieurs des Champs partent porter de la farine et d'autres provisions aux sœurs enfermées dans la capitale entourée de troupes. Sur tout le trajet, ils récitent des *Gloria Patri* pour ne pas être attaqués. Singlin fait courageusement plusieurs fois le trajet à cheval pour donner des nouvelles et apporter des vivres.

Aux Champs, le nombre des nécessiteux ne cesse d'augmenter. Ce sont quelque cent cinquante misérables qui se pressent pour recevoir des secours. Angélique est fière de son invention pour le potage des pauvres. Elle remplace le blé, dont le prix est exorbitant, par un petit mouton ou des viscères. On cuit la viande puis on la retire, on la hache, on y met pour quarante sols de pain coupé très fin et on fait bouillir tout cela avec des choux.

Les sœurs ont rassemblé le bétail dans l'enceinte conventuelle pour éviter les vols. Elles abritent les chevaux et les ânes sous leurs chambres en face du chapitre. Une cave accueille une quarantaine de vaches et aussi des pauvres gens qui s'y sont réfugiés. La cour est remplie de poules, dindons, canes et oies car, quand elles disent aux paysans qu'elles ne peuvent pas les recevoir, ils répliquent : « Prenez-les pour vous si vous les voulez, nous aimons mieux que vous les ayez que les gens d'armes. » Elles sont bien obligées d'ouvrir leurs portes pour accueillir tout le monde. L'église sert d'entrepôt. Elle est si pleine de blé, d'avoine, de pois, de fèves, de chardons et de toutes sortes de choses qu'il faut marcher dessus pour accéder au chœur dans lequel on stocke les livres des messieurs.

S'ajoute le froid hivernal alors que la Seine est en crue et que Paris est sous les eaux. Le bois manque, personne n'est allé en chercher dans les forêts car il est dangereux de se déplacer. Tout cela n'empêche pas Angélique de se réjouir quand elle compare son sort à celui des déshérités : « La misère extrême des pauvres, qui logent dans les bois pour n'être pas volés ou tués, nous fait voir que Dieu nous fait trop de bien[1]. »

Henri, évêque d'Angers

Henri, rentré de Rome en juin 1648, a rejoint ses sœurs aux Champs. C'est là qu'il apprend, le 30 janvier 1649, que le roi le nomme évêque d'Angers pour succéder à Claude de Rueil mort la veille. Mazarin récompense ainsi son loyalisme. Cette désignation est pourtant surprenante quand on pense que leur frère Antoine vit dans la clandestinité, que les familles sont très solidaires et que les carrières des uns influent sur celles des autres. Cela illustre bien à la fois l'ambiguïté du mot « persécution » pour cette période et l'estime dans laquelle le pouvoir politique tient les Arnauld dont il connaît le loyalisme.

La promotion d'un Arnauld au début de la Fronde marque la puissance de Mazarin. En effet, les nominations se discutent au sein du Conseil de conscience composé de membres hostiles au jansénisme tels le chancelier Séguier ou Louis Bail, le pénitencier qui est le prêtre français auquel sont accordés des pouvoirs spéciaux d'absolution de péchés graves réservés au pape. Vincent de Paul, confesseur d'Anne d'Autriche, qui en fait partie, est dans une position difficile, comme il s'en ouvre à Jean d'Horgny, un prêtre de la Mission, société qu'il vient de fonder pour l'évangélisation des pauvres des campagnes. Il préfère rester neutre, notamment pour ne pas indisposer Mazarin, mais il n'en pense pas moins car il se souvient des positions extrêmes de Saint-Cyran qui, un jour, avait paru souscrire aux critiques de Calvin envers l'Église et la papauté. Vincent de Paul s'inquiétait aussi des déclarations du curé de Saint-Sulpice selon lequel il y avait eu à Pâques trois mille communiants de moins que les années précédentes, et à Saint-Nicolas-du-Chardonnet, mille cinq cents. Or, si trop de gens communient « légèrement », la lecture du livre d'Antoine Arnauld, au lieu de les inviter à la fréquente communion, les en écarte plutôt. Mazarin a néanmoins réussi à imposer un ecclésiastique dont il ne doute pas de la loyauté. Celui-ci s'empresse de rejoindre Angers pour occuper son siège épiscopal avant même que les bulles ne lui parviennent car il sait que sa présence rassurera les habitants alors que la province s'est soulevée. Il use de ses talents diplomatiques pour calmer les insurgés tout en préservant les intérêts de ses ouailles. L'abbé mondain, amateur de littérature, qui a défendu les intérêts français et rendu de grands services diplomatiques à Rome, se mue en un pasteur ardent, réformateur admiré pour sa dignité et son engagement.

Le 11 mars, est signée la paix de Rueil entre le roi et le Parlement. Le blocus de Paris est levé. La mère Agnès et ses religieuses retournent dans leur couvent du faubourg qui a été épargné. Le 1er avril, la paix de Saint-Germain ramène le calme, mais on craint de ne pouvoir repousser l'invasion espagnole qui menace en Picardie. En juin, l'évêque d'Angers est revenu à Paris pour attendre sa provision canonique. Il loge rue de la Verrerie, dans sa maison natale, avec son neveu l'abbé Antoine qui l'assistera jusqu'à la fin de sa vie. Il va devoir attendre un an.

Anecdotes

Lorsque le roi fait son entrée dans la capitale, les attaques reprennent immédiatement. Dès le 1er juillet, le syndic de la faculté de théologie de Paris présente cinq propositions sur la grâce extraites de l'*Augustinus* et en réclame la condamnation. Il est décidé de demander au pape de statuer. En attendant, Singlin se voit interdit de prêcher par l'archevêque après un sermon prononcé le 28 août 1649 pour la fête de saint Augustin. Tout un concours de gens est venu l'entendre : cinq évêques, le duc de Liancourt et son beau-frère le maréchal de Schomberg, plusieurs dames de la société. Mgr de Gondi a pris sa décision parce qu'on lui a dit que le prêche avait porté sur la grâce. Angélique comprend mal que cet homme qui a « très excellentes qualités, entre autres une considération singulière pour les gens de mérite et un fort grand désir de les avoir pour amis[2] », ait ajouté foi à des ragots. Elle compte sur le soutien de l'archevêque et ce revirement l'ébranle. Elle se permet de lui écrire en septembre. Toutefois, les menaces n'entament en rien l'enthousiasme de ses frères et de ses amis ecclésiastiques. L'activité éditoriale des Arnauld ne cesse pas. Robert d'Andilly publie anonymement un *Avis à la reine* où il reprend son *Mémoire pour un souverain* de 1643. Il y parle de la paix, du bon gouvernement et de la réforme de la fiscalité. La menace ne dure pas : Antoine Singlin, qui s'est défendu avec force et soumission, est rétabli par l'archevêque qui est présent au premier sermon qu'il fait le jour de l'an 1650.

Le 15 août précédent, son frère Antoine est venu la trouver tout confus, chargé d'une commission par les sœurs qui ne savaient comment annoncer à leur abbesse que le troupeau de cinq cents moutons qui pâturait dans un pré avait été attaqué durant la nuit par les loups et qu'un seul avait été retouvé en vie, les autres ayant été soit mangés, soit blessés, ou s'étant enfuis. Elle éclata de rire à la pensée qu'on avait cru que cela la fâcherait. Aussitôt, elle a fait préparer et distribuer aux pauvres des alentours tous les moutons estropiés et blessés que l'on retrouvait de tous côtés parmi les champs. Ç'a été, se souvient-elle, « une fête bien solennelle pour le pays car il n'y avait si pauvre ménage où la broche ne tournât ». Pendant la conférence qu'elle a donnée aux sœurs l'après-midi, elle a parlé de « l'indifférence où l'on doit être pour tous les événements de la vie dans lesquels il ne faut jamais considérer que la volonté de Dieu. Les véritables misères sont éternelles. Si je voyais le monastère de Port-Royal de Paris brûler de devant moi et en étant sortie, même si je ne savais où aller me réfugier, j'aurais de la joie de penser que ce feu n'est pas encore celui de l'enfer[3] ».

Port-Royal des Champs s'organise avec les ressources locales. Louis-Isaac Le Maistre de Sacy s'est rangé aux avis d'Antoine Singlin et de Martin de Barcos. Lui qui redoutait la grandeur du ministère a néanmoins été ordonné le 21 décembre 1649 et il célèbre sa première messe aux Champs le 25 janvier de l'année suivante. Il prend la direction des solitaires et des religieuses. On s'accommode de sa froideur extérieure, alors que son cœur est ardent. Il vient de faire paraître des *Heures* et en a donné un exemplaire à la marquise de Maignelay, la sœur de Mgr de Gondi, qui les a trouvées agréables, ce qui présage d'une protection renouvelée.

À peu de temps de là survient la disparition du médecin Victor Pallu. « C'est une perte incomparable, mais il faut remercier Dieu du temps qu'il nous l'a laissé[4] », déclare Angélique. Jean Hamon, médecin réputé, se propose pour le remplacer. Habitant la paroisse Saint-Merri, il a renoncé à se marier et a vendu tous ses biens avant de se retirer aux Champs où il exerce les fonctions tantôt de jardinier, tantôt de secrétaire d'Antoine Arnauld. Il s'astreint alors à une discipline de vie plus austère encore : il enseigne aux petites écoles et soigne les pauvres des environs. Comme il se tient à l'écart des débats religieux, il sera le seul solitaire autorisé à rester sur place après l'expulsion générale en 1664. Il a eu Jean Racine pour élève, qui demandera à être inhumé dans le cimetière au pied de sa sépulture.

Le calme avant la tempête

Le prince de Condé, désormais opposant, le prince de Conti et le duc de Longueville, leur beau-frère, sont arrêtés le 18 janvier, mais l'armée des Princes monte vers Paris depuis la Guyenne. La perspective de la reprise des hostilités en région parisienne terrifie les habitants.

Le 4 avril, Henri Arnauld est définitivement promu évêque après que Rome a décidé de lui accorder les bulles. Il prête serment entre les mains du roi le 12 mai et le sacre est fixé au 29 juin à Port-Royal de Paris. Le prélat consécrateur est Victor Bouthillier, devenu archevêque de Tours et métropolitain d'Angers, qui lui aussi approuve *De la fréquente communion*. Au premier rang de la clôture, elles sont toutes là : les sœurs Angélique, Agnès, Catherine et Anne-Eugénie et leurs nièces, filles de Robert, Angélique de Saint-Jean (qui a prononcé ses vœux le 25 janvier 1644) et Marie-Charlotte de Sainte-Claire (qui a fait de même le 29 novembre 1647). À une sœur qui la félicite, Angélique répond : « Vous en êtes bien aise, et moi j'en suis bien fâchée de crainte qu'il ne succombe à une terrible charge[5]. »

L'été se passe sans autre trouble que les négociations pour faire libérer les princes et une brève agitation à Bordeaux. Singlin a reçu plusieurs messieurs qui veulent, comme le dit Angélique, « se convertir », c'est-à-dire changer de vie : l'abbé Sébastien-Joseph du Combout de Pontchâteau, Léon Bouthillier de Chavigny, Guillaume Dugué de Bagnols et Louis-Charles d'Albert, duc de Luynes. Tous se rapprochent de Port-Royal. Mais le prosélytisme n'est pas du goût de tout le monde. Louis Macquet annonce dans une lettre qu'il veut quitter les Annonciades de Boulogne en raison de « la grande persécution qu'on lui fait ». Cela fait cinq ans qu'il tente d'introduire « un plus grand respect de la communion », c'est-à-dire des moments où les religieuses se privent de communier, selon la pratique qu'Angélique s'impose à elle-même. Mais l'une des sœurs exhorte ses compagnes à se soustraire à cette rigueur et à retourner sous l'autorité des Cordeliers. Macquet cherche en Angélique des conseils avisés et une posture de solidité : elle fait figure de mère attentive et affectueuse. Il s'adresse sans relâche de manière authentique à sa « bonne et très chère mère », signe ses lettres « votre très humble enfant et très obéissant serviteur », ne cesse de la remercier des « infinies obligations que [sa] charité a acquises sur [lui] par une continuelle suite de grâces et de bienfaits depuis si longtemps[6] ».

La mort rôde

Le 7 septembre 1650, Angélique écrit qu'elle achève ce jour sa cinquante-neuvième année, âge avancé à l'époque. Elle ne se met pas au lit et n'a pas de fièvre, mais elle se défait peu à peu, si bien qu'elle ne croit pas durer encore très longtemps. Les premières religieuses réformées sont désormais toutes âgées ou infirmes et il y a continuellement des malades. La santé de sa sœur Anne-Eugénie inquiète régulièrement : elle a de multiples accès de fièvre et de fréquentes dysenteries ; « comme elle a un méchant foie, sa maladie pourra bien se terminer en hépatite[7] », prévoit Angélique.

Depuis qu'elle a passé le cap de la quarantaine, elle ne cesse d'exprimer une lassitude physique et morale qui lui fait envisager sa fin prochaine. La mort la terrorise et l'invite à redoubler de pénitences. Elle confesse être lasse de lutter perpétuellement contre ses fautes. Trop bavarde, trop prompte, trop impatiente, trop superficielle, trop autoritaire, trop orgueilleuse, elle ne se corrige pas. L'unique perspective qui lui donne du courage est celle d'accéder à la sainteté :

> Il faut beaucoup de grâces de Dieu pour mépriser le monde et cependant il est impossible de plaire à Dieu sans cette grâce. Mais aussi il est impossible de haïr le monde sans que le monde nous haïsse, nous méprise et nous tienne pour insensés comme il a fait pour le Fils de Dieu et pour tous les saints[8].

Mais au jeu de la Grande Faucheuse, ce n'est jamais Angélique qui est appelée. Le 5 octobre 1650, elle perd son neveu Simon Le Maistre de Séricourt à trente-huit ans. Malade du poumon depuis dix-huit mois, il a reçu l'extrême-onction quelques semaines plus tôt. Sa mort est perçue comme celle d'un saint, puisqu'il a pu s'y préparer, attendre en paix et sans inquiétude. Ses deux frères, Antoine Le Maistre et Louis-Isaac Le Maistre de Sacy, qui l'ont veillé pendant son agonie, sont admiratifs de celle-ci et accablés de chagrin. L'abbesse n'a pas osé en parler immédiatement à sa mère, sœur Catherine de Saint-Jean, qui aimait beaucoup ce fils et dont la santé était chancelante. Elle est tombée malade à son tour en apprenant la nouvelle. Très vite, les médecins la jugent incurable.

Sa mort survient le 22 janvier 1651 après quinze mois de fièvre. Un quart d'heure avant sa mort, elle avait encore son jugement et parlait fort bien. Son fils prêtre l'a confessée et assistée. Elle s'est éteinte tranquillement. Antoine Singlin est venu la voir deux fois, mais il n'a pu être là pour son agonie. Elle est enterrée aux Champs près de son fils. Agnès est profondément affligée. Angélique avoue que cette disparition lui est « plus sensible qu'aucune autre ».

Les temps changent

Le 6 février, la situation se retourne. La Fronde parlementaire et la Fronde des princes s'étant rejointes, le Parlement réclame à la reine l'éloignement de Mazarin. Le 11, elle accorde la libération des princes qui paradent dans la capitale. Est-ce promesse de la paix civile, enfin ?

En tout cas, Angélique éprouve moins de craintes. Il y a aux Champs cent vingt-huit personnes, religieuses, solitaires et domestiques. Elle a prévu de partir pour Paris à la Saint-Jean et d'y achever son troisième triennal. En fait, la duchesse de Luynes, qui est en Touraine, lui a demandé l'hospitalité pour quelques jours, après le 16 juillet. Mais Angélique se voit contrainte de partir avant l'arrivée d'une autre amie, Anne Amelot, l'épouse de Charles Maignard de Bernières, qui a décidé de venir passer sa fête, le 25 juillet, dans la vallée de Chevreuse. C'est à cette époque que sa nièce, Angélique de Saint-Jean Arnauld, vingt-sept ans, commence à l'accompagner dans la plupart de ses déplacements.

En septembre, les événements se bousculent. Le 7, le roi est déclaré majeur. Il s'agit d'un tournant dans la guerre civile puisque la plupart des frondeurs vont se rallier progressivement à lui. Le cours des événements reprend. Angélique fête ses soixante et un ans le lendemain. Le 13 septembre, la duchesse de Luynes meurt en couches à seulement vingt-sept ans. Elle a mis au monde une fille, Thérèse, et un fils, Félix, qui vivront moins d'un mois. La naissance de jumeaux est toujours une exception à cette époque : il est rare que la mère et les enfants y survivent. La duchesse laisse deux fillettes nées en 1645 et en 1646, déjà pensionnaires à Port-Royal. Depuis une année, les Luynes ont quitté la Cour et se sont retirés près des Champs à Vaumurier. Sur un vaste terrain qu'ils ont acheté aux religieuses le 1er mai 1651, à cent pas du monastère, ils font construire « une superbe solitude » avec un parc de soixante arpents – à peu près vingt hectares – « dans le dessein d'y passer le reste de leurs jours ». Le duc s'y retirera seul. Pour le moment, il se trouve chez des amis à une lieue en attendant que la maison soit habitable. Il fait porter la dépouille de sa femme pour l'inhumer dans l'église des Champs, choisissant lui-même la sépulture, et y fait placer aussi les jumeaux. Il a congédié et indemnisé le personnel. Le duc de Luynes vivra longtemps avec les solitaires et écrira plusieurs ouvrages de morale et de piété. Il se remariera dix ans plus tard avec Anne de Rohan qui lui donnera huit enfants.

Enfin, la nièce d'Angélique, qui servait la future reine de Pologne quand elle venait à Port-Royal et qui est retournée dans le monde, a brusquement changé de cap. Alors qu'elle entendait la messe à Saint-Germain-l'Auxerrois, « Dieu, raconte Angélique, lui changea le cœur de telle sorte qu'ayant un amour très grand pour la société où elle réussissait trop bien et un éloignement terrible de la vie conventuelle, elle eut ensuite tout le contraire et nous vint prier avec tant d'affection de la faire entrer que nous eûmes bien de la peine à la faire attendre huit jours après lesquels nous la reçûmes en octobre 1651[9] ».

Dernière élection

Le 29 novembre, Angélique est réélue pour une quatrième triennale dans une joie indescriptible, ce qui est exceptionnel puisque les statuts ne prévoient pas plus de trois élections de suite. Personne ne s'attendait à ce qu'à son âge elle soit à nouveau désignée par les sœurs à leur tête. Beaucoup y voient un signe surnaturel. Les nombreux témoignages d'affection qu'elle reçoit en cette occasion flattent sa vanité et lui procurent un bonheur ineffable. Elle souligne qu'il a paru dans cette élection « quelque chose d'extraordinaire, ce qui ne [l']empêche pas de beaucoup craindre, connaissant [son] extrême faiblesse[10] ». Mais – c'est devenu un réflexe chez elle – dès qu'elle se laisse aller à se réjouir de sa position, elle tempère ses propos en avouant ses imperfections. Il est vrai qu'elle a été à ses dernières heures et a dû recevoir l'extrême-onction, parce que les médecins l'avaient condamnée. Elle traîne un fond de rhume qui la maintient à Paris plus longtemps que ce qu'elle ne voudrait. Singlin, dont les conseils sont des ordres, ne juge pas non plus à propos qu'elle reparte si vite.

Elle a au moins la satisfaction de la compagnie de la marquise d'Aumont, Anne Hurault de Cherveny, venue s'installer avec sa servante au couvent. Celle-ci la persuade de lire le livre du Jésuite Jean de Brisacier, recteur du collège de Blois, qui a repris l'offensive avec *Le Jansénisme confondu*. Mais cette lecture afflige l'abbesse par son ton outrancier et outrageux car les religieuses y sont traitées d'hérétiques. Scandalisée qu'un ecclésiastique ose publier « de si horribles impostures et de si étranges calomnies », elle écrit incontinent à Gondi qui les soutient depuis des années : « J'ose vous dire, Monseigneur, qu'en nous faisant justice vous la ferez à vous-même puisqu'ayant l'honneur et la bénédiction d'être sous votre conduite, ce père, en nous diffamant, la veut rendre méprisable. Il veut vous accuser vous et tous vos officiers de souffrir que des religieuses vivent dans votre propre ville en hérétiques et en toutes sortes de désordres qui nous rendraient dignes des plus grands châtiments[11]. »

La plainte rencontre l'oreille bienveillante de l'archevêque. En janvier 1652, il censure le livre de Brisacier au motif qu'il a noirci la candeur des sœurs et offensé leur dignité car elles sont « pures et innocentes[12] ».

CHAPITRE XVII

La Fronde des princes 1652-1653

Lorsqu'Angélique s'en retourne aux Champs, « le froid est revenu les voir », mais les religieuses « ont de si puissantes armes contre lui qu'elles émoussent facilement les pointes de sa rigueur ». Tout le monde se porte bien, personne n'est alité. Seul Singlin est si « enrhumé qu'il a eu beaucoup de mal à achever son sermon ». Quant à elle, toute travaillée par ses incommodités ordinaires, elle ne fait presque rien[1].

Si les parlementaires sont rentrés dans le rang quand la majorité du roi a été prononcée, il n'en est pas de même des princes qui continuent à en vouloir à Mazarin. Tous les jours, elle voit passer des soldats que l'on emmène pour grossir l'armée des princes. Elle ne les estime pas dangereux car ils ne s'arrêtent pas et n'ont donc pas le loisir de nuire.

Une abondante correspondance

L'occupation principale de l'abbesse est d'envoyer des lettres un peu partout. Elle écrit à une religieuse de Notre-Dame de Liesse qui souhaite venir à Port-Royal, à la reine de Pologne qui a perdu une fille mais qui se trouve de nouveau enceinte, à la mère prieure de Gif-sur-Yvette, Madeleine de Mornay de Villarceaux, qui tremble pour ses sœurs. « Si elles avaient un bon lieu à se retirer toutes ensemble sous une bonne discipline, estime Angélique, il n'y aurait pas grand mal de sortir, mais si elles s'en vont chacune de son côté, je trouve que c'est cher aller chercher le mal au lieu de le prévenir[2]. » Elle se focalise sur les principes de la vie en communauté que rien ni personne ne devrait remettre en cause. Et se montre disposée à accueillir, comme elle l'a déjà fait, derrière les murs de son couvent celles qui souhaiteraient rester en clôture.

Ses correspondants ne résident pas tous aussi loin qu'en Pologne. Elle écrit par exemple, le 17 janvier 1652, à Nicolas Lévesque, curé de Gerberoy et ancien principal du collège de Beauvais, qui effectue une retraite aux Champs. Il traduit, avec Antoine Le Maistre, les écrits de saint Jean Chrysostome sur le sacerdoce. Il réside à moins de cinq cents mètres, mais ni sa santé ni celle de la vieille abbesse ne leur permettent de se rencontrer :

> N'ayant pu avoir l'honneur, Monsieur, de vous voir à notre arrivée et de vous saluer, j'ai cru être obligée de le faire très humblement par ce mot et de vous dire en même temps la joie que j'ai eue d'apprendre que votre santé est meilleure qu'elle n'a été, dont je bénis Dieu de tout mon cœur, et aussi d'avoir appris que vous charmez saintement vos douleurs de la goutte par le travail si utile à l'Église de la traduction des vies des saints. Je vois que les saints dont vous rendez la vie plus connue et ceux qui le deviendront par leur imitation joindront leurs prières pour vous obtenir un surcroît de bénédiction de Notre-Seigneur pour récompense de votre peine. Que vous êtes heureux, Monsieur, d'avoir passé des vains et pernicieux amusements de la Cour dans les saints exercices d'un vrai solitaire. Qui si vous y souffrez des peines, c'est un sujet d'espérance que Dieu vous y couronnera. Je prie le grand saint d'aujourd'hui, saint Antoine l'ermite, qui est le premier et le plus courageux de tous ceux qui ont combattu dans

la solitude de vous obtenir bonne part à son invincible constance. Obligez-moi de vous souvenir de moi en vos saintes prières[3].

Écrire redonne des forces à Angélique, et c'est avec allant qu'elle entame le printemps malgré les bruits de reprise de la guerre. Le 1er mars, elle s'adresse à la reine de Pologne pour la féliciter de son heureux accouchement qu'elle vient d'apprendre, se permettant de lui donner sur les bébés des avis entendus de la bouche de sa défunte sœur Catherine. Elle rédige avec une plume habituée au langage imagé, qui reflète le rythme de la conversation ; elle touche à de nombreux sujets et parle simplement de la vie de Port-Royal.

Se préparer à la guerre

Les messieurs ont profité du répit pour organiser la défense du monastère sous la direction du duc de Luynes qui vient chaque jour superviser l'avancement des travaux. Il s'agit d'abord de consolider l'église et de l'assainir en la rehaussant de huit pieds, soit un étage. On y descendait par un escalier et son soubassement enterré la rendait très humide, donc insalubre et dangereuse pour la santé. Désormais, l'entrée est de plain-pied avec le dortoir. Les religieuses affirment qu'on n'y sent plus du tout de froid humide. Certaines regrettent que leur tête touche les chapiteaux, mais l'abbesse n'en a cure, peu sensible à l'architecture et à la décoration. On crée également une quarantaine de cellules pour accroître les capacités d'accueil. On consolide les murailles et on bâtit onze tours de guet en un mois avec deux cent cinquante ouvriers. Enfin, on creuse une ligne de communication entre le château du duc de Luynes à Vaumurier et l'abbaye.

Angélique s'enthousiasme :

> Nous avions ci-devant des gentilshommes pour cordonnier, à cette heure nous avons un duc et pair pour maître d'œuvre et qui fait valoir son autorité couverte de sa charité d'une manière admirable. C'est lui qui par charité et par affection nous fait bâtir trois fois autant de cellules et rehausser notre église pour la rendre saine. Il m'a dit qu'il aurait aimé être maçon et charpentier pour les faire de ses propres mains[4].

Toute cette dense activité ragaillardit l'abbesse : « Je rajeunis tous les jours et je suis effrayée de me voir dans nos tracas trotter comme à vingt-cinq ans. C'est sans doute l'effet des tablettes de rhubarbe que je me suis résolue de prendre. Enfin, cette maison n'est plus appelée la délaissée mais la rétablie. Pourvu que Dieu nous tienne loin de tous les gens de guerre nous serons trop heureuses[5]. »

Les ermites soldats

Le 11 avril, Condé est entré dans Paris et Turenne a placé ses troupes autour de Châtres (aujourd'hui Arpajon) qui n'est qu'à quatorze lieues de Port-Royal, soit une journée à cheval, pour empêcher que les armées venant du sud et de Lorraine ne se rejoignent. Angélique décide alors de fuir les Champs avec la cinquantaine de sœurs, ne laissant que quelques servantes âgées mais valides pour assurer l'intendance. Le 25 avril, elles sont à Paris, tandis que les ermites se retirent dans le château de Vaumurier.

Luynes a donné les ordres durant la nuit pour déménager les meubles et les faire porter dans son château. Il a fait parquer les chevaux et les vaches dans les fossés. Il a posté une trentaine d'hommes, armés de fusils et de mousquets, pour garder le monastère. Ils sont là pour repousser les « coureurs », c'est-à-dire les soldats envoyés en éclaireurs.

À l'intérieur, les soldats montent la garde, dorment sur la paille et prient ensemble.

Le Saint-Sacrement a été ôté de l'église et porté solennellement jusqu'au château pour le mettre en sûreté. Les ermites le veillent jour et nuit à tour de rôle. C'est une précaution nécessaire car des rumeurs circulent selon lesquelles des mercenaires polonais et allemands l'ont volé puis piétiné dans plusieurs églises de la région.

Dans la précipitation, on a oublié de faire le potage des pauvres, lequel en nourrit deux cents qui sans cela n'ont aucune nourriture. Louise, qui garde la maison avec trois autres femmes de son âge et réside au château, a demandé au duc : « Mon bon monsieur, vos armes sont des fusils et des mousquets, mais la grande chaudière de mes pauvres c'est un gros canon, il faut la rétablir, s'il vous plaît[6]. » Ce qui est fait.

Les ermites prennent l'épée. Avec les habitants des environs, Luynes a formé quatre compagnies de plus de trois cents fusiliers commandés par les solitaires dont plusieurs sont d'anciens militaires. Il y a notamment André Pizon de La Bétoulat, sieur de La Petitière, chevalier de Saint-Michel, qui a été la meilleure épée de France, sur qui Richelieu se reposait pour sa propre sécurité. Il a appris le métier de cordonnier qu'il exerce aux Champs. Les autres messieurs s'adonnent plutôt au travail intellectuel : Lancelot vient de publier sa *Nouvelle méthode pour apprendre la langue latine*, les autres éduquent les enfants. Ces troupes improvisées montent la garde avec succès.

La protection organisée par Luynes se montre efficacce. Les gens de guerre ne forcent pas la porte du monastère alors qu'ils pillent les environs. Un millier d'hommes du régiment d'Apremont ont été logés dans la ferme des Granges sans faire de dégâts. Les soldats, qui savaient que l'abbaye était peine de gentilshommes et d'anciens officiers de guerre, n'ont pas osé s'en approcher.

Exemplarité du monastère parisien

Le monastère de Paris est plein à craquer. Certaines semaines, Angélique a compté jusqu'à deux cents personnes. Il accueille aux offices des religieuses réfugiées dans leur famille. Leur présence fait taire les rumeurs, car elles sont ravies des sermons d'Antoine Singlin. Étonnées de trouver des images et des bénitiers, d'entendre dire les litanies et de voir communier, elles reconnaissent qu'on leur sert des fables sur les prétendues hérésies. Le jour de la Pentecôte, des sœurs venues de douze monastères sont présentes, ce qui fait plus de cent personnes à table.

Le 25 mai, à huit heures du soir, arrivent à Port-Royal vingt-cinq religieuses et douze pensionnaires de la congrégation Notre-Dame d'Étampes qui fuient le siège du prince de Condé. Elles sont venues en 1629 de Lorraine où Vincent Fourier les a instituées pour l'éducation des petites filles avec le soutien de l'archevêque de Sens. Elles ont parcouru quatorze lieues à pied et n'ont pas mangé de la journée. À la première maison du faubourg, elles ont demandé où se retirer pour une nuit et on les a orientées vers Port-Royal. Angélique les accueille et s'arrange pour les loger et leur servir un repas. Les sœurs de Notre-Dame-de-Liesse, dans les Ardennes, ont demandé de leur côté la permission à l'archevêque de venir se réfugier à Port-Royal. Douze bénédictines hébergées ont déjà fait savoir qu'elles souhaitaient y demeurer après guerre.

Jacqueline Pascal

Dans ce tourbillon, la vie conventuelle suit son cours. Le 26 mai a lieu une prise d'habit solennelle : Jacqueline Pascal devient Jacqueline de Sainte-Euphémie. C'est la sœur de Blaise Pascal, mathématicien en vue qui travaille sur le vide et la pression atmosphérique. À vingt-sept ans, elle est aussi douée que son frère, mais dans un autre domaine : elle a le don de la poésie et a déclamé dans sa jeunesse des vers improvisés sur les genoux de Richelieu. À la fin de l'année 1647, elle a commencé à écouter les sermons d'Antoine Singlin, sur les conseils de Jean Guillebert. Ce dernier, curé de Rouville, près de Rouen, où elle a longtemps vécu, a été le précepteur du pieux magistrat Charles Maignard de Bernières, puis l'ami de Saint-Cyran et désormais celui d'Antoine Arnauld.

Angélique a reçu la jeune fille avec plaisir et l'a mise sous la conduite de Singlin pour discerner sa vocation. Elle a continué à vivre chez elle en s'occupant de son père et de son frère, mais à la manière des religieuses. À la mort d'Étienne Pascal et alors que son frère la suppliait de rester encore pour qu'il s'habitue à sa nouvelle vie, elle est entrée à Port-Royal. Quatre mois plus tard, le 26 mai, elle a pris l'habit, en même temps qu'une des filles de Robert d'Andilly, Marie-Angélique de Sainte-Thérèse, dont on différait la vêture car depuis son entrée, elle était infirme. Robert d'Andilly et Blaise Pascal assistent tous deux à la cérémonie. Le frère de Jacqueline ne voulait pas qu'elle se retire au couvent et son beau-frère Florin Périer, l'époux de son autre sœur Gilberte, non plus. Pour s'assurer que la jeune fille y entrera bien, Angélique est prête à l'accepter sans dot, ce qu'elle lui signifie avec rudesse : « Reconnaissez que vous avez encore de l'orgueil et que vous voulez entrer ici comme riche et que vous n'avez pas l'humilité d'y vouloir être reçue comme pauvre. Oh, bien ! Vous y entrerez comme pauvre car je ne recevrai pas une obole de vos parents[7]. »

Une fois entrée, Jacqueline se montre douce, soumise et obéissante. « Tous ses talents, qu'elle a fort grands, sont couverts de l'éclat de ses vertus qu'on a peine à les apercevoir », explique Angélique, tandis que la mère Agnès, qui se prend d'affection pour elle, lui écrit que savoir faire des vers est « un talent dont Dieu ne demandera point compte, il faut l'ensevelir[8] », recommandation que la postulante suit à la lettre. Tout cela se fait donc contre l'avis de Blaise qui s'enfonce dans la dépression et refuse de voir sa sœur durant trois ans, à l'exception de quelques entrevues orageuses.

Les exactions des gens de guerre

L'armée de Charles IV, duc de Lorraine, qui, dépossédé de son duché par Louis XIII, est prêt à se vendre au plus offrant, ne cesse d'aller de l'avant puis de reculer sans se battre : elle se promène dans le sud de l'Île-de-France, des confins de la Normandie à la Brie. Elle est repassée pour la quatrième fois à Mondeville, près de La Ferté-Alais à l'est d'Étampes, sur les terres du marquis de Villeroy, gouverneur du roi, où les religieuses de Port-Royal ont une de leurs fermes. Les exactions semblent atteindre leur paroxysme en juin, car des deux côtés, les chefs laissent leurs hommes piller, détruire, violer et tuer. Les Lorrains sont les plus acharnés. Il faudra attendre l'hiver 1652 pour que les mercenaires se dirigent vers la Champagne qu'ils ravageront à son tour en compagnie de Condé. Angélique se lamente ainsi des « pilleries que les princes qui se disent protecteurs de Paris permettent à leurs armées. C'est une marque de l'ire de Dieu qui ôte la raison et le sens commun à tous. Les soldats, qui font souffrir ces maux, sont la vraie figure des démons qui souffrent en faisant souffrir les autres. Car outre qu'on se tue en se défendant, eux-mêmes s'entrevolent après avoir pillé les autres, et comme ils gâtent plus de bien qu'ils n'en pillent, ils ne laissent pas après de mourir souvent de faim, ne pouvant presque plus rien trouver[9]. »

À Pomponne, la maison de son frère Robert a non seulement été saccagée, mais presque démolie, les arbres arrachés et « tous les pauvres paysans estropiés ». La capitale voit arriver de nombreuses femmes et jeunes filles qui fuient les soldats. « Mais, assure Angélique, de méchantes personnes les attendent aux portes pour, sous de belles promesses, les mener se perdre », profitant de leur détresse. Les prêtres et les amis de Port-Royal s'investissent particulièrement dans les secours aux personnes déplacées. Un réseau d'accueil est organisé pour assurer leur sécurité physique et morale. Le curé de Saint-Merri, Henri du Hamel, a fait louer une grande maison « par le moyen des dames de sa paroisse et les autres curés à son imitation pour loger et nourrir ces pauvres créatures en sorte qu'il y en a plus de cent à Saint-Merri et aux autres paroisses de même. On a soin de les instruire dans la crainte de Dieu aussi bien que de les nourrir. On leur donne à filer afin qu'elles ne soient pas oiseuses et qu'elles gagnent quelque chose qu'elles puissent emporter quand elles retourneront[10] ».

Le 13 juin, les sœurs ont la peur de leur vie en découvrant depuis les fenêtres de leur cellule la perspective des faubourgs couverte de soldats. Cela se dissipe sur le soir, mais la tension reste palpable. Le repli à Paris était-il une bonne stratégie ? « Si notre bâtiment était fait et si nos quatre-vingts cellules étaient prêtes et que M. Singlin l'approuvât, je m'en retournerais et mènerais tout notre monde avec nous, assure Angélique. Je crois que nous serions mieux et plus sûrement qu'ici, la maison étant fortifiée comme elle est avec les tours que M. le duc de Luynes a bâties[11]. »

Un climat délétère

Les Parisiens sont dans l'expectative. On leur fait espérer une paix qui n'arrive pas. Tandis que la Cour et les Tuileries sont aussi fréquentées que par le passé, que les spectacles ont repris, les troupes ratissent les campagnes aux alentours.

Le 22 juin, la mère abbesse perd l'un des neveux, Charles Le Maistre de Valmont. Parmi les enfants de Catherine Le Maistre se trouvent Antoine Le Maistre, premier solitaire, qui meurt en 1658 ; Jean Le Maistre de Saint-Elme, devenu prêtre, mort en 1690 ; Louis-Isaac Le Maistre de Sacy, prêtre, mort en 1683 ; Simon Le Maistre de Séricourt, mort en 1650 ; et Charles Le Maistre de Valmont, qui s'éteint presque adolescent en 1652. Le 24 juin, c'est la fille de l'avocat général Bignon, qui n'a que neuf ans, qui est emportée par une blessure à la tête. On s'est empressé de la confirmer et de la faire communier après l'accident. Cette petite, confesse Angélique, « a toujours eu quelque chose d'extraordinaire pour Dieu ». Son père est très affligé.

Le climat délétère engendre son lot de tensions. Des conflits éclatent dans Paris. Cela a l'air de broutilles, mais en réalité, c'est d'une importance considérable. La procession de la châsse de sainte Geneviève, instituée pour attirer la protection divine sur Paris, donne lieu à des contestations de rang entre l'abbé de Sainte-Geneviève et l'archevêque de Paris. Les rivalités s'expriment aussi à propos de l'organisation de la charité. La reine de Pologne a envoyé douze mille livres de bienfaisance qu'Angélique pensait recevoir, mais ce sont les Dames de la Charité, fondées par Vincent de Paul, qui distribuent cette assistance. Pourquoi ce revirement de la reine de Pologne ? Sans doute la souveraine a-t-elle préféré adopter un canal « officiel ». Elle a d'ailleurs remis directement deux mille livres aux solitaires. Angélique exprime sa déception, d'autant qu'elle a assez d'imagination pour employer les sommes qu'elle reçoit. Elle a déjà imaginé d'acheter des vaches pour les pauvres de la campagne, car « une vache nourrit une famille ». Elle est persuadée que la reine aurait préféré « secourir des besoins d'autant plus extrêmes et plus dignes de pitié qu'ils sont connus de moins de personnes[12] » que subvenir à des nécessités publiques connues de tous.

Le bruit des canons

Mardi 2 juillet, les sœurs entendent le bruit des canons qui les met dans une grande émotion. Les cris des Parisiens affolés parviennent jusqu'à elles. Des combats ont lieu au faubourg Saint-Antoine. Sur le soir, l'armée des princes se retire au faubourg Saint-Marcel où elle campe. On leur dit que le roi se prépare au siège de la capitale « si les Parisiens ne se déclarent pour le service de Sa Majesté contre les princes ». Une délibération a lieu à l'hôtel de ville où a été décidée l'union de la ville et des princes. Des émeutiers ont investi le bâtiment et massacré des bourgeois, avant que la Grande Mademoiselle, fille de Monsieur et cousine de Louis XIV, ne vienne délivrer les députés enfermés. Le 20 juillet, son père Gaston d'Orléans est désigné comme lieutenant général du royaume. Le cardinal Mazarin part pour un nouvel exil.

Le 27 juillet, on écrit à Angélique que le duc de Luynes a de la fièvre. Depuis Paris, elle prodigue des conseils de santé, en espérant que sa lettre ne sera pas interceptée : que son frère se tienne constamment au chevet du malade et que Louise, l'intendante, prenne grand soin de son bouillon, qu'elle lui donne de l'eau fraîche et dans un verre bien lavé.

Les prix ont explosé, ce qui accroît la précarité alimentaire de la population et sa vulnérabilité aux maladies. La mère abbesse se tient informée du ravitaillement, explique que « la farine vaut déjà cinquante-six livres, ce qui est plus qu'elle n'était il y a trois ans ». Les troupes détruisent les blés prêts à être moissonnés. Les villages des environs de Paris sont tous déserts et « on ne voit dans les villes que des pauvres fugitifs mourant de faim ». La plupart des paysans ne peuvent cultiver la terre faute d'ouvriers, de matériel et de chevaux.

La rumeur que le monastère des Champs est bien gardé a éloigné les soldats et a préservé les récoltes. Le duc de Luynes est parvenu à faire travailler au mois d'août et à moissonner avec presque la même facilité qu'en pleine paix, puis à stocker le blé dans l'église, à le faire moudre dans son moulin et le convoyer sous escorte jusqu'à la maison de Paris. Les solitaires envoient aussi des châtaignes pour faire de la farine. « Ce fruit, dit Angélique avec son sens pratique, qui ne paraît rien nous est très utile. » Elle espère également recevoir des pommes de leur ami et bienfaiteur Guillaume Dugué de Bagnols, qui a acheté le village des Troux en 1646 et la seigneurie en 1650, à trois lieues des Granges, et habite le château de Méridon.

La mort de Bouthillier de Chavigny

À l'automne, on murmure que Condé va quitter Paris et que le roi va revenir : maigre espoir de retour à la normale. Au même moment, Antoine Singlin assiste dans son agonie Léon Bouthillier de Chavigny, ancien secrétaire d'État aux Affaires étrangères et gouverneur de Vincennes lorsque Saint-Cyran y était emprisonné. Cette mort fait surgir une nouvelle polémique qui inquiète Angélique et lui fait redouter une nouvelle persécution. On accuse Singlin d'avoir abusé de l'état du mourant pour se faire donner une importante somme d'argent. Le récit qu'en fait l'intéressé est d'une autre teneur : il est resté auprès de lui, l'a confessé avec l'accord du curé de Saint-Paul. L'agonisant s'est éteint le 11 octobre. C'est, comme le relève Singlin, la date anniversaire de la mort de Saint-Cyran. Il lui a remis huit mille livres de promesses de dettes pour en faire des remboursements. Il a voulu aussi lui donner trois cent mille livres en pistoles qui étaient dans le coffre de sa chambre, mais le confesseur affirme les avoir refusées. En tout cas, la veuve fait un scandale et menace Singlin, en dépit de ses dénégations.

Le mal est fait. Angélique a beau clamer haut et fort que les jansénistes sont de bons sujets, la suspicion continue à peser sur eux en raison de leurs ambiguïtés. Sans être frondeurs, ils sacrifieraient volontiers Mazarin pour faire revenir la paix. Robert d'Andilly vient de publier un nouveau livre, *La Vérité toute nue*, où il s'adresse à la reine mère pour la conjurer de faire cesser la guerre :

> Il n'y a, Madame, que l'un de ces deux avis à prendre : ou de conserver le cardinal, soit en ne permettant pas qu'il s'en aille, soit, s'il se retire, en le rappelant dans le temps dont on conviendrait avec les princes, auquel cas on tombera inévitablement dans les inconvénients que j'ai remarqués ; ou de l'éloigner pour toujours et de bonne foi, auquel cas le roi fera tomber les armes des mains des princes, conservera son État en son entier, rétablira glorieusement son autorité, gagnera le cœur de tous ses sujets, redonnera le calme à son royaume et contraindra l'Espagne de consentir à une paix qui, étant juste, ne saurait pas n'être point avantageuse à la France[13].

À peine publié, l'ouvrage est interdit. Même en y mettant les formes et en ne prenant pas parti car il ne soutient pas les princes, Robert d'Andilly apparaît comme un opposant au cardinal.

Lorsque le 21 octobre, le roi entre dans Paris après l'échec de la Fronde des Princes, Angélique souligne que cela les « remplit tous de joie dans l'espérance que cet heureux retour de Sa Majesté nous donnera la paix ». Louis XIV s'installe au Louvre. Le lendemain, Condé quitte Paris pour Limours puis Blois. Le roi amnistie les frondeurs à quelques exceptions près, dont les princes de Condé et Conti, restaure le Parlement avec défense de s'occuper des affaires de l'État. Mazarin est rappelé cinq jours plus tard, mais ne fera son entrée que le 3 février de l'année suivante. Les soldats s'éloignent de Paris tout en continuant leurs cruautés avec d'autant plus de fureur « qu'ils croient qu'il ne leur reste plus guère de temps ».

Le 19 décembre, le roi fait arrêter le neveu de l'archevêque de Paris, Jean-François Paul de Gondi, le cardinal de Retz. Alors qu'il vient de recevoir la barrette de cardinal qui était censée l'amadouer, il ne se départit pas de son attitude frondeuse. Il est conduit à Vincennes où il restera plus d'une année, avant d'être placé en résidence surveillée et de devoir, dix ans plus tard, renoncer au siège épiscopal où le place la mort de son oncle en 1654.

Chapitre XVIII

La bulle *Cum Occasione*
1653-1654

L'année 1653 s'ouvre pour Port-Royal sur un nouveau coup de tonnerre : Anne-Eugénie meurt le 1er janvier à neuf heures du matin, à cinquante-neuf ans. C'est un choc pour les deux dernières sœurs. Certes, Angélique s'y attendait car elle était mal en point depuis quatre ans, mais elle demeurait active. Elle est restée au lit quinze jours sans jamais cesser de prier. Angélique envoie des lettres à tous ses correspondants pour leur annoncer la nouvelle. Elle « épanche son cœur véritablement », écrit bien que sa vue baisse et qu'elle ait des difficultés à tenir sa plume. Elle repart aux Champs avec une vingtaine de religieuses le 15 janvier, laissant sa nièce Angélique de Saint-Jean s'occuper des petites pensionnaires à la place d'Anne-Eugénie. La fin de la guerre civile ramène progressivement la vie à la normale. Les travaux pour réhabiliter et agrandir les bâtiments conventuels aux Champs sont désormais achevés.

Antoine Singlin

Le vendredi 6 mars a lieu la consécration de l'église – laquelle est devenue très saine maintenant qu'elle est surélevée –, mais sans Antoine Singlin qui prêche à Paris pour le second dimanche de carême. Angélique se félicite de ce que la foule se presse à ses sermons. Mais s'il pense comme « un Père de l'Église » ou « un ange », il s'exprime comme « un courtaud de boutique » ou encore comme « un cheval ». Il débite ses sermons d'un air misérable, avec une prononciation hésitante. Son talent oratoire est limité, ses dispositions intellectuelles restreintes. Pourtant, la sûreté de ses jugements, la simplicité de ses propos, sa bienveillance, son humilité et sa morale stricte édifient son auditoire. Il est devenu indispensable aux deux couvents et aux solitaires. D'un dévouement sans pareil, il n'a pas ménagé sa peine durant la guerre civile pour venir en aide aussi bien matériellement que spirituellement aux religieuses et à leurs amis. La seule ombre au tableau est cette accusation d'extorsion de fonds. A-t-il reçu cette forte somme d'argent du comte de Chavigny mourant ?

Il est difficile de connaître la vérité. Durant ces années-là, les dons reçus sont régulièrement contestés ; les religieuses ne cessent d'avoir à se défendre ou même à s'expliquer devant les tribunaux. La reine de Pologne a envoyé des étoffes de luxe pour renouveler les ornements d'église ; on les accuse de vouloir revendre cette marchandise. En réalité, la moitié de la toile d'or sert à la confection d'un dais pour la procession du Saint-Sacrement, le reste est employé à réaliser un pavillon pour la suspension avec le voile du calice.

Antoine Singlin n'a jamais pris parti dans la controverse sur *De la fréquente communion* ; il semblerait qu'il n'ait jamais lu l'*Augustinus*, conseillant de se soumettre au pouvoir et de s'abîmer dans la prière. Il jouit de la confiance entière d'Angélique avec laquelle il partage la conviction qu'il ne faut pas envenimer la polémique. Son inlassable activité l'épuise. Deux années durant, de l'été 1653 à l'été 1655, il est gravement malade et les médecins sont pessimistes sur ses chances de guérison. Cela n'empêche pas les dames de le solliciter pour des confessions, ce qui fait soupirer Angélique qui s'en inquiète. Il faudrait plutôt prendre soin de le ménager… Singlin s'en remet et reprend ses activités sur le même rythme.

Les vœux de Jacqueline Pascal

L'abbesse retourne à Paris pour trois semaines durant lesquelles elle reçoit la visite de Blaise Pascal. À l'occasion de ses vœux solennels, le 5 juin 1653, Jacqueline de Sainte-Euphémie veut offrir une dot importante et la résistance de sa famille la met dans un état d'abattement que remarque Angélique. Après la messe, « me faisant mettre auprès d'elle, elle me tint une heure entière la tête appuyée sur son sein en m'embrassant avec la tendresse d'une vraie mère[1] » pour la consoler, se souvient Jacqueline qui donne ainsi une image peu conventionnelle de l'abbesse. Pascal a surmonté sa dépression en se tournant vers la religion. Il a renoué avec sa sœur qui l'a orienté vers Singlin. Pourtant, ni lui ni son beau-frère ne sont décidés à autoriser ce don. Il demande à rencontrer l'abbesse pour lui signifier le refus familial, quand soudain, il se ravise et propose d'offrir une somme généreuse que la mère Angélique balaie d'un revers de manche, fidèle à sa ligne de conduite : « Monsieur, je vous en conjure au nom de Dieu de ne rien faire par considération humaine. Tout ce qui est fait par un autre motif que la charité n'est point un fruit de l'esprit de Dieu, et par conséquent nous ne devons point le recevoir[2]. » Qu'a pu dire Angélique pour convaincre Blaise ? Nul ne le sait. Il a répondu « tout ce que la civilité dit en pareille rencontre puis s'est en allé ». Après sa profession, Jacqueline se voit confier de multiples tâches et des emplois réputés difficiles, comme de s'occuper des jeunes filles qui frappent à la porte, des pensionnaires et des novices.

Intelligente et sensible, elle cache peut-être ses dons, comme le lui a ordonné Agnès, mais déploie ses capacités au service du monastère. Elle devient en très peu de temps une figure phare de Port-Royal par sa personnalité toute en retenue et son charisme.

Les cinq propositions

Il semble que la communauté soit « en grande paix ». Les religieuses sont nombreuses car beaucoup de celles dont les couvents sont en ruine ont choisi de s'installer à Port-Royal. Angélique se demande : « De quoi avons-nous donc à nous plaindre ? Serait-ce des discours de ceux qui ne nous connaissent pas et que nous ne connaissons pas ? Il faut laisser les Jésuites dans la joie de leur triomphe prétendu avec la bulle d'Innocent X contre les cinq propositions[3]. »

Au début du mois de juin, le pape a en effet publié la bulle *Cum Occasione* dans laquelle cinq propositions hérétiques sont sanctionnées, et la nouvelle est arrivée en France quinze jours plus tard. Deux ans plus tôt, Isaac Habert, ancien théologal de Notre-Dame devenu évêque de Vabres en 1645, avait repris son offensive contre les jansénistes. S'appuyant sur la démonstration du syndic de la Sorbonne dans une lettre signée de quatre-vingt-trois évêques, il a demandé au pape la condamnation de cinq propositions qu'il aurait trouvées chez Jansénius. Treize évêques seulement ont protesté. Si Innocent X est satisfait que les évêques gallicans recourent à lui, il est absolument hostile à toute reprise de la controverse sur la grâce. Il s'agace des remous créés par les discussions contradictoires demandées par six docteurs venus à Rome s'expliquer devant lui. Reçue en mai 1653, cette délégation a reconnu que les propositions en question étaient hérétiques, tout en affirmant qu'elles avaient été fabriquées

« malicieusement ». Les docteurs ont expliqué la différence entre la position janséniste et la position calviniste. Le 9 juin, le pape a affiché la bulle *Cum Occasione* où il condamne toutes les propositions soumises à son jugement. Angélique s'illusionne lorsqu'elle prétend, d'après ce qu'on lui a rapporté, que « les messieurs qui étaient à Rome en sont partis le 19 juin après avoir pris congé du Saint-Père qui les a fait appeler après la publication de la bulle pour leur dire qu'il était très content de leur procédé. Il les a caressés extrêmement, leur a dit qu'il ne condamnait point la doctrine de saint Augustin sur la grâce, qu'il était très content d'eux[4]. »

Les réactions face à la bulle

La bulle est arrivée en France le 23 juin. Approuvée par le Grand Conseil, elle est reçue par le Parlement. Seuls quatre évêques, ceux de Sens, de Valence, de Comminges et de Beauvais, la refusent en prétendant que ces propositions ne sont pas explicitement tirées de l'*Augustinus*, ce qui déclenche une nouvelle controverse à laquelle participe Antoine Arnauld. Angélique ne cesse de se tenir informée des moindres détails des débats, avide de recevoir des nouvelles ; forte de sa position éminente, elle entend rester au-dessus de la mêlée. Quoi qu'elle en dise, elle fait figure d'autorité et en use. Dans ses lettres, elle joue parfois le jeu de la soumission et se fait passer pour une nonne ignare. Un point de divergence essentiel apparaît entre elle et les gens de sa génération et ceux de la génération de sa nièce Angélique de Saint-Jean, entourée d'Antoine Arnauld et de Blaise Pascal : elle veut se soumettre sans mot dire tandis que les plus jeunes veulent se battre et s'opposer. Pour le moment, les premiers port-royalistes s'inclinent :

On croyait que nos amis se révolteraient contre la bulle, ce qu'ils ont garde de faire, sachant la soumission qu'il faut avoir à l'Église et aux souverains pasteurs. Peut-être qu'il y aura une nouvelle persécution dont il y a longtemps que l'on nous menace. J'ai lu les questions en français. Pour moi, je confesse que je ne les entends point du tout. Cela me suffit de croire le besoin que j'ai de la grâce de Notre-Seigneur pour chaque bonne œuvre. Nous autres filles qui sommes incapables de disputes et de raisonnement et qui n'ayant qu'à servir Dieu dans le silence par la pratique de notre règle serions doublement criminelles de ne pas nous soumettre. Excepté moi, qui par l'obligation de ma charge suis contrainte de parler quelquefois à ceux de dehors et, par conséquent, d'entendre ce que l'on dit, pas une de nos sœurs n'en a connaissance[5].

En cette année 1653, la situation intérieure du pays est redevenue calme ; le pouvoir politique reprend la gestion des affaires interrompue par la Fronde.

Un long été

La mère Angélique passe l'été à Paris, tandis que la mère Agnès est aux Champs. Les Parisiens ont déserté la capitale. Le Parlement est en vacances. Le roi est à l'armée avec tout un aréopage. Comme il n'y a presque plus personne, elle n'est pas appelée au parloir et semble s'ennuyer : « Je ne me saurais plus souffrir ni les autres aussi ; personne ne cherche Dieu. » La vie qui a repris tranquillement son cours apporte son lot de mauvaises nouvelles et la mère abbesse est de plus en plus touchée par la disparition de ses amis.

Non seulement la direction de Port-Royal l'occupe, mais elle redouble d'ardeur dans son activité épistolaire. Ses problèmes de vue lui imposent de prendre une secrétaire ; elle dicte ses missives. Sa chambre devient un centre d'information et de publication des nouvelles intéressant Port-Royal. Comme elle a toujours des commentaires à faire, que le moindre fait est analysé, elle donne sans cesse son opinion. Le 15 juillet, elle s'afflige de la mort d'Anne Amelot trois jours plus tôt. Son époux, Charles Maignard de Bernières, porte « chrétiennement » cette grande séparation. Elle fait prier pour lui. Elle raconte les exploits de son frère l'évêque. Elle salue le jubilé qui a attiré trois cent mille personnes à Angers, « c'est-à-dire presque toute la province, hors les hérétiques et les malades[6] ». Elle remarque que « seuls les Jésuites de La Flèche et leurs écoliers, à qui ils ne l'ont pas voulu permettre, n'y ont pas été, de sorte qu'ils méprisent les indulgences ». Elle trouve pitoyable que des éducateurs n'incitent pas leurs élèves aux pratiques de dévotion et plaint « la pauvre compagnie », parce qu'elle est plus crainte qu'aimée. Ses lettres sont très travaillées : il n'y a pas un mot ou une expression qui ne soient réfléchis, pensés, pesés. Elle donne une image irréprochable des religieuses, qu'elle présente comme moralement insoupçonnables, des filles humbles et charitables, soumises à leur évêque, ne se mêlant pas de politique, priant pour leurs ennemis, se contentant de louer Dieu devant le Saint-Sacrement et de donner quelques conseils aux dames qui les fréquentent.

Elle organise les dons aux nécessiteux. Chaque année, la reine de Pologne envoie une « aumône » qu'elle répartit selon les besoins. En 1653, elle la partage entre la congrégation de Notre-Dame qui instruit les enfants, celle de l'Ave Maria et celle des Capucines qui sont « en grande nécessité, n'y ayant personne à Paris à cause des vacances » puisqu'elles sont purement contemplatives. Elle paie l'apprentissage de quelques jeunes garçons pour leur donner un métier et aide de « pauvres familles réduites à l'extrémité ».

Enfin, elle entretient un commerce étroit avec les dames qui ont pris pension au couvent. La marquise d'Aumont profite de l'été pour se rendre aux Champs où elle passe quelques jours en villégiature spirituelle. Angélique lui recommande de profiter de ce moment de retraite pour ne penser à rien d'autre et lui donne des nouvelles de sa nièce en pension qu'elle surveille particulièrement, si bien que la jeune fille veut qu'elle la mène à confesse et dise ses péchés en sa présence !

Le poids des ans se faisant cependant sentir de plus en plus, elle tombe régulièrement malade. Le jour de son anniversaire, elle contracte une fluxion et doit rester dans sa chambre sans aller à la messe. Le 25 novembre, elle retourne enfin « à sa chère solitude » où elles sont à présent quatre-vingt-deux, qui vivent dans le silence, le travail et la prière.

Nouveaux bruits de persécution

L'année 1654 s'ouvre sur de nouveaux bruits de persécution. La situation est telle, depuis la promulgation de la bulle, que Robert d'Andilly a passé l'été à mettre en ordre les papiers et les titres de la maison. Il a ensuite employé l'hiver à planter des arbres. Il aime jardiner et continuer à envoyer, lorsque c'est possible, des fruits à la reine.

La mère abbesse ne cesse de se rassurer, de rassurer celles qui l'entourent et de rassurer ses amis. Elle sait que ceux qui se déclarent leurs adversaires continuent « de solliciter la Cour pour nous chasser de céans, au moins nos ermites, et pour cela on a ordonné qu'il viendrait des commissaires pour informer de ce qu'ils y font. Cela ne nous fait pas peur, car pourvu qu'on procède avec justice et que le rapport que feront les commissaires soit dans la sincérité, il n'y a rien à craindre[7] ». L'hostilité est de son point de vue incompréhensible, comme elle l'est pour la plupart des jansénistes qui nient farouchement être des hérétiques et respectent la hiérarchie catholique.

Lorsqu'elle égrène le chapelet de toutes les rumeurs qui lui parviennent, elle les trouve ridicules : avoir des intelligences avec Cromwell, « cet horrible monstre parricide de son roi », ou avec le prince de Condé « dans sa rébellion qui continue » est invraisemblable. Comment peut-on accuser des personnes « qui ne songent qu'à fuir le monde au lieu d'y intriguer et qui sont d'ailleurs accusées d'être sauvages et de détruire la société humaine[8] » ? Les Jésuites font croire « au public » qu'elles sont excommuniées parce qu'ils ont vu que les jansénistes s'étaient soumis à la bulle, sans dire ni écrire un mot, et que cela les a agacés au point de faire dire au pape « ce qu'il n'a pas pensé dire ». Les diffamations jésuites succèdent les unes aux autres.

Le temps des épreuves

Ce mystère humain, qui reste, à presque quatre cents ans d'écart, difficile à appréhender, qui est lié principalement à des querelles de personnes et à l'attitude singulière de quelques individus, trouve alors son explication dans le surnaturel. C'est la volonté de Dieu que de soumettre ses plus fervents serviteurs à des épreuves. Ce motif revient abondamment sous la plume d'Angélique qui se satisfait de « la volonté de Dieu qui fait grande miséricorde d'être les persécutés et non les persécuteurs[9] ». La persécution la rapproche des martyrs des premiers siècles du christianisme. Elle estime avoir fait son devoir dans le respect des règles. Les deux maisons qu'elle dirige vivent dans « la paix et la joie », entourées d'amis, et sont prospères.

Angélique se tient à l'affût de la moindre nouvelle sur les difficultés rencontrées par les augustiniens. Elle évoque ceux qui sont scandalisés par la bulle et retient leurs arguments. Par exemple, un bref de Rome est arrivé le 14 janvier qui désigne contre l'archevêque de Sens, Louis-Henri de Pardaillan de Gondrin, quatre commissaires pour faire son procès au sujet d'une lettre pastorale où il respecte la condamnation des cinq propositions, mais explique que le pape n'entendait pas condamner Jansénius, lequel se bornait à exposer la doctrine de saint Augustin. Selon Gondrin, Rome n'a « jamais eu aucun dessein dans cette censure de toucher à la grâce efficace par elle-même, nécessaire à toute bonne action, ni à la doctrine de saint Augustin[10] ». L'archevêque – et c'est intéressant – a reçu la coadjutorerie de son prédécesseur Bellegarde, dont il est le cousin et à qui il a succédé naturellement en 1646. Il s'en était pris aux Jésuites qu'il avait interdits dans son diocèse tant qu'ils refusaient d'observer ses ordonnances. Ses arguments recoupaient ceux d'Antoine Arnauld et il accusait le nonce apostolique de vouloir le faire passer pour « schismatique sur le caprice des Jésuites qui sont présentement ses seuls persécuteurs[11] ». Angélique suit de près ces polémiques qui enflent au début de 1654.

Quels défenseurs ?

Le conflit qui reprend oppose frontalement la Compagnie de Jésus et les théologiens jansénistes au premier rang desquels se trouve Antoine Arnauld. Tous les moyens de communication sont utilisés. La première salve vient des Jésuites qui, à la fin de 1653, diffusent à plus de seize mille exemplaires un almanach pour l'année 1654, intitulé *La Déroute et la Confusion des jansénistes*, illustré de planches gravées par Jean Ganière sur une idée d'Adrien Gambart, confesseur des religieuses de la Visitation du faubourg Saint-Jacques. On y voit le pape brandissant une épée de feu pour chasser Jansénius, pourvu d'ailes de chauve-souris, et les jansénistes courant se jeter dans les bras de Calvin. Voilà pour la propagande.

Le provincial des Jésuites de France, François Annat, publie ensuite un imposant traité en latin qui s'adresse aux intellectuels, *Cavilli jansenianorum*, et affirme que les cinq propositions figurent bien dans l'*Augustinus*. Antoine Arnauld réplique dans d'innombrables libelles qu'effectivement lesdites propositions sont condamnables car calvinistes mais qu'elles ne reflètent pas la pensée de Jansénius. Celui-ci avait d'ailleurs voulu que son livre soit soumis à Rome avant d'être publié, mais cela n'a pu être fait parce que l'ouvrage était posthume. Antoine Arnauld sépare le droit et le fait : les cinq propositions sont condamnables, mais elles ne sont pas de Jansénius.

Les attaques redoublent tandis que le nombre des défenseurs s'amenuise. Le 21 mars s'éteint l'archevêque de Paris. Il s'agit d'une grande perte pour Port-Royal car Gondi a systématiquement protégé les religieuses, parce qu'elles se sont mises sous son autorité et qu'elles ne l'ont jamais remis en cause. Son successeur est son neveu, le cardinal de Retz, mais il est pour l'instant en résidence surveillée au château de Nantes. Lorsqu'il s'en échappe, le 8 août, il prend le large en Europe sans renoncer à son siège épiscopal. Même s'il l'avait voulu, il n'aurait pu leur être d'aucune aide.

D'un côté, Mazarin, revenu aux affaires, veut l'apaisement ; de l'autre, les religieuses attendent beaucoup de Louis XIV et de l'autorité renforcée que lui confère son sacre le 7 juin. Mais à Rome, l'horizon continue de s'assombrir puisque l'Inquisition vient de mettre à l'Index pas moins de cinquante ouvrages jansénistes dont la *Théologie familière* de Saint-Cyran. Lorsque le pouvoir royal politique se calme, c'est le pouvoir pontifical qui se durcit, de sorte que la paix ne vient jamais.

Les amis de Port-Royal prennent sa défense. La princesse de Guéméné, qui a quitté le couvent pour retourner vivre dans son milieu, a cherché à empêcher de nouvelles tracasseries contre les religieuses. Elle demeure un soutien constant. Une autre grande dame, Jeanne de Schomberg, duchesse de Liancourt, vient souvent voir sa petite-fille, pensionnaire de neuf ans. Élisabeth de Choiseul et son époux Henri du Plessis-Guénégaud, secrétaire d'État à la Maison du roi, ont pour leur part mis leurs deux filles en pension et trois de leurs fils aux petites-écoles. Ils se font aménager un logement pour se retirer dans le couvent. À lui seul, ce geste est une déclaration de soutien à Port-Royal.

Le recrutement ne faiblit pas. Le 20 août, une amie de Robert d'Andilly veuve depuis trois ans, Mme de Saint-Ange, devient professe sous le nom d'Anne de Sainte-Eugénie de Boulogne. Angélique espère qu'elle sera une très bonne religieuse, « car ce fut une fille respectueuse, une excellente épouse et une mère dévouée ». Cela ne l'empêche pas de lui faire remarquer : « Vous avez un visage trop gai en parlant et quelques fois vous faites un ris haut qui sent encore sa dame du monde. Je ne prétends pas pour cela que vous ne soyez toute rechignée, mais un peu plus sérieuse[12]. » Tout est dit : une bonne sœur se doit d'afficher une mine avenante mais posée, d'incliner la tête en signe de recueillement et de montrer par la maîtrise de ses attitudes extérieures la profondeur de sa vie intérieure.

Fin de règne

À l'occasion de la Saint-Michel 1654 (30 septembre), Angélique rappelle aux filles réunies pour la conférence que c'était le jour de sa confirmation, de sa première communion et de sa bénédiction, cinquante-deux ans plus tôt ; qu'il y avait ce jour-là environ trois cents personnes qui ne pensaient toutes qu'à se réjouir et presque aucune qui pensât à Dieu, qu'elle-même n'y songeait pas beaucoup. Personne n'aurait imaginé la suite.

Le 26 novembre suivant, elle est déposée de la charge qu'elle exerce depuis douze ans en n'étant pas réélue. C'est une grâce, dit-elle, qu'à soixante-trois ans « je puisse commencer à vivre en vraie religieuse ». Marie des Anges Suireau est désignée à sa place, à la plus grande satisfaction d'Angélique qui admire sa constance, sa charité et son humilité. D'ailleurs, il « est avantageux de changer de mère afin de n'obéir pas par accoutumance, respect et affection humaine, mais de ne regarder que Dieu et sa divine autorité dans les supérieurs[13] ». La fadeur de Marie des Anges assure une transition en douceur car Angélique reste dans l'ombre.

C'est au moment où elle s'apprête à se retirer que Philippe de Champaigne la peint sur le portrait passé à la postérité, revêtue de l'habit du Saint-Sacrement de serge blanche à croix écarlate. Depuis 1648, les deux filles du peintre, Catherine et Françoise, sont pensionnaires à Port-Royal. Françoise y meurt le 26 août 1655, à dix-huit ans, et Catherine fera sa profession en 1656. Champaigne a déjà dessiné le visage de l'abbesse lorsqu'il venait au parloir pour voir ses filles et l'a peint dès 1648. Sur le premier tableau, elle avait cinquante-sept ans. Le nouveau, alors qu'elle a six ans de plus, n'est pas très différent. Elle trouve qu'il n'est pas n'est pas besoin « de garder un crayon imparfait sur la terre de ce que nous avons été » et elle a plusieurs fois refusé de multiplier les portraits pour les offrir à des amies qui le lui réclamaient. Mais Champaigne est un véritable prodige : il ne voit que les âmes. Et il faut bien garder la mémoire des abbesses successives, c'est la tradition. La toile de 1654 la représente assise bien droite sur une chaise haute, la Bible dans la main gauche, le chapelet à la main droite. Elle est placée devant une fenêtre ouverte sur le monastère des Champs, avec le colombier et la colline des Granges.

Le 28 décembre, elle est de retour dans la vallée de Chevreuse où l'on « respire un autre air qu'à Paris où l'on ne peut éviter d'avoir des nouvelles et d'entendre les bruits, au lieu qu'ici c'est un parfait silence et on n'y entend que les chants des oiseaux[14] ».

Cinquième partie

EN QUÊTE DE POSTÉRITÉ

À partir de 1655, le conflit prend une nouvelle dimension avec l'entrée en scène d'un homme extraordinaire, Blaise Pascal. Né en 1623, cet Auvergnat a été élevé par son père, second président à la cour des aides de Montferrand, puis commissaire des tailles à Rouen, qui a remarqué sa précocité. Exceptionnel mathématicien, le jeune homme a rencontré en 1651, dans leur paroisse commune, le duc de Roannez, Artus de Gouffier, de cinq ans son cadet, qui devient son ami intime. Valeureux militaire, passionné par les sciences, le duc est resté fidèle à Mazarin durant la Fronde. Blaise l'accompagne dans son gouvernement du Poitou où il travaille à l'assèchement du Marais poitevin ; il a une chambre dans son hôtel ; il est bientôt introduit dans la société de divers libertins, le chevalier de Méré, la duchesse d'Aiguillon et la marquise de Sablé. L'entrée de sa sœur Jacqueline à Port-Royal provoque chez lui un intérêt grandissant pour la vie spirituelle et il se rapproche du couvent. Alors qu'il refusait de la doter, il finit par lui donner mille cinq cents livres de rentes assises sur un capital de cinq mille livres. Lundi 23 novembre 1654, il connaît une « nuit de feu » après qu'Antoine Singlin lui a conseillé une retraite spirituelle de deux jours à son domicile. Désormais, il ne vit plus que pour le « Dieu d'Abraham, d'Isaac et de Jacob » et non celui « des philosophes et des savants ».

C'est lui qui sort la polémique théologique de l'impasse en publiant *Les Provinciales*, dont la moindre des qualités est un humour plus que corrosif. Il s'amuse de l'absurdité des reproches faits aux jansénistes. Il n'a, en effet, pas trouvé deux molinistes pour tomber d'accord sur ce qu'est la « grâce prochaine ». La défense s'aiguise et porte le débat non plus devant les docteurs « sorbonniques », mais devant un nouveau tribunal : l'opinion des gens cultivés. Le jansénisme médiatisé devient un fait de société.

Dans le couvent aussi, on s'agite pour répandre l'idée d'une orthodoxie janséniste à travers deux phénomènes : les miracles et l'hagiographie. Le miracle de la Sainte Épine tombe à pic pour attirer tous les regards sur Port-Royal et les dévier des débats sur la grâce, abscons pour qui n'est pas théologien. Angélique suit les événements de loin, restant d'autant plus prudente qu'elle est attentive à sa popularité. Elle n'est plus une rebelle, prête à s'opposer aux tiédeurs de son époque, mais la muse d'un courant janséniste en construction. C'est aussi le moment où sa nièce lui demande d'écrire ses mémoires. S'ouvre alors la grande entreprise de reconstitution de l'histoire de Port-Royal qui se prolonge au XVIIIe siècle par la transcription des correspondances et par la réunion de multiples témoignages, jusqu'aux plus ténus, ceux de religieuses qui, n'ayant jamais connu la fondatrice, ne rapportent cérémonieusement que des on-dit.

Toute cette documentation accroît la gloire de Port-Royal et séduit les élites sociales et artistiques : Jean Racine, élevé aux petites-écoles, Pascal, tenté par la solitude, Philippe de Champaigne qui a confié ses deux filles orphelines de mère à Port-Royal et qui, en remerciement, peint *Saint Jean-Baptiste* et *La Madeleine pénitente*, qu'il offre à sa fille Catherine lorsqu'elle devient religieuse. En 1648, il exécute *La*

Cène pour le maître-autel du couvent parisien avec, en 1652, une réplique pour les Champs, puis *Les Pèlerins d'Emmaüs* destinés au transept nord, *Le Bon Pasteur* à la nef. Le célèbre portrait de *La Mère Angélique*, on l'a vu, date de 1654. L'*Ex-voto* de 1662 est réalisé en action de grâce pour la guérison de sa fille ; *Saint Bernard* et *Saint Benoît* ornent la salle du chapitre. En 1646, des amis de Port-Royal lui ont demandé un portrait posthume de *Saint-Cyran*. Il portraiture également *Robert Arnauld d'Andilly*, *Pierre Nicole*, *Mère Agnès*, *Martin de Barcos*, *Antoine Singlin*, *Louis-Isaac Le Maistre de Sacy*.

Comme l'a dit le Grand Arnauld, le jansénisme n'est pas un courant hérétique ; il n'a aucune réalité, il n'est que le « fantôme » d'une hérésie. Saint-Cyran n'a jamais été le chef d'un parti puisqu'aucun parti n'existe et que les amis de Jansénius ne sont que des ultras de la Réforme catholique. Mais à la longue, il finira par exister. Les dernières années de sa vie, mère Angélique Arnauld se sert de son autorité morale pour en écrire l'histoire avec sa plume.

CHAPITRE XIX

La construction de la mémoire 1655-1656

Déchargée de ses fonctions d'abbesse et de retour aux Champs, Angélique se désintéresse un temps des événements extérieurs. Il lui prend l'envie d'écrire un *Livre de la Providence* où elle évoquerait son passé et « tout ce qui concerne la conduite de la providence de Dieu sur cette maison », mais en fait elle n'aime parler ni d'elle, ni de ses joies, ni de ses peines, fidèle à saint Bernard, qui déclare : « Mon secret est pour moi. Souffrez votre douleur en secret. » Mais Antoine Singlin lui a fait une obligation de s'exécuter.

Le souvenir

Depuis deux années, Angélique de Saint-Jean et Antoine Le Maistre ont commencé, à son insu, à noter tout ce qui concernait les débuts de la réforme en sollicitant les témoignages des religieuses les plus âgées. La première vit dans son ombre depuis son entrée en tant que pensionnaire en 1630, puis comme religieuse en 1644. Elle est devenue sous-prieure en 1653, à l'âge de trente et un ans, et s'occupe également des novices. Pour sa part, Antoine Le Maistre côtoie sa tante depuis moins longtemps. S'il s'est fixé en vallée de Chevreuse comme solitaire en 1639, ce n'est que depuis le rétablissement de la maison des Champs en 1648 qu'il l'a « connue beaucoup davantage ». Il vient régulièrement au parloir s'entretenir avec elle et tâche de la faire parler de ce qui lui est arrivé sans qu'elle se doute de rien, car il est convaincu que si elle savait son dessein, elle demeurerait muette. Il consigne ensuite par écrit les confidences qu'il reçoit.

Angélique de Saint-Jean mobilise quelques sœurs pour réaliser un véritable travail d'édition. Elle a commencé durant la Fronde avec les témoignages de Catherine de Saint-Paul Goulas, qui était novice en 1602, et de sa sœur Anne-Eugénie de l'Incarnation, morte depuis. Elle charge Élisabeth de Sainte-Agnès Le Féron de recopier les lettres qu'elle écrit ou fait écrire, et aussi celles qu'elle reçoit. Un stratagème a été mis en place pour celles adressées à la reine de Pologne. Marie-Dorothée de l'Incarnation Le Conte, avec la complicité de la mère Agnès, intercepte les lettres et les fait recopier puisque la mère Angélique n'a pas l'habitude d'en faire des doubles et qu'elle écrit, le vendredi, juste avant le départ de la poste dans la nuit.

Une chose intrigue Angélique de Saint-Jean : pourquoi la correspondance avec François de Sales est-elle si peu abondante ? Interrogée, l'intéressée fait porter le poids de la faute sur « les mères de Dijon » qui s'en sont servies pour envelopper les drogues lorsqu'elles dirigeaient la maison, sans qu'elle en fasse paraître « aucune peine car il n'y a de véritable richesse spirituelle que dans le détachement ».

La collecte des témoignages paraît insuffisante aux neveu et nièce si bien qu'ils supplient Antoine Singlin de commander à Angélique de rédiger ses mémoires. Elle s'exécute, quoique avec répugnance, parce qu'elle ne veut pas qu'on parle d'elle « d'une manière avantageuse après sa mort ».

Angélique s'applique malgré ses difficultés de vision. Elle se retire dans une petite cellule éloignée appelée la Guette et se plonge dans ses souvenirs : « Je fais par obéissance une relation de ce qui s'est passé dans cette maison[1]. » Arrivée au récit de l'arrestation de Saint-Cyran au bout de quelques jours, la tristesse la gagne, elle ne peut continuer. Elle prend prétexte d'autres affaires et suspend le travail. De leur côté, les membres de sa famille continuent à rassembler, interroger pour constituer des archives et produire un véritable mémorial. Tous sentent que la véritable persécution est proche. Il leur sera utile de conserver le souvenir des premiers temps de la réforme pour l'opposer aux attaques présentes, comme pour affermir leur courage.

L'affaire du duc de Liancourt

La persécution reprend en effet assez rapidement après la fin de la Fronde avec le retour de Mazarin à Paris au début de 1653. Le contexte est tel que, le 31 janvier 1655, le vicaire de Saint-Sulpice se permet de refuser l'absolution au duc de Liancourt s'il ne rompt pas ses liens avec Port-Royal et s'il n'en retire pas sa petite-fille qui y est pensionnaire. Le duc sort furieux du confessionnal et le fait savoir bruyamment. Premier gentilhomme de la chambre du roi, Roger du Plessis-Liancourt est un compagnon d'enfance de Louis XIII. Il a été converti à la vie dévote par sa femme, Jeanne de Schomberg, la fille du maréchal dont Robert d'Andilly a été le commis au début de sa carrière, et le duc a soutenu l'abbé de Saint-Cyran dans sa prison à Vincennes. Le duc et la duchesse se montrent généreux envers les pauvres et s'occupent avec soin de leur unique petite-fille, orpheline de leur fils unique tué à la guerre. Le curé de Saint-Sulpice, Jean-Jacques Olier, soutient son vicaire.

L'affaire plonge Antoine Arnauld dans une colère noire. Il rédige rapidement une *Lettre de M. Arnauld à une personne de condition* destinée au cardinal Mazarin. Il y déplore encore une fois qu'on fasse passer les religieuses et leurs amis pour des hérétiques et des excommuniés.

Angélique redoute que la fougue de son frère fasse plus de mal que de bien. Elle se montre en désaccord sur la conduite à tenir. La lettre, dit-elle, ne servira qu'à faire parler alors que l'heure est à la prière. Elle préfère s'en remettre à la Providence, puisque « Dieu seul peut arrêter la fureur des ennemis et désaveugler le monde ». Que les Jésuites soient emportés, passionnés et excessifs, cela ne l'étonne pas, « mais il est bien étrange que les autres les suivent avec un si grand aveuglement contre toute justice et raison[2] ». Contre une lame de fond, il n'y a rien à faire qu'à se laisser ballotter en espérant être ramené vers le rivage. Mais contrairement à ses inquiétudes, la lettre ne fait pas de vagues. Elle est même très bien reçue de tous ceux qui la lisent.

À Rome, l'ambassadeur de France a parlé du duc de Liancourt au nouveau pape Alexandre VII, élu le 7 avril 1655. Le pontife donne tort à Olier d'avoir fait refuser l'absolution et il se fait envoyer la lettre d'Antoine Arnauld qu'il trouve parfaite.

Angélique s'active. Elle demande à la reine de Pologne s'il lui plairait d'écrire au pape pour « conforter ses bonnes dispositions à l'égard de ceux qu'on persécute, en lui disant qu'elle a connaissance particulière des personnes qu'on appelle jansénistes, qu'ils ne sont autres que très catholiques et très affectionnés au Saint-Siège. Que s'il daigne leur commander quelque chose pour son service et celui de l'Église, il connaîtra avec quelle soumission et obéissance ils s'y porteront, sans prétendre autre chose que sa sainte bénédiction[3] ». Il semblerait que l'affaire doive se calmer, mais c'est sans compter la rage éruptive d'Antoine.

L'exclusion d'Antoine Arnauld

Le 10 juillet, le Grand Arnauld publie en effet une seconde *Lettre à un duc et pair*, le duc de Luynes, longue de deux cent cinquante pages et qui réfute l'accusation d'hérésie, montrant que les idées jansénistes sont orthodoxes car elles coïncident avec celles de saint Augustin. Le 27 août, il écrit également au pape pour lui demander de faire examiner ses deux lettres et l'assure qu'il se soumettra à son jugement. Alexandre VII répond de manière ambiguë en suspendant la condamnation qui devait logiquement être prononcée, mais le syndic de la Sorbonne engage de son côté une procédure d'examen contre les deux lettres. Antoine déclare qu'il se soumettra à la décision, mais ne se présente pas en personne, préférant se cacher chez Charles Maignard de Bernières. Il quitte les Champs le 5 décembre en compagnie de Louis-Isaac Le Maistre de Sacy et de Nicolas Fontaine, un théologien qui est entré en 1645 à son service comme secrétaire et copiste. Pendant ce temps, en Sorbonne, on poursuit les docteurs qui ne veulent pas signer le formulaire et on envoie aux absents des billets comminatoires.

En butte à l'hostilité générale de ses collègues, Antoine Arnauld s'aperçoit qu'il a été trop loin. Il se soumet le 10 janvier 1656 en écrivant aux docteurs de Sorbonne qu'il regrette d'avoir douté de la présence des cinq propositions dans l'ouvrage de Jansénius. Il en demande pardon au pape et aux évêques. Mais cela ne sert à rien. Le 14 janvier, après des débats houleux, le chancelier de l'université en personne se déplace à la demande d'Anne d'Autriche. Il ordonne la censure d'Antoine Arnauld. L'acharnement ne s'arrête pas là. Le processus se poursuit et parvient à son terme le 31 janvier, quand l'assemblée des docteurs décide d'exclure définitivement Antoine Arnauld de son sein. C'est un tremblement de terre.

Angélique explique qu'elle ne comprend guère cet acharnement contre « son pauvre petit frère » et que si l'on efface son nom d'entre celui des docteurs, « il n'en sera que mieux écrit dans le livre de Dieu[4] ». Elle crie une nouvelle fois au martyre. « Certains Parisiens sont en colère, affirme-t-elle, ils pensent qu'ils sont dorénavant en danger de voir venir en France l'Inquisition d'Espagne. Et moi je sais que, lorsque mon père était encore en vie, le recteur de l'université avait écrit que la Sorbonne devait une reconnaissance éternelle à notre famille, qu'elle devait toujours être prête à défendre notre honneur, nos biens et notre réputation[5]. » Elle se sent habitée par la révolte, signe qu'elle n'a « point encore assez d'humilité » pour se soumettre sans réagir.

Les Provinciales

La passivité n'est pas dans la nature d'Antoine Arnauld mais avant même son exclusion, la censure l'a affecté au point de tomber malade. C'est alors que se manifeste l'ami qui va prodigieusement déplacer la controverse. Blaise Pascal, se rapprochant du couvent dans lequel sa sœur est entrée, fréquente de plus en plus les messieurs de Port-Royal et se met à défendre le jansénisme au nom de la liberté de conscience.

Un an plus tôt, le 7 janvier 1655, après une entrevue avec Antoine Singlin, il est monté dans le carrosse du duc de Luynes qui l'a conduit dans son château, et de là aux Granges. Il a quitté Paris, où il habite une petite maison proche du Luxembourg, face à la porte Saint-Michel, pour un séjour aux Champs où il s'est entretenu avec Louis-Isaac Le Maistre de Sacy. Au bout de quinze jours, il est rentré à Paris, a logé dans une chambre à Port-Royal puis est retourné chez lui.

Après cette première retraite, vers la fin de l'année, Pascal est retourné au château de Vaumurier, cette fois avec Antoine Arnauld. L'intendant du duc de Luynes, Nicolas Vitart, avait longuement discuté avec les frères Perrault – Charles, l'homme de lettres, Pierre, le receveur général des finances, et Nicolas, le théologien. Ceux-ci pensaient que les messieurs de Port-Royal devaient informer le public de ce qui se passait en Sorbonne. Les solitaires en parlent à Antoine : « Est-ce que vous vous laisserez condamner comme un enfant sans rien dire ? » Il produit alors un écrit qui les laisse perplexes : « Je vois que vous trouvez cet écrit mauvais, et je crois que vous avez raison, leur dit-il. Je suis malade et n'arrive plus à travailler. » Puis, se tournant vers Pascal : « Mais vous qui êtes jeune, vous devriez faire quelque chose. » Blaise Pascal le lui lit : « Cela est excellent, cela sera goûté ; il faut le faire imprimer[6]. »

On a donc fait imprimer chez Petit, à Paris, le 23 janvier 1656, la *Lettre écrite par Louis de Montalte à un provincial de ses amis et aux R. P. Jésuites sur le sujet de la morale et de la politique de ces pères*. Lorsque les commissaires sont venus chez l'éditeur, sa femme a eu la présence d'esprit de cacher les épreuves dans son tablier, mais ils ont mis les scellés sur les boutiques des sieurs Desprez et Petit. Ceux-ci ont facilement obtenu la levée des scellés, ordonnée par un Parlement qui balance clairement pour les jansénistes au nom d'une solidarité de corps (les Arnauld sont de la magistrature), de leur réseau d'influence (certains parlementaires parisiens dévots ont confié l'éducation de leurs enfants à Port-Royal) et de la défense de leur autonomie politique (le Parlement se positionne comme un contre-pouvoir). Huit jours plus tard, Nicolas Vitart est allé chez les frères Perrault pour leur lire la *Lettre à un provincial* qui a été particulièrement « goûtée ». Le succès est considérable.

Une seconde lettre est imprimée dès le 29 janvier. Preuve de son impact, le chancelier Pierre Séguier s'est trouvé mal après l'avoir lue. Son médecin a été obligé de le saigner sept fois. Antoine Arnauld retourne alors à Paris pour se rapprocher de Pascal qui a trouvé asile à l'hôtel du roi David, une auberge à dix sols par jour située en face du collège du Grand-Clermont, dirigé par les Jésuites. Il écrit ainsi quasi au nez et à la barbe de l'ennemi. Il montre que les docteurs de Sorbonne ne sont pas d'accord entre eux au sujet de la grâce, mais qu'ils se sont unis contre les jansénistes par crainte de la puissance jésuitique. On commence à dire dans Paris que c'est Pascal qui est l'auteur des lettres. Il en écrit encore de nouvelles pour montrer à l'opinion que la condamnation n'est que politique et que la morale des Jésuites est relâchée.

La dispersion des solitaires

Le 12 février 1656, Robert d'Andilly écrit à Mazarin pour lui demander de freiner des passions « aussi injustes que sont celles qui veulent nous opprimer ». Trois jours plus tard, il en prépare une nouvelle. Tandis qu'il est à son pupitre, il est informé par M. de Bartillat, trésorier général de la Maison de la reine, que la Cour s'apprête à envoyer des commissaires pour expulser les messieurs, car le pape l'a demandé au roi. Après réflexion, il écrit plutôt à Anne d'Autriche et la supplie de ne pas envoyer de commissaires et que tout le monde, les hommes comme les enfants, sortira de son plein gré. Il lui demande seulement de lui permettre de finir ses jours dans cette retraite où il s'est retiré naguère après avoir pris congé d'elle et du cardinal ; que n'ayant rien fait depuis qui pût déplaire, il ne peut pas croire qu'on voulût l'en chasser et lui causer une tristesse « pire que la mort ». Il prie la duchesse de Chevreuse de soutenir cette demande.

Les ermites se dispersent donc d'eux-mêmes. Aux Granges, il ne reste plus que Robert d'Andilly, mais qui doit s'en aller car Anne d'Autriche, « quoiqu'elle lui fasse l'honneur d'avoir de l'affection pour lui », n'a rien pu faire. Il part donc pour Pomponne. Tout ce qu'il a pu obtenir – et c'est déjà beaucoup –, « c'est qu'il ne vînt point de commissaire, sur l'assurance qu'il obéirait comme il l'a fait ». « Notre vallée a été vraiment une vallée de larmes, assure Angélique. Tous les messieurs et les enfants, qui étaient quinze, étant si affligés d'être obligés de quitter ce lieu, que cela faisait grande pitié[7]. » Ils sont retournés chez leurs parents ou chez Charles Maignard de Bernières. Angélique ajoute : « J'espère que Dieu assistera ceux qui sont sortis. Ils m'ont extrêmement édifiée : leur douleur était toute chrétienne, sans murmure, sans découragement, sans chagrin. Enfin on a vu par leur sortie qu'ils n'avaient cherché que Dieu en leur entrée. Mais il faut obéir à Dieu en tout. Aussi sont-ils très soumis à sa sainte volonté[8]. »

N'ayant pas été informées, la plupart des sœurs n'ont appris le départ des solitaires que lorsque leurs meubles ont été apportés au couvent. Affligées, elles gardent le silence sans se plaindre ; elles consolent les petites filles qui avaient des frères aux Granges, craignant que leur tour ne vienne. Les sœurs ne devront-elles pas elles aussi quitter les lieux ? Angélique imagine déjà ce qui adviendra un jour après sa mort. Ne pas se révolter, se soumettre, accepter le sort injuste qui frappe, à travers les messieurs, des religieuses pourtant bien peu savantes qui brandissent leur ignorence comme l'étendard de leur bonne foi, tels sont ses mots d'ordre.

Cette première persécution reste pour elle un mystère insondable. Si elle comprend les ressorts humains de jalousie et de haine, elle ne comprend pas pourquoi Dieu, qu'elle sert avec fidélité depuis tant d'années, laisse faire.

Face au lieutenant civil

Le 30 mars, le lieutenant civil Antoine Dreux d'Aubray, accompagné de deux commissaires au Châtelet, vient vérifier que les solitaires et leurs élèves sont bien partis. Charles Dugué de Bagnols, cet ami de Port-Royal qui est un ancien maître des requêtes, apprenant ce dessein, prend les devants et vient rejoindre le lieutenant civil qu'il connaît. Il monte dans son carrosse à la hauteur de Jouy-en-Josas et Charles-Henri de Luzancy, le fils de Robert, qui vient d'être expulsé, part en avant prévenir de leur arrivée.

Le lieutenant civil visite d'abord les Granges où il trouve les logements vides et deux individus qui ont l'air de paysans. Ce sont les deux prêtres, Charles Duchemin, de Picardie, et M. Bouilli, ancien chanoine d'Abbeville. Le premier est habillé en paysan et le second en vigneron. Le lieutenant veut voir les presses. Dans son esprit, il s'agit des presses d'imprimerie sur lesquelles il pense que sont tirées *Les Provinciales*. Ils lui montrent le pressoir. Ils jouent si bien leur personnage que lorsqu'il faut signer l'interrogatoire, le lieutenant civil dit à Bouilli : « Bonhomme, mettras-tu bien là ton nom ? » À quoi celui-ci répond : « Monsieur, je sommes plus accoutumé à tenir une bêche qu'une plume. – Il n'importe, rétorque le lieutenant civil, fais comme tu pourras[9]. »

L'après-midi, le commissaire vient interroger Angélique qui lui raconte toute l'histoire de la réforme et comment les messieurs sont venus à Port-Royal. Il convient que la persécution est abusive : « En vérité Madame, vous dites vrai, et si M. Arnauld et ces autres messieurs n'avaient pas tant d'esprit, on ne parlerait pas tant d'eux et on trouverait moins à redire à ce qu'ils font. Souhaitez-vous, Madame, entendre relire votre interrogatoire avant de le signer ? – J'en serais bien aise puisque je m'attends à le voir imprimer dans quelques jours. – D'où vous vient cette crainte de voir imprimer l'interrogatoire ? Oh, Madame, pour qui me prenez-vous ici ? Je ne suis pas Laubardemont, le diable de Loudun[10]. »

En sortant du monastère, Dreux d'Aubray va saluer le duc de Luynes à Vaumurier, puis se rend aux Troux où Dugué de Bagnols le retient à dîner. Il y passe la nuit et va le lendemain au Chesnay, chez Maignard de Bernières. Il y voit vingt-cinq enfants sous la conduite de Wallond de Beaupuis. Il n'y trouve rien à reprendre et paraît édifié de la bonne éducation et de la discipline qui règnent là.

Insatisfaite éternellement ?

Peu après, Angélique reçoit un courrier de son neveu Antoine Le Maistre qui contient la cinquième *Lettre à un provincial*, publiée le 20 mars. Comme à son habitude, elle le lit d'un œil critique. Pour elle, le silence serait préférable, car l'éloquence « amuse plus de personnes qu'elle n'en convertit ». Une longue expérience lui permet d'observer l'esprit de contradiction de ses contemporains qui se laissent séduire par le brio. Seuls la retraite loin de l'agitation et l'état religieux peuvent procurer le salut. D'où son obstination à attirer à elle les personnes pour qui elle éprouve de l'affection ou de l'admiration. On doit rappeler ici un épisode consigné par une religieuse, Geneviève de l'Incarnation Pineau, qui est devenue l'économe du monastère et qui, une dizaine d'années plus tard, s'obstinera à ne pas signer le fameux formulaire. Faisant l'éloge d'Angélique, elle assure que « Dieu lui a donné une lumière si pénétrante qu'elle a pu discerner une étincelle de la grâce cachée au plus pofond d'un abîme de mort, tel que je l'étais par le péché qui m'avait avilie et rabaissée au-dessous de tout ce qui est créé ». Cette forte tête rappelle sa propre « conversion », opérée en 1630, par Angélique[11].

Jeune fille, Geneviève n'a aucune des qualités qui en feraient une bonne religieuse : aimant la fête, le jeu, la danse, l'agitation et les romans, vaniteuse, curieuse de philosophie, libertine (au sens intellectuel du terme) car elle s'en remet à sa propre raison pour juger les livres de piété et les Écritures. Sceptique, elle pense que les livres saints sont une pure invention de l'esprit humain pour maintenir les hommes dans de bonnes mœurs. Après une période de doute, elle passe par une complète indifférence à l'égard de la religion, puis par une phase de curiosité malsaine : « Mon esprit ne voulait rien croire qu'il ne pouvait comprendre par la raison », écrit-elle. Inquiète pour son salut, une parente lui a conseillé Port-Royal qu'elle a fréquenté dans le seul but de se moquer des moniales. La vie religieuse lui apparaissait comme « une horreur épouvantable », « un supplice insupportable ». Elle a fait trois jours de retraite où elle s'est ennuyée à mourir, puis des neuvaines pendant lesquelles une attirance pour le couvent s'est fait jour. Cela a duré presque dix mois où elle a été déchirée entre deux volontés : vivre dans le monde ou « s'enterrer toute vivante dans un tombeau ». Angélique s'est-elle reconnue dans cette jeune fille ? Toujours est-il qu'elle a usé de sa force de persuasion pour l'attirer à elle un soir qu'elle venait prendre congé pour s'en retourner chez elle :

– Perdrez-vous toujours le temps pour faire votre salut ?

– Je veux vous obéir.

– En quoi ?

– En tout ce qu'il vous plaira.

– C'est bien dit. Mais venons-en aux effets : voulez-vous être religieuse ?

– Non pas, ma mère. Il m'est impossible de vivre entre quatre murailles. La pensée seule m'en fait horreur. Je ne la puis souffrir.

– Et vous voulez tout ce que je veux ? Oui mais à condition que je veuille tout ce que vous voulez vous-même. Je vous le dis de la part de Dieu que vous vous perdrez en suivant vos inclinations. À la fin elles vous rendront malheureuse en ce monde et en l'autre. Il faut vous engager d'une manière ou d'une autre. Arrêtez votre esprit.

Après avoir envoyé la jeune femme prier un moment devant le Saint-Sacrement, Angélique la rappelle. Geneviève Pineau se tient debout devant la grille, serrant les barreaux des deux mains pour se soutenir. Elle n'arrive plus à parler, bégaie quelques mots. La « douleur » et la « répugnance » lui font se frapper plusieurs fois la tête contre les barreaux.

Angélique lui intime l'ordre d'entrer : « Il n'y a plus à délibérer. Allez à la porte. Je vous vais recevoir. » Il lui faut obéir « comme un criminel que l'on mène au supplice et qui n'a plus de pensée que pour la mort prochaine » : « Ma mère, je me repentirai d'être entrée. – Je suis caution que vous ne vous en repentirez jamais. Au contraire, vous louerez Dieu toute votre vie[12]. »

Angélique ouvre la porte de la clôture, mais, voyant qu'elle n'avance pas pour entrer, elle la prend par la main pour la forcer à bouger. Elle entre donc « avec cette heureuse contrainte » le 1er mars 1630, jour de ses vingt-deux ans, pour n'en plus jamais ressortir. Angélique a une nouvelle fois déterminé l'avenir d'une jeune femme.

Immédiatement après la dispersion des solitaires, le pouvoir politique se radoucit : on ne parle plus d'ôter les confesseurs et, le 1er mai, on permet même à Robert d'Andilly de revenir aux Granges. Mazarin et Anne d'Autriche ont intérêt à ce qu'il n'abandonne pas les arbres qui donnent de si beaux fruits. Plus sérieusement, à la fin du mois de mars, survient à Port-Royal de Paris un phénomène étrange qui vient modifier encore le cours des événements.

CHAPITRE XX

Les miracles 1656-1658

Vendredi 24 mars 1656, Antoine Le Roi de La Poterie, un prêtre cousin des Arnauld, qui réside en face de l'église Saint-Jacques-du-Haut-Pas, a confié aux sœurs une épine de la couronne du Christ enchâssée dans un petit soleil de vermeil doré, pour qu'elles se recueillent devant la relique. L'ostension de l'Épine donne lieu à une guérison inexpliquée, un « miracle » sur une pensionnaire de dix ans qui n'est pas n'importe qui : il s'agit de la nièce de Blaise et de Jacqueline Pascal.

Madeleine Périer miraculée

La petite Madeleine Périer, surnommée Margot, est, avec sa sœur aînée, pensionnaire depuis 1654, tandis que leur frère Étienne est élève aux petites-écoles depuis 1651. Âgée de dix ans, elle souffre depuis trois ans d'un ulcère lacrymal. Horriblement douloureux, il dégage une odeur nauséabonde et laisse les médecins impuissants. L'infection a fini par s'écouler dans la gorge si bien qu'on a diagnostiqué une carie osseuse incurable, sauf si on essaie de la cautériser. Mais les parents s'opposent à l'application d'un fer rouge sur l'œil de leur fille. Celle-ci souffre de poussées inflammatoires sévères ; le moindre appui, comme le passage d'un peigne dans les cheveux, est douloureux. Lorsqu'on presse l'abcès, le pus s'échappe par l'œil, par le nez et par la gorge.

Avant de rendre le reliquaire, vers quinze heures (l'heure de la mort du Christ), on le dépose sur un petit autel dans le chœur et les sœurs vont le baiser à genoux après avoir chanté une antienne en l'honneur de la sainte couronne, puis les enfants y vont en procession. La sœur Catherine de Sainte-Flavie Passart, la maîtresse des petites, voyant arriver Margot, lui fait signe d'y poser son œil malade. « Ma petite, priez pour votre œil », lui dit-elle.

Le soir, la petite fille déclare à une camarade : « Mon œil est guéri, il ne me fait plus mal. » La sœur Flavie s'approche, examine l'œil qui paraît aussi sain que l'autre sans qu'il soit possible de remarquer la moindre différence. Trois semaines plus tôt, on avait fait venir un chirurgien renommé, Martin Dalencé, qui la suivait régulièrement. Il avait déclaré qu'il n'y avait rien à faire, qu'elle devait se résigner à n'être que « puanteur, tumeur, boue de l'œil, du nez, de la bouche, à souffrir de la perte de l'odorat, de la peine à dormir, de la maigreur, du mauvais teint, de la faiblesse[1] ».

La mère Agnès, supérieure, constate elle-même la guérison, mais défend d'en parler. Elle fait venir le chirurgien à qui on présente Margot sans le prévenir. Il se met à la regarder de tous côtés sans rien dire ; il lui presse l'œil ; il fait entrer sa spatule dans le nez, et se montre étonné de ne rien trouver. On lui demande s'il se souvient de ce qu'il avait vu. « C'est ce que je cherche, répond-il, mais je ne le trouve plus. Il n'y a rien du tout. » La sœur Flavie lui explique ce qui s'est passé. Prudemment, il la fait répéter et demande si le mal a disparu d'un coup. Margot répond que oui, qu'elle a été guérie dans l'église mais qu'elle n'en a parlé que le soir. Après quelques instants, il déclare : « Il n'y eut jamais de miracles, si ce n'en est un. » Il ajoute qu'il donnera quand on voudra une attestation qu'il est impossible que la guérison ait pu avoir lieu sans un miracle[2], mais ne veut pas se prononcer pour le futur.

Prudence

La mère Agnès reste aussi d'une grande prudence. Dalencé également. Il ne veut pas certifier que le mal ne reviendra pas et appelle son confrère Cressé qui a aussi vu la petite fille à de nombreuses reprises et qui, lui aussi, certifie le miracle. La nouvelle fait le tour du couvent. Le 29 mars, Jacqueline de Sainte-Euphémie Pascal écrit à Gilberte, sa sœur et mère de la petite. Les deux médecins, voyant que l'œil reste sain, décident de rendre publique la guérison et finalement, toute la Cour en entend parler.

Le Vendredi saint, 14 avril, a lieu une cérémonie en l'honneur du miracle, qui se renouvelle chaque semaine : une procession conduit la relique de Saint-Jacques-du-Haut-Pas à la chapelle de Port-Royal. La cour du couvent se remplit de dizaines de carrosses. L'église est bondée et les gens se tiennent aux fenêtres du faubourg Saint-Jacques pour la voir. Tout le monde veut révérer la Sainte Épine et voir l'enfant guérie. On apporte à l'objet du linge à toucher. Ce miracle est-il une consolation donnée par Dieu aux jansénistes persécutés ? Cette guérison inespérée redonne le moral aux amis de Port-Royal et jette ses adversaires dans une grande perplexité. Elle a comme effet immédiat d'arrêter la persécution.

Le 1er juin, Singlin passe une journée aux Champs, avec Antoine Arnauld accompagné de son neveu Louis-Isaac Le Maistre de Sacy. Angélique constate que tous trois sont gais et contents « comme s'ils étaient les plus favorisés du monde ». Le 8, Pascal témoigne sous serment de l'état antérieur de sa nièce et écrit sa seizième *Lettre à un provincial*, adressée aux calomniateurs, dans laquelle il défend l'honneur des religieuses attaquées par les Jésuites qui ne se lassent pas d'attribuer « à des filles d'une piété connue de tout le monde le comble de l'impiété » : « Jésus-Christ, en qui elles sont cachées pour ne paraître qu'un jour avec lui, vous écoute et répond pour elles. On l'entend aujourd'hui, cette voix sainte et terrible qui étonne la nature et qui console l'Église[3]. » À partir du 13 juin, le grand vicaire et official de Paris commence des investigations, avec audition de témoins et production de rapports médicaux, mais la sentence d'approbation du miracle n'est publiée que le 22 octobre. En effet, la fuite du coadjuteur, le cardinal de Retz, pour échapper à la prison et à la vindicte de Mazarin a mis le diocèse en ébullition : l'Assemblée du clergé est divisée, les curés de Paris s'agitent, le grand vicaire est révoqué. Il est remplacé par un prélat plus favorable aux religieuses qui nomme officiellement Singlin supérieur de Port-Royal-du-Saint-Sacrement, le 28 juin 1656.

L'euphorie ne retombe pas car d'autres guérisons ont lieu. Le 5 juillet 1656, il y a le miracle d'Angélique Portelot, de la paroisse Saint-Merri, treize ans, qui ne peut être tournée dans son lit sans souffrir de convulsions. Au terme d'une neuvaine que fait sa mère, lui mettant une chemise qu'on a fait toucher à la relique, elle se lève seule et « toute nue » – c'est-à-dire en robe de nuit –, « n'ayant plus d'habits car on ne lui en faisait point, croyant qu'elle n'en eût jamais besoin ». Elle vient à Port-Royal vénérer la relique un vendredi. C'est la fille d'un magistrat, procureur de la cour, très influent politiquement.

Par la suite, il n'y a pas de semaine où une jeune femme ou une religieuse ne se dise guérie. Une sœur paralysée depuis trois ans et une autre atteinte d'une sciatique depuis six ans se lèvent. Une jeune fille des « Incurables », qui souffre d'une maladie de l'œil depuis six mois, vient à Port-Royal en se cachant car les responsables de cet établissement le lui ont interdit. Elle s'en retourne guérie. En la croisant, le directeur de l'hôpital est surpris de la voir rétablie. Il l'annonce publiquement. Une religieuse coadjutrice d'un couvent d'augustines, fille d'un ancien surintendant des finances, qui souffre depuis quatre ans d'une enflure à l'estomac, pose sur son ventre un linge qui a touché le reliquaire : l'excroissance disparaît instantanément. Elle se lève pour aller à Saint-Paul, sa paroisse, et vient le lendemain avec quatre carrosses dans l'église prier la Sainte Épine. Les témoins de la guérison sont enthousiastes. Son médecin, un huguenot, croit au miracle. Le curé de Saint-Paul, qui est là aussi, le fait savoir et la nouvelle se répand comme une traînée de poudre.

Il y a encore quelques autres guérisons inexpliquées l'année suivante, comme celle du dimanche de la Trinité (27 mai 1657) sur une novice de quinze ans, Claude Baudrand, atteinte de maux de tête et de colites. Seul ce dernier miracle, avec celui de Marguerite Périer, est reconnu par le monastère et célébré par un ex-voto en forme de gravure répondant à celui réalisé pour la nièce de Pascal.

Silence et humilité

Le 27 octobre 1656 est dite une messe d'action de grâce en l'église de Port-Royal. Les religieuses chantent toutes les heures comme aux grandes solennités. Le reliquaire est posé sur un autel paré de blanc. Le grand vicaire, accompagné de seize diacres, cierges en main, célèbre la messe. La petite Marguerite, habillée en civil avec une robe grise et une coiffe, se tient agenouillée sur deux coussins afin d'être vue de la foule.

Pour Angélique, qui a suivi les événements de loin, la plus grande prudence s'impose. Cependant, le miracle de la nièce de Pascal est là pour rappeler aux religieuses leur extrême petitesse devant Dieu et sa terrible grandeur : « À l'heure qu'on nous croyait perdues sans ressource, qu'on avait chassé tous nos ermites et qu'on disait qu'on donnerait nos maisons à d'autres, qu'on ne parlait plus de nous que comme des excommuniées et des hérétiques déclarées, Dieu a fait ce miracle pour nous convertir[4]. »

Qu'elle soit définitive ou non, la guérison est un signe « des bontés de Dieu » et appelle à la transformation intérieure. S'il ne tenait qu'à elle, on n'aurait rien dit et on ne chercherait pas à en savoir davantage. À un correspondant, elle déclare qu'elle préférerait « que Dieu délivre sa vérité non par des miracles visibles mais par les invisibles de la conversion des cœurs qui se fait sans rumeur et sans bruit. Silence et humilité, cela vaut mieux pour nous et pour le bien de la cause que tous les miracles[5] ».

Cet épisode miraculeux protège le couvent qui est mis sous le feu de l'actualité d'une manière spectaculaire. Les attaques ne reprennent qu'au fur et à mesure que l'écho s'en estompe. Les Jésuites continuent à traiter publiquement les solitaires de « rebelles à l'Église, aux évêques et au pape, disant qu'ils ne croyaient pas aux sacrements et les appelant hérétiques », quoiqu'ils concèdent qu'ils sont « gens de bien en apparence et qu'il se fit des miracles chez eux[6] ».

En mars 1657, Angélique vient à Paris à la demande de Singlin à la suite d'une attaque d'apoplexie de sa sœur Agnès. Elle la supplée, pour ainsi dire, durant sa convalescence. Au cœur de l'actualité, elle suit les événements. Le nonce a présenté au roi la bulle *Ad sacram* où Alexandre VII confirme celle de son prédécesseur et condamne de nouveau les cinq propositions qu'il déclare se trouver dans l'ouvrage de Jansénius. Deux Jésuites, l'archevêque de Toulouse, Pierre de Marca, et François Annat, nouveau confesseur de Louis XIV et auteur du *Rabat-joie des jansénistes*, se déchaînent. Sous leur pression, l'Assemblée du clergé entérine la bulle et rédige en conséquence un nouveau formulaire, auquel le Parlement s'oppose car il rechigne à favoriser les prétentions du Saint-Siège à l'infaillibilité et craint que celui-ci ne veuille introduire l'Inquisition en France. La bulle est enregistrée de force le 29 novembre. Entre-temps, Pierre de Marca a demandé au roi une déclaration qui enjoindrait à tous les ecclésiastiques de signer le formulaire sans délai.

Contre l'avis d'Angélique, les amis de Port-Royal rallument alors la polémique. Pascal compose sa dix-huitième *Lettre à un provincial*, adressée à Annat qu'il accuse de se laisser emporter par sa haine, sans parvenir à prouver quoi que ce soit car les jansénistes sont « catholiques sur le droit, raisonnables sur le fait et innocents en l'un et l'autre[7] ». Le pape a condamné les cinq propositions parce qu'il est un ami des Jésuites, lesquels l'ont trompé en lui faisant croire qu'elles étaient tirées de l'*Augustinus*. Et quand bien même « il serait véritable que Jansénius aurait tenu ces propositions, quel malheur arriverait-il de ce que quelques personnes en douteraient, pourvu qu'ils les détestent, comme ils le font publiquement. En seraient-elles plus censurées quand on dirait que Jansénius les a tenues ? À quoi servirait donc d'exiger cette reconnaissance, sinon à décrier un docteur et un évêque qui est mort dans la communion de l'Église[8] ? » Pascal accuse donc les Jésuites de semer le trouble et d'allumer une guerre dans l'Église gallicane sur un simple ressentiment à l'égard de quelques personnes qui ne leur ont rien fait ! Antoine Le Maistre, de son côté, se bat pour la liberté de conscience : il publie une *Lettre d'un avocat au Parlement à l'un de ses amis touchant l'Inquisition qu'on veut établir en France à l'occasion de la nouvelle bulle du pape Alexandre VII*. Angélique, qui ne cesse de vouloir l'apaisement au prix d'une soumission sans condition, semble prêcher dans le désert. Pourtant, en avril 1657, Pascal se décide enfin à ne plus écrire et renonce à achever une dix-neuvième *Provinciale*.

Guillaume Dugué de Bagnols, protecteur des jansénistes, est en train de négocier secrètement avec l'archevêque de Rouen, François de Harlay de Champvallon, pour que l'Assemblée du clergé renonce à demander la signature du formulaire. Mais, le 15 mai 1657, il meurt subitement dans son château des Troux. On l'enterre à Port-Royal des Champs où la prieure, Marie de l'Incarnation Le Comte, organise la cérémonie. De son côté, Jacqueline de Sainte-Euphémie Pascal, maîtresse des enfants, prend soin de la fille du défunt. Elle explique à Angélique que l'enfant, tout accablée de douleur qu'elle soit, « a témoigné bien de la crainte de Dieu, n'a dit que peu de paroles pleines de jugement. Elle s'avisa fort bien, quoique étouffant de pleurer, de prier M. Singlin de lui servir de père[9] ».

Nouveaux soutiens

Malgré ces disparitions, les protecteurs ne manquent pas. Depuis longtemps, de grandes dames sont attirées par la réputation d'excellence de l'endroit et par les figures d'Angélique et d'Agnès. La marquise de Sablé s'est définitivement installée à l'abbaye en 1656. Ancienne demoiselle d'honneur de Marie de Médicis, la plus authentique des précieuses selon le Jésuite Rapin dans son *Histoire du jansénisme*, elle, est « l'oracle que la Cour consulte ». Elle écrit à Angélique tous les jours, elle reçoit le duc de La Rochefoucauld, Mlle de Montpensier, Mlle de La Fayette, Blaise Pascal… Son ancienne voisine de la place Royale, la comtesse de Maure, loge tout près d'elle ; elles se voient à peine mais s'écrivent six fois par jour. Ces prestigieuses locataires, auxquelles il faut ajouter Marie-Angélique Acquaviva d'Aragon, duchesse d'Atri, sont rejointes par le chevalier René-Renaud de Sévigné. Ce valeureux militaire, oncle de la célèbre marquise et beau-père de Mme de La Fayette, est un proche du cardinal de Retz. Ce sont souvent des personnalités controversées et frondeuses qui expriment leur admiration, alors que les Arnauld sont restés neutres durant la guerre. À l'occasion des miracles, elles se précipitent à Port-Royal, comme le fait Anne de Gonzague, princesse Palatine et sœur de la reine de Pologne, femme sulfureuse, liée au Grand Condé. La reine d'Angleterre, veuve et réfugiée en France, y vient pour soigner sa langueur par une neuvaine. Certes, elle ne franchit pas la clôture, ce que son statut lui permettrait pourtant, mais elle observe la communauté depuis la grille du chœur.

À la fin du mois d'août 1657, Angélique retourne aux Champs. Sa notoriété est telle que tout le monde lui demande son avis sur des sujets liés à la vie religieuse et même à la vie en général. Par exemple, elle dicte le 8 octobre 1657 une lettre pour Catherine d'Angran, marquise de Belisy, à propos de l'éducation de sa fille. Il faut former une femme éventuellement savante mais ni snob ni futile :

> Pour le latin, la géographie et l'écriture, passe. Mais danser et chanter pour avoir un peu de grâce, je vous avoue que je trouve cela si opposé au christianisme que je ne puis l'approuver. Le chant, quelque innocence qu'on y veuille trouver, est si corrompu dans ces belles paroles qui, sous leur civilité, sont toutes envenimées aussi bien que dans les airs où se trouvent la vaine complaisance et la badinerie, que tout m'en semble terrible. Pour la danse, outre le mal, il y a de la folie[10].

Elle se montre sévère sur les qualités que l'époque semble favoriser chez les femmes au prétexte qu'une éducation trop stricte est contreproductive. La morale ordinaire prétend que si l'on « contraint » trop une fille, « elle s'émancipera davantage quand elle sera mariée ». Angélique compte sur la fermeté alliée à la douceur maternelle, quand bien même la mère « aura satisfait à sa conscience et à l'obligation où elle est de se sauver par la bonne éducation de sa fille ». Elle s'est déjà exprimée à plusieurs reprises sur l'inefficacité de la plupart des méthodes pédagogiques. Alors qu'elle a passé sa vie dans un couvent peuplé de femmes âgées, de retraitantes et de jeunes filles, elle déplore le fossé qu'elle constate entre les générations et les états de vie. Est-ce raisonnable de confier l'éducation d'enfants que l'on doit marier à des femmes dont la vocation est opposée ? Au bout du compte, ces demoiselles sont semblables à celles « qui n'ont point bougé du monde », et « les mondains jugent ridicule ce qu'elles retiennent de leur pensionnat[11] ».

Alors que Jacqueline Pascal vient de terminer son *Règlement pour les enfants de Port-Royal*, daté du 15 avril, qui se veut, selon le souhait de Singlin, le compte rendu fidèle de ce qu'elle a organisé pour les pensionnaires dont elle s'occupe et à qui elle apprend à lire, écrire et compter, Angélique est dubitative sur les résultats. Ce n'est pas la première fois qu'elle se plaint des difficultés d'éducation, lorsqu'elle constate que les petites sont désobéissantes, dissipées et qu'elles rechignent à suivre le rythme monacal. L'abbesse préférerait qu'elles obéissent au doigt et à l'œil, mais malgré l'austérité qui règne à Port-Royal, ces fillettes manifestent leur attachement à l'endroit par toutes sortes de témoignages. Il ne faut pas s'en tenir au dehors sévère des sœurs dont le cœur déborde d'affection pour les pensionnaires, à l'instar d'Angélique qui sait les prendre dans ses bras pour les consoler. Racine fait l'éloge de l'établissement : « Une des choses qui rendaient cette maison des plus recommandable, et qui peut-être aussi lui a attiré plus de jalousie, c'est l'excellente éducation qu'on y donnait à la jeunesse. » Il ajoute que « les leçons de piété qu'on y donnait aux jeunes filles faisaient d'autant plus d'impression sur leur esprit qu'elles les voyaient appuyées de l'exemple de toute une grande communauté, uniquement occupée à louer et servir Dieu[12] ». Dans l'acharnement contre les jansénistes, il y a aussi beaucoup de jalousie.

Le cas Charlotte de Roannez

Parmi les jeunes femmes attirées par Port-Royal, Charlotte de Roannez, fille et sœur de duc, donne une publicité éloquente à son désir de se faire religieuse. Le 4 août 1656, au terme d'une neuvaine pour obtenir la guérison d'un œil et au moment de vénérer la Sainte Épine, la jeune femme se sent « tellement touchée du désir de se faire religieuse dans cette maison qu'elle y serait restée si elle avait été assurée qu'on lui eût ouvert la porte sur-le-champ[13] ». Angélique est enchantée de ce que le miracle accompli est spirituel. Charlotte se confie à Singlin puis à son frère, lequel l'emmène dans son gouvernement du Poitou pour lui changer les idées et éprouver sa vocation.

Sa mère, qui veut la marier, la surveille étroitement. Revenue à Paris, Charlotte poursuit son idée fixe. Elle conçoit un stratagème pour retourner à Port-Royal. Lors d'un office à Saint-Merri, elle se retire dans une chapelle et, profitant d'une inattention de sa mère, se jette dans un carrosse envoyé par l'une de ses amies et se fait conduire au couvent où elle devient postulante sous le nom de Charlotte de la Passion. La mère et le frère viennent à plusieurs reprises pour la faire changer d'avis, mais la trouvent entêtée. Elle promet seulement de ne prendre l'habit qu'au bout d'un an. Sa mère, convaincue par les Jésuites « qu'elle se damne à accepter sa fille dans une maison d'hérétiques », se plaint à Anne d'Autriche et obtient une lettre de cachet pour la récupérer. La lettre arrive le 19 juillet mais la novice ne veut rien savoir.

Durant quatre mois, elle tergiverse avant d'être contrainte d'obtempérer. Le 3 novembre, la maréchaussée la fait sortir et la raccompagne chez elle sous bonne escorte. Dans la nuit, elle a fait vœu de chasteté et, « mue par un furieux instinct », s'est coupé les cheveux. En partant, elle a déclaré qu'elle les couperait dès qu'ils repousseraient et qu'elle vivrait en religieuse chez elle jusqu'à ce qu'elle revienne à Port-Royal.

Comme aime à le souligner Angélique dans ses lettres, malgré la bulle et les attaques dont font l'objet les théologiens jansénistes, Port-Royal prospère. En janvier 1658, il y a cent treize professes, dix novices, neuf postulantes et soixante-seize petites filles. Antoine Singlin est le supérieur. Antoine de Rebours, Claude de Sainte-Marthe et l'un des fils de Catherine Le Maistre sont confesseurs. Les journées sont rythmées par les offices, par l'oraison devant le Saint-Sacrement nuit et jour, par le travail manuel, les lectures et les conférences.

Chapitre XXI

Les yeux levés vers le ciel
1658-1661

Le 4 novembre 1658, Antoine Le Maistre, à qui le cardinal Mazarin a permis de revenir aux Champs, meurt après avoir passé vingt et un ans dans l'état de « pénitent ». Il n'a été malade que huit jours. Il était en train d'écrire des vies de saints. Angélique se rappelle qu'il est le premier à être venu « dans cette maison alors abandonnée et par son exemple il en a attiré beaucoup d'autres[1] ». Le 30 novembre du même mois, le père Fleury, confesseur de la reine de Pologne, disparaît à son tour. Angélique cherche un nouveau prêtre disponible pour aller en Pologne : elle trouve finalement un certain père Lenchon. Le 10 décembre, c'est sœur Marie des Anges Suireau qui s'éteint. Arrivée dès 1615, religieuse louée par tous, elle a été à la tête de Maubuisson et de Port-Royal. Le 18 décembre, Agnès est réélue abbesse. Le lendemain, Anne Hurault de Cheverny, marquise d'Aumont, s'éteint et est enterrée dans le cloître de l'abbaye de Paris. Elle n'a formulé qu'un seul vœu : que les religieuses, quand elles feront mémoire de son nom, ajoutent « notre sœur ». Angélique paraît très affectée, regrettant de ne pas avoir témoigné à la défunte autant de reconnaissance et d'affection qu'elle l'aurait dû.

Sérénité

Le 25 janvier 1659, Marguerite de Sainte-Thècle Josse a fait sa profession. Partie avec la reine de Pologne comme demoiselle de compagnie, elle avait depuis longtemps le désir d'entrer à Port-Royal, elle écrivait souvent à Angélique. Après deux années dans l'expectative, la reine l'a autorisée à rentrer en France. À son arrivée, Angélique lui dit : « Eh bien ! Ma fille, vous avez fait bien du chemin ; mais, voyez-vous, un voyage de six cents lieues est peu de chose si on ne renonce à soi-même. C'est pour cela que vous êtes venue ici. Et c'est aussi à quoi vous allez travailler toute votre vie[2]. »

Le grand âge venant, Angélique a besoin d'une garde-malade qui l'aide dans sa vie quotidienne à se vêtir, marcher, se coucher. Peu après sa profession, au début de 1656, Marguerite est placée auprès de l'ancienne abbesse. Elle l'aide à se déplacer dans le couvent ; elle lui sert ses repas (souvent des œufs à la coque qu'Angélique mange par obéissance et esprit de sacrifice). Elle l'emmène à la messe : « Ma fille, savez-vous bien où nous allons ? Nous allons au calvaire. Oui, ma fille, nous allons assister au même sacrifice qui se fit lorsque Jésus-Christ fut attaché à la croix. Nous n'avons point de foi, car s'il était vrai que nous le crussions, avec quel respect et quelle dévotion n'assisterions-nous pas à ce divin sacrifice[3] ! » Quand Marguerite s'effraie des échos de la persécution que subit Port-Royal, l'ancienne abbesse lui conseille de ne s'occuper ni du passé ni de l'avenir et de « vivre présente à Dieu dans chaque jour ».

En prenant de l'âge, celle-ci acquiert de la sérénité. Elle qui avait dit à Martin de Barcos en 1652 qu'elle n'agissait dans tout ce qu'elle faisait que par raison et par intérêt, qu'elle ne sentait jamais « ce pur amour de Dieu » qui doit être « le principe et la fin de toutes les actions », la voilà apaisée. Elle a fait siens les mots de Barcos selon qui c'est un triste état que celui de notre vie « où on ne sait jamais au vrai ce qu'on est », mais que cet état d'incertitude ne doit pas plonger les fidèles dans l'angoisse parce que l'anxiété est un péché contre l'espérance, l'espoir et la joie intérieure nécessaires pour servir Dieu. La condition humaine est d'être suspendue entre deux extrémités : la peur et la certitude, le désespoir et la joie, l'orgueil et l'humilité. La confiance sans crainte et la crainte sans confiance sont délétères. Associées, elles permettent de garder un juste milieu.

Angélique semble sûre d'elle. La persécution est un défi qu'elle relève et qui la pousse à devenir une figure tutélaire auprès de laquelle on prend conseil et dont on suit les avis. Elle a fait des concessions et s'exprime comme l'aurait fait jadis François de Sales, adepte du juste milieu : une dévotion riante, des efforts proportionnés aux facultés de chacun. De la privation des sacrements, elle ne parle plus. Déchargée des soucis de la direction, elle s'apaise :

> Pour moi, je suis persuadée que tant d'inquiétudes que l'on se donne pour éviter les maux font plus de mal que les maux mêmes. Bienheureux sont ceux qui, selon la parole de Notre Seigneur, n'ont point souci du lendemain ; ce qui n'empêche pas la prudence raisonnable qui ne s'inquiète point et qui fait tout par la conduite de l'esprit de Dieu, ne s'appuyant que sur lui et sur les promesses qu'il nous a faites de nous secourir dans tous nos besoins[4].

Au soir de sa vie, elle s'abandonne enfin à la Providence.

La grâce d'être en paix

Elle s'intéresse aux autres et prend soin de maintenir de bonnes relations avec toutes ses connaissances. Elle n'hésite pas à descendre dans des détails pratiques. En 1659, un ami fidèle du monastère qui est aussi leur chargé d'affaires, Simon du Plessis Akakia, gagne un procès pour une de leurs fermes. Alors qu'il voulait demander une lettre de recommandation à l'une de leurs protectrices pour le juge de Rambouillet, Angélique l'en a dissuadé car elle ne veut pas « presser ces dames et les importuner. Il ne faut point que les gens qui nous ont fait du bien se repentent jamais de nous en avoir fait. Il semble que les communautés ne soient faites que pour recevoir et pour ne jamais donner. Il ne faut pas être ainsi[5]. »

Satisfaite des bienfaits que les laïcs leur distribuent, elle veille en même temps à ce que ces amis ne soient pas importunés et recherchent des relations non pas mondaines, mais spirituelles. Le 16 mai 1660, elle écrit à Sévigné qui s'est encore rapproché de Port-Royal en mettant son carrosse à la disposition du couvent et en offrant du beurre de Bretagne. Veuf, il s'est fait bâtir une maison dans la cour du monastère parisien. Il a accepté Singlin comme confesseur malgré sa « froideur » et écrit régulièrement à Angélique, qui lui prodigue des conseils spirituels et lui répète qu'il « faut toujours être dans la paix et la confiance en Dieu, quelque horreur qu'on ait de la grandeur de nos maux ; on ne saurait l'avoir trop grande mais il faut encore avoir une plus grande idée de la miséricorde de Dieu puisqu'elle est infinie[6] ».

Alors que Sévigné veut offrir une jolie lampe à Angélique, celle-ci refuse en disant qu'elle en a déjà une valant dix sols dont elle se sert depuis vingt ans ; elle ne reçoit « aucune incommodité depuis tout ce temps, non plus que toutes nos autres sœurs qui n'en ont pas d'autres. Il faut que vous sachiez, mon bon frère, que la pauvreté rend bien agréables et utiles la plupart des choses que les riches trouvent fâcheuses et incommodes[7]. »

Ses lettres montrent une femme apaisée qui entrevoit la grandeur de Dieu non pas comme une menace mais comme un présent. Parvenue au terme de sa vie, elle ne conçoit plus la grâce que comme un don gratuit, comme elle s'en ouvre à Anne-Geneviève de Bourbon, duchesse de Longueville. L'ancienne frondeuse l'a rencontrée et s'est montrée « humble, douce et dévote ». Angélique ne cesse de chanter ses louanges, car elle « préfère infiniment ces qualités à des feux volages qui ne produisent que de belles paroles ». Elle ne doute pas qu'elle fasse retraite :

> Votre Altesse a tellement confondu ma petitesse par les termes si obligeants et si humbles dont il lui a plu de m'honorer. Je me sens indigne non seulement que Votre Altesse me traite d'une manière si disproportionnée à ce que je suis, mais qu'elle songe même à moi. – Je me recommande à vos prières, ma mère. – Que vous êtes heureuse, Madame, de mettre votre ambition à croître dans la grâce et dans toutes les vertus qu'elle produit et d'avoir connu par la lumière de la foi, et non par la vaine philosophie, que toute la grandeur du monde n'est qu'illusion[8].

Nul doute que le soutien appuyé de personnages de haut rang constitue, même s'ils se sont montrés politiquement remuants, un frein aux brimades que subissent les jansénistes : on leur retire leurs pensionnaires, on leur interdit de recevoir des novices et on disperse les ermites, mais les religieuses, elles, ne sont pas inquiétées.

Un monastère vide

L'Assemblée du clergé délibère tout le mois de janvier 1661 sur l'affaire janséniste dans une grande cacophonie. Le 1er février, elle met au point une lettre circulaire aux évêques pour qu'ils fassent signer le formulaire de 1656 non seulement aux prêtres diocésains, mais aussi à tous les éducateurs et donc aux maîtres des petites-écoles. Les frères d'Angélique, Robert et Henri, pensent comme elle qu'il faut se soumettre et signer, considérant qu'il s'agit d'une humiliation envoyée par Dieu pour les purifier.

L'humilité n'est-elle pas ce qui signale le vrai chrétien, celui qui se détache des affections terrestres ? Comme les pauvres, les puissants finissent tous par mourir. Leurs richesses et leur autorité ne leur serviront à rien au jour du Jugement. Vendredi saint 9 mars 1661, le cardinal Mazarin s'éteint à Vincennes. Cet événement, écrit Angélique, « fait voir à toute la terre que les biens immenses, les honneurs et la puissance n'empêchent point les hommes de mourir[9] ». Elle demande à Marguerite Josse, qui l'accompagne partout, en désignant le cloître : « Je vous prie qu'on m'enterre dans le préau et qu'on ne fasse point de badinerie. »

La disparition de Mazarin est un drame pour les jansénistes car s'il se servait de cette affaire pour se rendre indispensable à Rome et tenir le clergé gallican sous sa coupe, les intrigues religieuses l'intéressaient peu. Il ménageait l'un et l'autre camp. Sitôt le cardinal disparu, Marca et Annat entrent au conseil de conscience et le 13 avril, au moment où il se prépare à faire ses Pâques, Louis XIV ordonne l'expulsion immédiate des pensionnaires et des novices des deux monastères.

Le jour même de la mort de Mazarin, Angélique de Saint-Jean a déclaré à sa tante qu'une nouvelle persécution se préparait et lui a suggéré de rentrer à Paris auprès de sa sœur Agnès pour la soutenir et, peut-être, dans l'espoir que le prestige de l'ancienne abbesse atténue les brimades. Elle célèbre Pâques aux Champs le 17 avril. Le samedi suivant, elle part pour Paris. Elle rassemble les sœurs dans la salle du chapitre pour leur dire au revoir puis salue son frère d'Andilly qui l'attend dans la cour : « Adieu mon frère, bon courage ! – Ma sœur, ne craignez rien. Je l'ai tout entier. – Mon frère, mon frère, soyons humbles. Souvenons-nous que l'humilité sans fermeté est lâcheté, mais que le courage sans l'humilité est présomption[10]. » Un ecclésiastique rencontré en chemin lui apprend que le lieutenant civil est venu dans la maison de Paris pour donner l'ordre de renvoyer les pensionnaires. Elle se met aussitôt à réciter le *Te Deum* avec les sœurs qui l'accompagnent. Quand elles arrivent, tout le couvent est en larmes. Sa sœur Agnès l'accueille. Elle venait de lui écrire :

> Je crois que ni vous ni moi n'aurons à l'avenir non plus de santé que de cité permanente en ce monde et que nous ne devons plus songer à la vie que pour l'offrir sans cesse à Dieu, ne sachant ni le jour ni l'heure qu'il nous appellera, ni si nous aurons pour lors le pouvoir de la lui offrir. Voici le temps des dernières mais plus rudes souffrances : il faut prier Dieu qu'il conforte nos cœurs pour les soutenir. Les amertumes du corps affligent l'âme mais la secrète vertu de Dieu la fortifie dans les infirmités[11].

D'un coup, toutes les pauvres petites filles se pressent autour d'elle, au risque de la faire tomber en s'agrippant à sa robe. Elle leur déclare : « Quoi ? mes filles, je pense qu'on pleure ici ! Et où est votre foi ? Et de quoi vous étonnez-vous ? Quoi, les hommes se remuent ! Eh bien, ce sont des mouches. En avez-vous peur ? Vous espérez en Dieu et vous craignez quelque chose ? Croyez-moi, ne craignons que Lui et tout ira bien[12]. »

Le 5 mai, elle accompagne à la porte Mlle de Luynes, entrée au noviciat au début du carême, que sa grand-mère, la duchesse de Chevreuse, est venue chercher. Angélique lui dit : « Madame, tandis que Dieu sera Dieu, j'espérerai en lui et je ne perdrai point courage. » Puis s'adressant à la jeune fille en larmes : « Allez ma fille, espérez en Dieu et mettez en lui votre confiance. Nous nous reverrons ailleurs, où il ne sera plus au pouvoir des hommes de nous séparer[13]. »

Gabrielle Dugué de Bagnols, qui est là depuis ses cinq ans, part avec Mlle de Luynes car elle est entrée en même temps qu'elle au noviciat. Elles se rendent tout près, au Val-de-Grâce.

Le 6 mai, le lieutenant civil va aux Champs et emmène quatre pensionnaires restées là dans l'attente de l'arrivée de leurs parents.

Le 8 mai, Antoine Singlin reçoit l'ordre de se retirer en Bretagne et il célèbre sa dernière messe à Port-Royal. En réalité, il va se cacher dans Paris. Angélique sent qu'elle ne reverra jamais ce confesseur qui prend soin d'elle depuis vingt ans. Par pudeur, elle se tait. Il semblerait qu'il ait réussi à la voir clandestinement à deux ou trois reprises dans les semaines qui suivirent.

Le lieutenant civil revient à Paris cinq jours plus tard pour faire ôter l'habit aux dernières novices et les faire sortir ainsi que toutes les postulantes qui partent le lendemain.

Le 17 mai, un sous-pénitencier du diocèse est installé par le vicaire général, Jean-Baptiste de Contes, comme supérieur et confesseur des religieuses, et il nomme à son tour deux prêtres de Saint-Nicolas-du-Chardonnet pour être confesseurs sous son autorité. La maison est quasi vide. Les voix des pensionnaires et les chants des novices ne résonnent plus sous les arches du cloître. Tout est silencieux, étrangement, car si les religieuses ont l'habitude du silence, la présence des fillettes animait ces lieux austères. Le vicaire général vient en personne visiter la maison.

À Anne d'Autriche

Le 25 mai, Angélique finit de dicter une longue lettre à Anne d'Autriche, sorte de testament spirituel. Tous ses amis l'ont suppliée d'avertir, en sa qualité d'ancienne abbesse réformée, la reine mère. Elle rappelle son attachement à François de Sales, à Jeanne de Chantal et au pape. Elle s'interroge encore sur les raisons de la persécution de religieuses peu instruites :

> Madame, l'état où je me trouve réduite par mon âge, par une langueur continuelle et par une maladie qui m'a mise en état depuis peu de jours de demander les sacrements au milieu de la nuit, ne croyant pas vivre jusqu'au jour, me rend si présente l'obligation d'aller bientôt paraître devant Dieu pour lui rendre compte de toutes les actions de ma vie que si je me considérais seule, je ne penserais peut-être plus à me justifier sur la terre devant Votre Majesté des imperfections désavantageuses qu'on s'est efforcé de lui donner touchant la conduite de cette maison[14].

Pour ses compagnes, elle se défend, car elle sait bien que l'on raconte que la maison est suspecte. Mais comment est-ce possible puisque son « principal conducteur dans la vie religieuse » a été François de Sales de qui elle a appris « l'esprit véritable qu'on doit inspirer aux âmes qui quittent le monde pour se consacrer entièrement à Dieu » ; qu'elle a été liée à Jeanne de Chantal d'une amitié très étroite et que les directeurs ne les ont jamais autorisées à parler « des matières contestées qui sont si fort au-dessus de notre sexe et de notre profession » ; qu'ils ne leur ont « jamais fait lire aucun des livres, y compris *De la fréquente communion* » ? « Des religieuses qui ne cherchent qu'à servir Dieu dans le secret et le silence sont traitées comme elles le sont par cette seule raison que l'on suppose qu'elles sont instruites et qu'elles s'intéressent en des choses qu'elles ignorent. Nous sommes très soumises au pape et très attachées à l'Église catholique dans laquelle nous sommes nées et sommes très résolues avec la grâce de Dieu de vivre et mourir[15]. »

Dernier interrogatoire

Les deux visiteurs, le pénitencier Louis Bail dont, nous dit Racine, « les cheveux se hérissaient au seul nom de

Port-Royal[16] », et le vicaire général Jean-Baptiste de Contes reviennent à Port-Royal le 27 mai. Ils entrent dans la chambre d'Angélique qui se redresse dans le lit. Contes l'interpelle sans égards :

– Comment vous trouvez-vous ?
– Comme une fille, Monsieur, qui va mourir.
– Eh, quoi ? ma mère, s'écrie M. de Contes. Vous dites cela comme une chose indifférente ! La mort ne vous étonne-t-elle point ?
– Qu'ai-je fait de mon existence ? Quand tout passera par le feu, je suis assurée qu'il n'en restera rien. Que Dieu par Sa miséricorde me pardonne. Après tout, si je n'eusse fait cette réforme, j'eusse été damnée. Ce n'était pas une œuvre de surérogation, mais d'obligation. Que Dieu me pardonne de ne m'être pas réformée moi-même, et d'avoir très souvent fait des choses qui ont beaucoup nui à cette réforme et qui l'ont pensé ruiner. Je n'y ai jamais rien fait qui vaille, et je ne songe jamais à ma conduite sans une extrême confusion et une grande crainte du compte que j'en dois rendre à Dieu.
– Ma mère, que dites-vous ?
– Monsieur, je suis venue ici pour me préparer à mourir. Mais je n'y étais pas venue pour voir ce que j'y vois[17].

Il se détourne, gêné et aurait haussé les épaules.

Antoine de Rebours doit partit le 11 juin. Le lendemain, Charles Akakia du Mont, ecclésiastique fort pieux, très dévoué, s'en va également. Le 17 juin, Louis-Isaac Le Maistre de Sacy se retire à Saint-Jean-des-Troux, non loin des Champs, puis au faubourg Saint-Marceau, chez Nicole-Madeleine, veuve de Nicolas Vitart père. Enfin, Claude de Sainte-Marthe, curé de Mondeville, dans le diocèse de Sens, qui confessait les religieuses depuis 1656, doit aussi s'exiler. Angélique réconforte les sœurs : « Mes filles, ne vous tourmentez point de tout cela ; je ne suis pas en peine si on vous rendra vos novices et vos pensionnaires ; mais je suis en peine si l'esprit de la retraite, de la simplicité et de la pauvreté se conservera parmi vous. Pourvu que ces choses subsistent, moquez-vous du reste[18]. »

« Je, N., reconnais être obligé en conscience de condamner de cœur et de bouche la doctrine des cinq propositions de Cornélius Jansénius contenue dans son livre intitulé *Augustinus*, que le pape et les évêques ont condamnée laquelle doctrine n'est point de saint Augustin, que Jansénius a mal expliqué contre le vrai sens de ce saint docteur[19]. » Le 22 juin, les religieuses de Paris signent le formulaire. Le 23, c'est au tour des religieuses des Champs. On tient Angélique à l'écart, considérant qu'étant malade elle est dispensée de signer.

Le lieutenant civil Antoine Dreux d'Aubray et le procureur du roi vérifient le départ des confesseurs, inspectent les anciens appartements de la duchesse d'Atrie, de la marquise de Sablé et du chevalier de Sévigné. Le 1er août, ils font murer les portes par lesquelles les logis du dehors communiquent avec l'intérieur de l'abbaye. Port-Royal se renferme strictement en la clôture décidée par Angélique Arnauld cinquante-deux ans plus tôt.

Dès lors, toute la communauté veille son abbesse et s'abîme dans la prière. Angélique a du mal à avaler, ses jambes sont enflées, ses douleurs sont intenses. Elle reste lucide. À sa nièce qui l'assiste avec Marguerite Josse, elle dit dans un souffle : « Je crains qu'on ne fasse de moi toutes sortes de contes. » On lui a apporté pour la troisième fois le saint viatique. « Toujours les yeux levés vers le ciel[20] », elle prie intensément. Sa vue s'obscurcit. Elle ne distingue plus ni sa sœur Agnès ni sa nièce Angélique de Saint-Jean qui sont auprès d'elle. Leurs voix s'éloignent. Le soir vient et la fraîcheur. Elle se repose enfin, puis son souffle s'éteint.

Épilogue

D'une Angélique à l'autre

La mère Angélique Arnauld meurt le soir du 6 août 1661, jour de la Transfiguration, âgée de soixante-dix ans moins un mois et deux jours.

Le lendemain, on expose son corps à la grille de l'église où les gens se pressent pour la toucher et appliquer leur mouchoir et leur chapelet sur ses vêtements. Angélique de Saint-Jean fait faire son masque mortuaire et Philippe de Champaigne offre son portrait qu'on suspend au réfectoire. Elle est inhumée le 8 août, sous les dalles du chœur de Port-Royal de Paris. Son cœur est porté aux Champs.

Une réformatrice exemplaire

Le 30 août, à l'issue de leur inspection où ils ont interrogé toutes les religieuses, les deux visiteurs rendent une « carte de visite » parfaite et expliquent qu'ils ont trouvé une maison « bien ordonnée, exacte observance des règles, grande charité entre les sœurs et la fréquentation des sacrements, une foi orthodoxe et une obéissance légitime[1] ». Racine raconte que l'on se garda bien de montrer au roi cette carte de visite « qui aurait été capable de lui donner contre les persécuteurs de ces religieuses toute l'indignation qu'ils lui avaient inspirée contre elles[2] ». L'abbesse s'est toujours déclarée dévote, bonne catholique et obéissante à l'Église. Ses directeurs successifs en ont témoigné. Sa réputation de réformatrice n'a jamais fait l'ombre d'un doute. C'est cette réputation qui a longtemps protégé Port-Royal alors que Saint-Cyran et le Grand Arnauld, s'entêtant à produire pamphlet sur pamphlet, étaient partis à l'offensive contre le relâchement religieux de leurs contemporains.

La mort d'Angélique est suivie de peu par celle du confesseur Antoine de Rebours le 12 août, et par celle de Jacqueline de Sainte-Euphémie Pascal le 4 octobre. Antoine Singlin meurt trois ans plus tard à Paris chez la duchesse de Longueville. Angélique de Saint-Jean ordonne que toutes les sœurs écrivent chacune à part ce dont elles se souviennent, afin que cela fasse office de *Mémoires pour servir à l'histoire de Port-Royal*, et elle-même complète ces textes après la mort d'Agnès en 1671.

On aurait confirmé la sainteté de la fondatrice par plusieurs miracles que rapportent les *Relations sur la vie de la révérende mère Angélique Madeleine Arnauld* parues en 1737. Une prière à Angélique aurait fait venir de l'eau dans un puits sec, une autre aurait guéri un ulcère, son fantôme se dressant dans son tombeau serait apparu à deux religieuses. Cependant, les tentatives pour obtenir la béatification d'Angélique font long feu.

Anges ou démons ?

Durant les trois années qui suivent son décès, les choses se calment. Retz renonce à son évêché en février 1662 et Marca, son successeur, meurt rapidement en juin. Le roi le remplace par Hardouin de Pérefixe, son ancien précepteur, qui n'obtient ses bulles de nomination que deux ans plus tard en raison d'un différend diplomatique entre Rome et la France. Le roi et le clergé cherchent l'apaisement, mais Antoine Arnauld chipote sur les termes de l'accord et lorsque Péréfixe dresse un mandement sommant les religieux et les religieuses de son diocèse de signer un formulaire aménagé, il refuse, ce que même ses amis ne parviennent pas à comprendre. C'est sur les pauvres religieuses que l'évêque reporte son ire, traitant l'abbesse qui a succédé à Agnès, Madeleine de Sainte-Agnès de Ligny, de « pimbêche » et qualifiant les religieuses d'opiniâtres et rebelles, disant « qu'à la vérité elles étaient pures comme des anges mais orgueilleuses comme des démons » parce qu'elles refusaient de signer son mandement. Le 26 août 1664, il se déplace pour leur annoncer que leur refus le contraint à transférer douze d'entre elles dans divers monastères. En 1665, on scinde Port-Royal en deux : les religieuses réfractaires sont regroupées aux Champs sous bonne garde, les autres restent à Paris sous la direction d'une sœur signataire imposée par Péréfixe.

Angélique de Saint-Jean d'Andilly et Jacqueline de Sainte-Euphémie Pascal sont à la tête de la révolte. Dès 1661, Jacqueline Pascal appelle à la résistance : « Je sais bien que ce n'est pas à des filles à défendre la vérité ; quoi qu'on puisse dire par une triste rencontre du temps et du renversement où nous sommes puisque des évêques ont des courages de filles, les filles doivent avoir des courages d'évêques. Mais si ce n'est pas à nous à défendre la vérité, c'est à nous à mourir pour la vérité[3]. » Après sa disparition, Angélique de Saint-Jean devient l'âme de la révolte. Elle refuse de signer un formulaire, même en séparant le « droit » (les propositions sont hérétiques) et le « fait » (elles ne figurent pas dans l'*Augustinus*), arguant de ce que les religieuses n'ont jamais lu les ouvrages controversés, qu'elles ne sont pas théologiennes, qu'elles sont ignorantes. Les prélats ne peuvent pas les obliger à signer un papier qu'elles ne comprennent pas sans les insulter. Cet ordre relève d'un mépris intolérable à leur égard et blesse leur dignité.

Rebelle et muse

La mère réformatrice avait été rebelle à son époque en imposant la réforme religieuse à l'aube du XVIIe siècle. Elle avait été rebelle à sa condition de femme en se libérant du carcan masculin, car sa démission de la direction de Port-Royal peut aussi se lire comme une manifestation de ce que ces femmes voulaient se gouverner par elles-mêmes. Et on peut lire son désir de secouer la tutelle cistercienne comme une volonté de se dégager d'un contrôle masculin strict. Un Bernardin, ancien élève des Jésuites, Jean Jouaud, abbé de Prières en Bretagne, qui s'était introduit dans le monastère et y venait régulièrement dans les années 1630, avait tenté de faire revenir les sœurs sous l'obédience cistercienne, en vain. Il fut de ceux qui déposèrent contre Saint-Cyran en 1638 en racontant une curieuse anecdote à son propos qui montrait qu'il était un fort mauvais directeur. Ayant rencontré Saint-Cyran devant la grande porte fermée de l'abbaye de Maubuisson, celui-ci lui aurait dit regretter l'époque où les monastères n'étaient pas réformés, où les sœurs avaient la liberté de sortir pour faire leurs processions et vaquer à leurs affaires. « Si les filles de ce temps-là étaient folles, ajouta-t-il, celles d'à présent sont enragées depuis la clôture[4]. »

Angélique n'en a jamais fait qu'à sa tête et le respect de la clôture l'a rendue maîtresse absolue de son abbaye, si bien qu'elle a été perçue comme l'inspiratrice de la réforme – ou, si l'on préfère, comme la muse du jansénisme.

La génération suivante, celle de sa nièce, qu'elle a pourtant élevée dans le strict respect des directeurs et dans une austérité de vie, se révolte contre les événements et fait prospérer le jansénisme qu'elle alimente par le souvenir mythique de ses débuts. Angélique de Saint-Jean est extrêmement rigoureuse, intelligente, cultivée, douée pour l'écriture, avec pour seuls défauts un air hautain et une intolérance à la contradiction. Robert d'Andilly ne disait-il pas à propos de sa fille : « Comptez que tous mes enfants et moi nous sommes des sots en comparaison d'Angélique[5] » ? Elle est du nombre des déportées, rédige une *Relation de captivité* qui est très admirée et à la faveur d'une période pacifiée, en 1678, devient abbesse, occupant le siège auquel sa tante a donné tant de prestige.

La mort de mère Angélique de Sainte-Madeleine Arnauld signe la fin d'une époque. Désormais, Port-Royal et la cause janséniste seront défendus autrement par la génération suivante, plus combative, plus émancipée à l'égard du pouvoir, plus intellectuelle, plus révoltée. Au silence qu'elle prônait succède le bruit qui se fait entendre jusqu'à aujourd'hui.

Notes

Avant-propos
Mère Angélique Arnauld, Port-Royal et le jansénisme, p. 7

1. Sainte-Beuve, *Port-Royal*, Paris, Eugène Renduel, t. I, 1840, p. 37.
2. *Plaidoyer de maître Antoine Arnauld*, Paris, A. Dupont, 1827, p. 13.
3. Pierre-Eugène Leroy, *Nicolas Boileau, Jean Racine, Lettres d'une amitié, Correspondance 1687-1698*, Paris, Bartillat, 2001, p. 123-124.
4. Jean Racine, *Abrégé de l'histoire de Port-Royal*, Paris, La Table Ronde, 1994, p. 52-53.

Première partie
La jeunesse d'une intuition

1. BnF, Ms. Fr. 17808, fol. 16.
2. Anne-Claire Volongo, « La correspondance de la mère Angélique Arnauld. Défi éditorial et percée dans une intimité », *in* L. Plazenet (dir.), *La Mémoire à Port-Royal. De la célébration eucharistique au témoignage*, Paris, Classiques Garnier, 2021, p. 29.
3. BnF, Ms. Fr. 17790, p. 269.

Chapitre premier
Jacqueline Arnauld
1599-1601, p. 25

1. BnF, Ms. Fr. 31109 (*Cabinet d'Hozier* 14).
2. *Mémoires pour servir à l'histoire de Port-Royal et à la vie de la révérende mère Marie Angélique de sainte Madeleine Arnauld réformatrice de ce monastère*, Utrecht, t. II, 1748, p. 250.
3. *Ibid.*, t. II, p. 249.
4. *Ibid.*, t. II, p. 248.

5. *Ibid.*, t. I, 1742, p. 8-9.

6. *Id.*

7. *Mémoires*, t. II, p. 248.

8. *Ibid.*, p. 249.

9. *Mémoires*, t. I, p. 11.

10. BnF, Ms. Fr. 15805.

Chapitre II
Sœur Angélique
1602-1606, p. 37

1. BnF, Ms. Fr. 15805.

2. Pons-Augustin Alletz, *Dictionnaire des conciles*, Paris, Gauthier, 1829, p. 535.

3. Sainte-Beuve, *Port-Royal*, *op. cit.*, t. I, p. 87.

4. Louis Cognet, *La Réforme de Port-Royal, 1591-1618*, Paris, Flammarion, 1950, p. 56.

5. *Mémoires*, t. II, p. 259-260.

Chapitre III
Les pères capucins
1607-1609, p. 52

1. Marie-Josée Michel, « L'histoire de Port-Royal-des-Champs », *Chroniques de Port-Royal*, 54, Paris, Société des amis de Port-Royal, 2004, p. 29.

2. *Mémoires*, t. I, p. 25.

3. « *Relation de la mère Angélique Arnauld* », *Chroniques de Port-Royal*, Paris, Société des amis de Port-Royal, n° 41, 1992, p. 16.

4. *Mémoires*, t. I, p. 345.

5. « *Relation de la mère Angélique Arnauld* », *op. cit.*, p. 16.

6. *Ibid.*, p. 274 ; « *Relation de la mère Angélique Arnauld* », *op. cit.*, p. 18.

7. *Mémoires*, t. I, p. 278.

8. *Ibid.*, p. 32.

9. *Relations sur la vie de la révérende mère Angélique Madeleine Arnauld ou Recueil de la mère Angélique de Saint-Jean Arnauld d'Andilly sur la vie de sa tante la mère Marie-Angélique de sainte Madeleine Arnauld et sur la réforme des abbayes de Port-Royal, Maubuisson et autres, faite par cette sainte abesse*, Utrecht, aux dépens de la compagnie, 1737, p. 24.

10. « *Relation de la mère Angélique Arnauld* », *op. cit.*, p. 19.

11. *Relations sur la vie de la révérende mère Angélique Madeleine Arnauld…*, *op. cit.*, p. 26.

CHAPITRE IV
La journée du Guichet
1609-1610, p. 65

1. *Ibid.*, p. 34 ; *Mémoires*, t. I, p. 45.

2. *Relations sur la vie de la révérende mère Angélique Madeleine Arnauld...*, *op. cit.*, p. 35.

3. *Ibid.*, p. 36.

4. *Ibid.*, p. 39.

5. L. Cognet, *La Réforme de Port-Royal...*, *op. cit.*, p. 120.

6. Bibliothèque de Port-Royal, Ms. PR 55, fol. 121.

7. *Vies intéressantes et édifiantes des religieuses de Port-Royal*, Utrecht, aux dépens de la compagnie, 1700, p. 254.

8. *Id.*

9. « Lettre du 5 octobre 1609 », BnF, Ms. Fr. 17808, fol. 35.

10. *Ibid.*, fol. 36.

11. L. Cognet, *La Réforme de Port-Royal...*, *op. cit.*, p. 140.

12. *Ibid.*, p. 168-169.

CHAPITRE V
Sœur Agnès Arnauld
1611-1615, p. 83

1. *Ibid.*, p. 137.

2. « Lettre du 22 septembre 1609 », BnF, Ms. Fr. 15808, fol. 52.

3. Ubald d'Alençon, *Les Frères mineurs et les débuts de la Réforme à Port-Royal des Champs*, Paris, 1911, p. 32.

4. Henri Bremond, *Histoire littéraire du sentiment religieux en France*, Paris, Odelin, 1915, t. IV, p. 183.

5. « *Relation de la mère Angélique Arnauld* », *op. cit.*, p. 22.

6. Pierre Guilbert, *Mémoires historiques et chronologiques sur l'abbaye de Port-Royal des Champs*, Utrecht, 1755-1758, t. II, p. 11.

7. « *Relation de la mère Angélique Arnauld* », *op. cit.*, p. 22.

8. BnF, Ms. Fr. 17808, fol. 51.

9. BnF, Ms. Fr. 17808, fol. 52.

Chapitre VI
Anne-Eugénie Arnauld
1615-1616, p. 95

1. *Mémoires*, t. II, p. 91-92 ; L. Cognet, *La Réforme de Port-Royal…*, *op. cit.*, p. 197-198.
2. *Id.*
3. L. Cognet, *La Réforme de Port-Royal…*, *op. cit.*, p. 202-203.
4. *Mémoires*, t. I, p. 300.
5. *Ibid.*, p. 292.
6. L. Cognet, *La Réforme de Port-Royal…*, *op. cit.*, p. 209.
7. *Mémoires*, t. I, p. 100.
8. Arnauld d'Andilly, *Journal inédit*, Paris, J. Techerer, 1857, p. 109.
9. L. Cognet, *La Réforme de Port-Royal…*, *op. cit.*, p. 229.
10. *Mémoires,* t. I, p. 109.
11. L. Cognet, *La Réforme de Port-Royal…*, *op. cit.*, p. 229.
12. *Ibid.*, p. 230.
13. *Ibid.*, p. 231.
14. *Mémoires*, t. I, p. 294.
15. *Mémoires*, t. II, p. 432.

Chapitre VII
Une nouvelle aventure
1617-1619, p. 109

1. BnF, Ms. Fr. 17808, fol. 11.
2. *Mémoires*, t. II, p. 329-340.
3. *Ibid.*, p. 340.
4. *Relations sur la vie de la révérende mère Angélique Madeleine Arnauld*, *op. cit.*, p. 105.
5. *Ibid.*, p. 135.
6. « *Relation de la mère Angélique Arnauld* », *op. cit.*, p. 41-42.
7. *Ibid.*, p. 41.
8. *Lettres de Saint François de Sales*, Paris, J. J. Blaise, 1817, p. 424.
9. « *Relation de la mère Angélique Arnauld* », *op. cit.*, p. 42.
10. *Œuvres complètes de Saint François de Sales*, Paris, Albanel et Martin, 1839, t. III, p. 534.
11. *Lettres de Saint François de Sales*, *op. cit.*, p. 453.
12. *Ibid.*, p. 424-425.
13. *Ibid.*, p. 425.
14. *Ibid.*, p. 429.

15. *Id.*

16. *Mémoires pour servir à l'histoire de Port-Royal et à la vie de la révérende mère Marie Angélique de sainte Madeleine Arnauld réformatrice de ce monastère*, Utrecht, 1753, t. III, p. 18-19.

Chapitre VIII
Coups de théâtre
1619-1622, p. 127

1. *Relation sur la vie…*, p. 136 ; *Mémoires*, t. I, p. 162-163.

2. *Mémoires*, t. I., p. 162-163.

3. *Ibid.*, p. 168.

4. *Ibid.*, p. 169.

5. *Relations sur la vie de la révérende mère Angélique Madeleine Arnauld*, *op. cit.*, p. 143.

6. *Mémoires*, t. I, p. 170.

7. *Lettres de Saint François de Sales*, *op. cit.*, p. 425.

8. *Ibid.*, p. 428.

9. *Lettres de la révérende mère abbesse Marie-Angélique Arnauld*, Utrecht, aux dépens de la compagnie, 1642, t. I, p. 9.

10. « *Relation de la mère Angélique Arnauld* », *op. cit.*, p. 44.

Chapitre IX
Retour à Port-Royal
1623-1630, p. 140

1. « Lettre à M. d'Andilly, 1626 », in *Lettres de la révérende mère abbesse Marie-Angélique Arnauld*, *op. cit.*, p. 29.

2. BnF, Ms. Fr. 17808, fol. 48.

3. H. Bremond, *Histoire littéraire du sentiment religieux en France*, *op. cit.*, t. 1, p. 431 *sq.*

4. « *Relation de la mère Angélique Arnauld* », *op. cit.*, p. 46.

5. *Id.*

6. Nicolas Fontaine, *Mémoires*, Cologne, Aux dépens de la compagnie, 1736, t. I, p. 200.

7. « *Relation de la mère Angélique Arnauld* », *op. cit.*, p. 46.

8. « *Relation de la mère Angélique Arnauld* », *op. cit.*, p. 48.

9. Godefroi Herment, *Mémoires*, Paris, Plon, 1905, livre 1, p. 31.

10. Explications inscrites par Angélique de Saint-Jean, fille aînée d'Andilly, sur le manuscrit conservé à la BnF (Fr. 1795, fol. 52).

11. « Mémoires d'Andilly », M. Petitot, *Collection des Mémoires relatifs à l'histoire de France*, Paris, Foucauld, 1824, t. XXXIV, p. 36.

12. *Nouvelle histoire abrégée de de l'abbaye de Port-Royal depuis sa fondation*, Paris, t. 2, 1786, p. 66.

TROISIÈME PARTIE
L'ombre d'angélique

1. Antoine Adam, *Du mysticisme à la révolte. Les jansénistes du XVIIe siècle*, Paris, Fayard, 1968, p. 103-104.

2. Jean Dagens, « Le XVIIe siècle, siècle de Saint Augustin », *Cahiers de l'AIEF*, 3-5, 1953, p. 31-38.

3. *Mémoires*, t. I, p. 1.

CHAPITRE X
L'Institut du Saint-Sacrement
1630-1633, p. 159

1. Louis Prunel, *Sébastien Zamet, évêque-duc de Langres*, Paris, Picard, 1912, p. 231-232.

2. « *Relation de la mère Angélique Arnauld* », *op. cit.*, p. 53.

3. L. Prunel, *Sébastien Zamet, évêque-duc de Langres*, *op. cit.*, p. 153.

4. *Id.*

5. « *Relation de la mère Angélique Arnauld* », *op. cit.*, p. 54 ; L. Prunel, *Sébastien Zamet, évêque-duc de Langres*, *op. cit.*, p. 233-234.

6. L. Prunel, *Sébastien Zamet, évêque-duc de Langres*, *op. cit.*, p. 235.

7. Sébastien Zamet, *Avis spirtuels*, édition Louis Prunel, Paris, 1912, p. 5.

8. « Lettre du 28 septembre 1631 à M. d'Andilly », in *Lettres*, t. 1, p. 37.

9. *Ibid.*, p. 38.

10. Cardinal de Retz, *Mémoires*, Paris, Gallimard, « Folio classique », 2005, p. 101.

11. « *Relation de la mère Angélique Arnauld* », *op. cit.*, p. 54.

12. *Ibid.*, p. 55.

13. « Lettre du 28 juillet 1631 », *in* Louis Prunel, *Lettres spirituelles de Sébasien Zamet, évêque-duc de Langres, pair de France, publiées d'après les copies authentiques*, Paris, Picard, 1911, p. 471.

14. Agnès Arnauld, *Lettres*, édition Gillet-Faugère, Paris, Duprat, 1858, p. 16.

15. René Rapin, *Histoire du jansénisme*, Paris, Gaume, 1861, p. 277.

16. « Le chapelet secret de la mère Agnès Arnauld par Jean Lesaulnier », in *La Mère Agnès Arnauld*, *Chroniques de Port-Royal*, Paris, Société des amis de Port-Royal, n° 43, 1994.

17. L. Prunel, *Sébastien Zamet, évêque-duc de Langres, op. cit.*, p. 247.
18. *Ibid.*, p. 300.

CHAPITRE XI
Le moment Saint-Cyran
1633-1635, p. 175

1. « *Relation de la mère Angélique Arnauld* », *op. cit.*, p. 57.
2. Propos rapportés par Vincent de Paul, *Lettres de Vincent de Paul*, Paris, 1880, t. II, p. 112.
3. Lancelot, *Mémoires*, t. I, p. 45.
4. Sainte-Beuve, *Port-Royal*, *op. cit.*, t. I, p. 481.
5. Claude Lancelot, *Mémoires touchant la vie de M. de Saint-Cyran*, Paris, Slatkine, 1968, p. 144.
6. *Mémoires*, p. 114.
7. François de Sales, *Introduction à la vie dévote*, Boulenger, 1619, p. 10.
8. « Lettre à M. Macquet, 17 février 1638 », in *Lettres*, t. I, p. 135.
9. « Lettre à la sœur Angélique de Sainte Agnès, septembre 1634 », in *Lettres*, t. I, p. 42-43.
10. « Lettre à M. Macquet, 4 janvier 1635 », in *Lettres*, t. I, p. 47.
11. *Ibid.*, p. 49.
12. *Ibid.*, p. 50.
13. *Ibid.*, p. 51.
14. *Ibid.*, p. 71.
15. « Lettre à M. Macquet, 4 janvier 1635 », in *Lettres*, t. I, p. 62.
16. Sainte-Beuve, *Port-Royal*, *op. cit.*, t. I, p. 350.
17. « *Relation de la mère Angélique Arnauld* », *op. cit.*, p. 61.
18. L. Prunel, *Sébastien Zamet, évêque-duc de Langres*, *op. cit.*, p. 312.
19. *Lettres de mère Agnès*, édition M.P. Faugère, Paris, Benjamin Duprat, 1858, p. 96.
20. *Id.*
21. L. Prunel, *Sébastien Zamet, évêque-duc de Langres*, *op. cit.*, p. 266.
22. *Id.*

CHAPITRE XII
Sous l'autorité de mère Agnès
1636-1638, p. 190

1. *Mémoires*, t. I, p. 478.
2. *Ibid.*, p. 478-479.
3. H. Bremond, *Histoire littéraire du sentiment religieux en France*, *op. cit.*, t. IV, p. 137.

4. Saint-Cyran, *Maximes saintes et chrétiennes*, Paris, Charles Osmont, 1703, p. 48.

5. Angélique Arnauld, *Entretiens ou conférences*, Paris, Boudet, 1757, p. 10.

6. « Lettre du 29 juillet 1636 », *in* L. Prunel, *Lettres spirituelles de Sébastien Zamet…*, *op. cit.*, p. 533-534.

7. Sainte-Beuve, *Port-Royal*, *op. cit.*, t. I, p. 351.

8. « Lettre à la mère de Chantal, mars 1637 », in *Lettres*, t. I, p. 94.

9. *Relations sur la vie de la révérende mère Angélique Madeleine Arnauld*, *op. cit.*, p. 195.

10. *Ibid.*, p. 237.

11. « Mémoires d'Andilly », M. Petitot, *Collection des Mémoires relatifs à l'histoire de France*, Paris, Foucauld, 1824, p. 63.

12. « Lettre à M. Macquet », *in* Angélique Arnauld, *Lettres*, t. I, p. 118.

13. Nicolas Fontaine, *Mémoires pour servir à l'histoire de Port-Royal*, Cologne, Aux dépens de la compagnie, 1735, t. I, p. 32-33.

14. *Ibid.*, p. 38.

15. *Ibid.*, p. 36.

16. Sainte-Beuve, *Port-Royal*, *op. cit.*, p. 480.

17. *Ibid.*, p. 486.

18. *Ibid.*, p. 489.

19. *Ibid.*, p. 485.

Chapitre XIII
Le temps des épreuves
1638-1643, p. 205

1. « Lettre à M. Macquet, 14 mai 1638 », in *Lettres*, t. I, p. 139.

2. « Lettre à M. Macquet, 26 juin 1638 », *ibid.*, p. 140.

3. *Ibid.*, p. 267.

4. Sainte-Beuve, *Port-Royal*, *op. cit.*, t. II, p. 495.

5. *Ibid.*, t. I, p. 282.

6. *Ibid.*, p. 496.

7. Denis Donetzkoff, « Claude Lancelot (1616-1695) : Mémoires touchant la vie de M. de Saint-Cyran : édition critique avec introduction, notes et annexes », thèse de doctorat, Université de Paris-Sorbonne, 1999, t. 1, p. 26.

8. Louis Abbely, *Vie de M. de Paul*, Paris, Poussielgue, t. 2, [1664] 1854, p. 89.

9. *Œuvres complètes d'Antoine Arnauld*, Lausanne, 1775, t. I, p. 7-9.

10. Sainte-Beuve, *Port-Royal*, *op. cit.*, t. II, p. 25.

11. « Lettre à M. Arnauld docteur, 10 juin 1642 » et « Lettres à la supérieure des Annonciades de Boulogne, fin juin 1642 », in *Lettres*, t. I, p. 228-229.

12. « Lettre à une religieuse, 16 mai 1637 » et « Lettre à une religieuse, 25 février 1637 », in *Lettres*, t. I, p. 90, 101.

13. « Lettre à M. Macquet, 27 février 1643 », in *Lettres*, t. I, p. 230.

14. *Ibid.*, p. 231.

15. Denis Donetzkoff, « Saint-Cyran et les psaumes », *Revue des sciences religieuses*, 89(3), 2015, p. 311-328 : 318.

16. Sainte-Beuve, *Port-Royal*, *op. cit.*, t. 2, p. 19.

17. Roger Duchêne, « La théologie expliquée aux dames », *Littératures classiques*, Paris, 1984, p. 150, citant les *Mémoires du père René Rapin*, édition L. Aubineau, t. I, p. 33, 36, 46.

18. « Lettre à la princesse de Guéméné, 15 octobre 1643 », in *Lettres*, t. I, p. 235.

19. « Lettre à la princesse de Guéméné, octobre 1643 », in *Lettres*, t. I, p. 234.

20. C. Lancelot, *Mémoires touchant la vie de M. de Saint-Cyran*, *op. cit.*, p. 254-255.

21. « Lettre à la princesse de Guéméné, 15 octobre 1643 », in *Lettres*, t. I, p. 235.

CHAPITRE XIV
La famille Arnauld
1644-1646, p. 229

1. « Lettre à la princesse de Guéméné, octobre 1653 », in *Lettres*, t. I, p. 235.

2. « Lettre à M. Arnauld docteur, 1644 », in *Lettres*, t. I, p. 246-247.

3. « Lettre à M. Arnauld docteur, juin 1644 », in *Lettres*, t. I, p. 263.

4. *Ibid.*, p. 260.

5. « Lettre à Mme la princesse de Guéméné, 22 juillet 1644 », in *Lettres*, t. I, p. 269.

6. « Lettre à M. d'Andilly, 15 novembre 1646 », in *Lettres*, t. I, p. 319-320.

7. « Lettre à la reine de Pologne, 4 juillet 1647 », in *Lettres*, t. I, p. 336.

8. C. Lancelot, *Mémoires touchant la vie de M. de Saint-Cyran*, *op. cit.*, t. I, p. 268 et *Histoire du jansénisme*, Amsterdam, Louis de Lorme, 1700, t. II, p. 377.

CHAPITRE XV
Port-Royal-du-Saint-Sacrement
1646-1648, p. 241

1. Cécile Gazier, *Les Belles Amies de Port-Royal*, Paris, Perrin, 1930, p. 20.

2. « Lettre à la reine de Pologne, 25 octobre 1647 », in *Lettres*, t. I, p. 344.

3. « Mémoires d'Andilly », Petitot, Collection des Mémoires relatifs à l'histoire de France, Paris, Foucauld, 1824, p. 277.

4. *Ibid.*, p. 345.
5. « Lettre à la reine de Pologne, 27 novembre 1647 », in *Lettres*, t. I, p. 353.
6. « Lettre à la reine de Pologne, 4 juillet 1647 », *ibid.*, p. 338.
7. « Lettre à la reine de Pologne, 29 novembre 1647 », *ibid.*, p. 351.
8. « Lettre à la reine de Pologne, 21 février 1648 », *ibid.*, p. 356.
9. *Ibid.*, p. 357.
10. « Lettre à la reine de Pologne, 28 février 1648 », in *Lettres*, t. I, p. 360.
11. « Lettre à la reine de Pologne, 17 avril 1648 », *ibid.*, p. 368.
12. « Lettre à la reine de Pologne, mai 1648 », *ibid.*, p. 371.
13. « Lettre à la reine de Pologne, 21 septembre 1646 », *ibid.*, p. 309.
14. « Lettre à mère Agnès, 1er janvier 1649 » , *ibid.*, p. 399.

Chapitre XVI
La Fronde parlementaire
1649-1651, p. 251

1. « Lettre à la sœur Geneviève de l'Incarnation Pineau, avril 1649 », *ibid.*, p. 416.
2. « Lettre à M. de Gondi archevêque de Paris, septembre 1649 », *ibid.*, p. 433.
3. « Paroles remarquables de la mère Marie Angélique rapportées et écrites par M. Hamon », Bibliothèque de Port-Royal, Ms. PR 15, fol. 57-58.
4. « Lettre à la marquise d'Aumont, août 1650 », *ibid.*, p. 476.
5. « Lettre à une religieuse, 1650 », *ibid.*, p. 531.
6. « Lettre du 20 mai 1654 », BnF, Fr. 15808, fol. 152-154.
7. « Lettre à Mlle de Luzancy, 18 août 1651 », in *Lettres*, t. I, p. 574.
8. « Paroles remarquables de la mère Marie Angélique rapportées et écrites par M. Hamon », Bibliothèque de Port-Royal, Ms. PR 15, fol. 27.
9. « Lettre à la reine de Pologne, 21 décembre 1652 », in *Lettres*, t. II, p. 16.
10. « Lettre à M. Arnauld docteur, décembre 1651 », *ibid.*, p. 1.
11. « Lettre à Mgr de Gondi archevêque de Paris, 17 décembre 1651 », *ibid.*, p. 11.
12. *Annales de la société des soi-disans Jésuites*, Paris, 1757, vol. 4, p. 628.

Chapitre XVII
La Fronde des princes
1652-1653, p. 264

1. « Lettre à la mère prieure de Gif, 16 janvier 1652 », in *Lettres*, t. II, p. 46.
2. « Lettre à la mère prieure de Gif, 14 mars 1652 », *ibid.*, p. 63.
3. « Lettre à M. de Beauvais, 17 janvier 1652 », *ibid.*, p. 42.
4. « Lettre à la marquise d'Aumont, mars 1652 », *ibid.*, p. 61.

5. *Id.*
6. « Lettre à la reine de Pologne, 16 mai 1652 », in *Lettres*, t. II, p. 113.
7. Bibliothèque de Port-Royal, Ms. PR 55.
8. Sainte-Beuve, *Port-Royal*, *op. cit.*, t. II, p. 485.
9. « Lettre à la reine de Pologne, 16 juillet 1652 », in *Lettres*, t. II, p. 160.
10. « Lettre à la reine de Pologne, 28 juin 1652 », *ibid.*, p. 142.
11. « Lettre à M. Le Maistre, 26 juin 1652 », *ibid.*, p. 139.
12. « Lettre à Mlle de Lamoignon, juillet 1652 », *ibid.*, p. 166.
13. Arnauld d'Andilly, *La Vérité toute nue ou Avis sincères et désintéressés sur les véritables causes des maux de l'État et les moyens d'y apporter le remède*, Paris, 1652, p. 20.

CHAPITRE XVIII
La bulle *Cum Occasione*
1653-1654, p. 278

1. Victor Cousin, *Jacqueline Pascal*, Paris, Didier, 1877, p. 192.
2. *Ibid.*, p. 224.
3. « Lettre à sœur Angélique Annonciade de Boulogne, 10 août 1653 », in *Lettres*, t. II, p. 360.
4. « Lettre à la reine de Pologne, 10 juillet 1653 », *ibid.*, p. 343.
5. *Ibid.*, p. 344.
6. « Lettre à M. de Fleury, 23 août 1653 », in *Lettres*, t. II, p. 365.
7. « Lettre à la reine de Pologne, 8 janvier 1654 », *ibid.*, p. 420.
8. « Lettre à M. de Fleury, 28 février 1654 », *ibid.*, p. 435.
9. « Lettre à M. Le Maistre, novembre 1653 », *ibid.*, p. 302.
10. « Lettre pastorale de Monseigneur l'archevêque de Sens pour la publication de la constitution de Notre Saint Père le Pape, donnée à Rome le 31 mai dernier », BnF, Ms. Papiers Marca-Affaire Henri de Gondrin.
11. « Lettre de de M. l'archevêque de Sens à M. le cardinal Mazarin, 20 février 1654 », Bnf, Ms. Papiers Marca-Affaire Henri de Gondrin.
12. « Lettre à sœur Anne de Sainte Eugénie, 23 novembre 1654 », in *Lettres*, t. II, p. 536.
13. « Lettre à sœur Angélique de Sainte Agnès, décembre 1654 », *ibid.*, p. 539.
14. « Lettre à la reine de Pologne, 28 décembre 1654 », *ibid.*, p. 544.

Chapitre xix
La construction de la mémoire
1655-1656, p. 295

1. « *Relation de la mère Angélique Arnauld* », *op. cit.*, p. 11.

2. « Lettre à M. Arnauld docteur, 12 mars 1655 », in *Lettres*, t. II, p. 573.

3. « Lettre à la reine de Pologne, 28 mai 1655 », *ibid.*, p. 620.

4. « Lettre à M. Arnauld docteur, janvier 1656 », in *Lettres*, t. III, p. 108.

5. *Id.*

6. « Extrait des Additions au Nécrologue par Marguerite Perrier », *in* Blaise Pascal, *Œuvres*, Hachette, 1914, p. 60-61 et Charles Perrault, *Mémoires de ma vie*, Paris, Bonnefond, 1909, p. 28.

7. « Lettre à la reine de Pologne, 24 mars 1656 », in *Lettres*, t. III, p. 199.

8. « Lettre à M. Le Maître, 27 mars 1656 », *ibid.*, p. 201.

9. Sainte-Beuve, *Port-Royal*, *op. cit.*, t. III, p. 170-171.

10. *Ibid.*, p. 172-173.

11. *Vies édifiantes et intéressantes des religieuses de Port-Royal*, *op. cit.*, t. 1, p. 33-68.

12. *Id.*

Chapitre xx
Les miracles
1656-1658, p. 308

1. « Lettre de Jacqueline Pascal à Gilberte Périer, 31 mars », *in* Blaise Pascal, *Œuvres complètes*, édition Jean Ménard, Paris, Desclée de Brouwer, 1964, p. 810-814.

2. « Lettre à la reine de Pologne, avril 1656 », in *Lettres*, t. III, p. 231.

3. Pascal, *Œuvres complètes*, Paris, Gallimard, Bibliothèque de la Pléiade, 1954, p. 862.

4. « Lettre à la reine de Pologne, fin avril 1656 », in *Lettres*, t. III, p. 231.

5. « Lettres à l'abbé du Tronchoy, 22 janvier 1657 », *ibid.*, p. 348.

6. Godefroi Hermant, *Mémoires sur l'histoire ecclésiastique du* XVIIe *siècle (1630-1663)*, édition Augustin Gazier, Paris, Plon, 1905, p. 72.

7. Pascal, *Œuvres complètes*, *op. cit.*, p. 900.

8. *Ibid.*, p. 901.

9. « Lettre à Jacqueline de Sainte Euphémie Pascal, mai 1657 », in *Lettres*, t. III, p. 387.

10. « Lettre à Mme de Bélisi, 3 octobre 1657 », *ibid.*, p. 431.

11. *Ibid.*, p. 432.

12. J. Racine, *Abrégé de l'histoire de Port-Royal*, *op. cit.*, p. 76.

13. G. Hermant, *Mémoires sur l'histoire ecclésiastique du* XVIIe *siècle (1630-1663)*, *op. cit.*, p. 505.

Chapitre XXI
Les yeux levés vers le ciel
1658-1661, p. 320

1. « Lettre à la reine de Pologne, novembre 1658 », in *Lettres*, t. III, p. 448.
2. « Relation de la sœur Marguerite de Sainte-Thècle Josse », *in* N. Fontaine, *Mémoires pour servir à l'histoire de Port-Royal*, *op. cit.*, p. 156-176.
3. *Id.*
4. « Lettre à la marquise de Sablé, 4 juin1660 », in *Lettres*, t. III, p. 490.
5. « Paroles remarquables de la mère Angélique », Bibliothèque de Port-Royal, Ms. PR 18, fol. 27.
6. « Lettre à M. de Sévigné, 4 novembre 1660 », in *Lettres*, t. III, p. 493.
7. « Lettre à M. de Sévigné, 27 janvier 1661 », *ibid.*, p. 511.
8. « Lettre à Mme la duchesse de Longueville, décembre 1660 », *ibid.*, p. 503-504.
9. « Lettre à M. de Boisguilbert, mars 1661 », *ibid.*, p. 517.
10. Cécile Gazier, *Histoire du monastère de Port-Royal*, Paris, Perrin, 1929, p. 157.
11. « Lettre à la mère Agnès, mars 1661 », in *Lettres*, t. III, p. 519.
12. C. Gazier, *Histoire du monastère de Port-Royal*, *op. cit.*, p. 157.
13. Jean Racine, *Abrégé de l'histoire de Port-Royal*, Paris, La Table ronde, 1994, p. 163.
14. « Lettre à la reine mère Anne d'Autriche, 25 mai 1661 », in *Lettres*, t. III, p. 536-537.
15. *Ibid.*, p. 540-541.
16. J. Racine, *Abrégé de l'histoire de Port-Royal*, *op. cit.*, p. 160.
17. *Ibid.*, p. 170.
18. *Ibid.*, p. 167.
19. Augustin Gazier, *Histoire générale du mouvmenet janséniste depuis ses origines jusqu'à nos jours*, Paris, t. I, p. 113-114.
20. J. Racine, *Abrégé de l'histoire de Port-Royal*, *op. cit.*, p. 171.

Épilogue
D'une Angélique à l'autre, p. 331

1. J. Racine, *Abrégé de l'histoire de Port-Royal*, *op. cit.*, p. 174-175.
2. *Id.*

3. « Lettre de Jacqueline Pascal à Angélique de Saint-Jean, 23 juin 1661 », *in* Victor Cousin, *Jacqueline Pascal*, Paris, Didier, 1945, p. 407.

4. H. Bremond, *Histoire littéraire du sentiment religieux en France*, *op. cit.*, t. IV, p. 103.

5. « Lettre du 29 novembre 1679 », *in* Mme de Sévigné, *Lettres*, Paris, Gallimard, Bibliothèque de la Pléiade, 1955, p. 517.

CHRONOLOGIE

1591 Naissance le 8 septembre d'Angélique Arnauld
1594 *Plaidoyer de Maître Antoine Arnauld pour l'université de Paris contre les Jésuites*
Expulsion des Jésuites
1601 Résignation de Jeanne de Boulehard en faveur de Jacqueline Arnauld
1602 Bulle de nomination de Jacqueline Arnauld
1604 Rétablissement des Jésuites
1609 *Introduction à la vie dévote* de François de Sales
1610 Nouvelles bulles en faveur d'Angélique Arnauld
Assassinat d'Henri IV
1617 Prise de pouvoir de Louis XIII
1620 Bulles de coadjutrice en faveur d'Agnès Arnauld
1622 Gondi archevêque de Paris
1625 Mort de Boucherat, abbé de Cîteaux, remplacé par Nivelle
1627 Création de l'Institut du Saint-Sacrement
1628 *Stances pour Jésus-Christ* d'Arnauld d'Andilly
Capitulation de La Rochelle
1630 L'abbaye de Port-Royal, sortie de la juridiction de Cîteaux, devient élective
1632 *Mars Gallicus* de Jansénius
1633 Affaire du *Chapelet secret* de mère Agnès rédigé en 1626
1637 Expérience des solitaires
Début des petites-écoles
1638 Traduction *De la sainte virginité* de Séguenot
Arrestation de Saint-Cyran
1639 *Théologie familière* de Saint-Cyran

1641 Parution posthume de l'*Augustinus* de Jansénius en France

1643 *De la fréquente communion* du Grand Arnauld
Libération et mort de Saint-Cyran
Les Reliques de M. de Saint-Cyran de Pinthereau
De la tradition de l'Église sur la pénitence du Grand Arnauld
De l'autorité de saint Pierre et de saint Paul du Grand Arnauld
Mémoire pour un souverain d'Arnauld d'Andilly
Mort de Richelieu
Mort de Louis XIII

1648 Début des troubles de la Fronde

1649 *Avis à la reine d'Arnauld* d'Andilly

1650 Le syndic de la Sorbonne dénonce les cinq propositions trouvées dans l'*Augustinus*

1652 *La Vérité toute nue* d'Arnauld d'Andilly

1653 Bulle *Cum Occasione* d'Innocent X
Lettre pastorale de l'évêque de Sens
Fin de la Fronde

1654 *La Déroute et la Confusion des jansénistes* d'Adrien Gambart
Cavilli jansenianorum de François Annat
Décret de l'inquisition condamnant une cinquantaine d'ouvrages jansénistes
Mémorial de Pascal trouvé dans son vêtement à sa mort
Mort de l'archevêque de Paris, Retz emprisonné lui succède

1655 *Relation* de la mère Angélique
Lettre d'un docteur de Sorbonne à une personne de condition du Grand Arnauld
Lettre à un duc et pair du Grand Arnauld

1656 Début de la publication des dix-huit *Lettres à un provincial* de Pascal
« Formulaire sur les cinq propositions » de Pierre de Marca et François Annat
Miracle de la Sainte Épine

1657 *Le Rabat-Joie des jansénistes* de François Annat
Lettre d'un avocat du Parlement à l'un de ses amis touchant l'Inquisition qu'on veut établir en France d'Antoine Le Maistre
Bulle *Ad sacram* d'Alexandre VII
Nouveau « Formulaire »

Règlement pour les enfants de Port-Royal de Jacqueline Pascal

1661 « Lettre circulaire de l'Assemblée du clergé aux évêques sur la signature du Formulaire par tous les ecclésiastiques, y compris les religieuses et les maîtres d'école »
Mort de Mazarin
Expulsion des pensionnaires et des novices
Premier mandement des vicaires généraux de Paris sur la signature du Formulaire par les religieuses de Port-Royal
Mort d'Angélique Arnauld le 6 août

Arbres généalogiques de la famille Arnauld

GÉNÉALOGIE DES ARNAULD

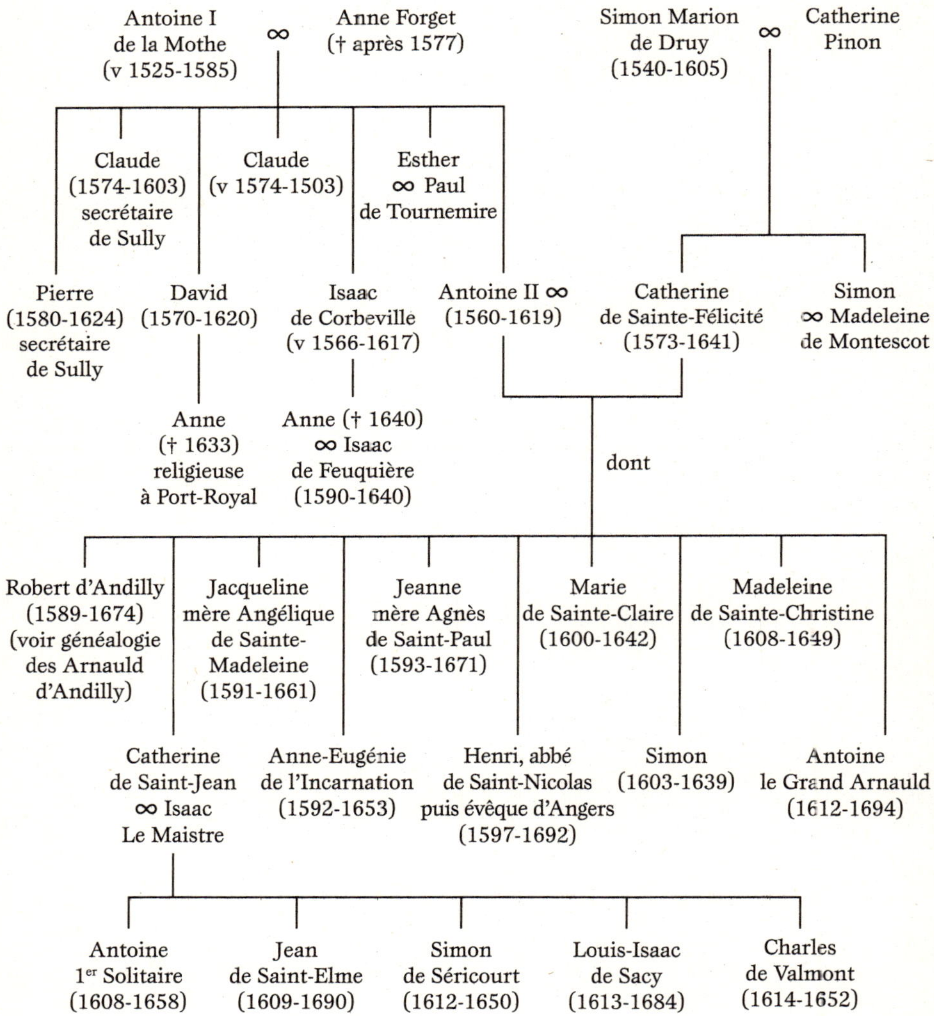

GÉNÉALOGIE DES ARNAULD D'ANDILLY

Robert d'Andilly (1589-1674) — Catherine Lefèvre de La Boderie (1589-1637)

dont

- Catherine de Sainte-Agnès (1614-1643)
- Antoine (1616-1698) abbé de Chaumes
- Simon de Pomponne (1618-1699) secrétaire d'État aux Affaires étrangères
- Charles-Henri de Luzancy (1623-1684)
- mère Angélique de Saint-Jean (1624-1684)
- Marie-Charlotte de Sainte-Claire (1627-1678)
- Marie-Angélique de Sainte-Thérèse (1630-1700)
- Anne-Marie de Sainte-Eugénie (1631-1660)
- Elisabeth (1632-1645)
- Jules de Villeneuve (1634-1657)

Sources

Bibliothèque nationale de France

Ms. Fr. 15805-15806 : pièces relatives à Port-Royal, mère Angélique Arnauld et sa famille
Ms. Fr. 17792, 17793, 17796 : lettres de la révérende mère Angélique Arnauld, ancienne abbesse de Port-Royal
Ms. Fr. 17808 : lettres autographes diverses adressées à l'abbesse de Port-Royal ou à sa coadjutrice
Ms. Fr. 10575 : histoire du jansénisme par le P. Rapin
Ms. Fr. nouv. acq. 1702 : Mélanges sur Port-Royal et le jansénisme
Ms. Papiers Marca – Affaire Henri de Gondrin

Bibliothèque de Port-Royal

PR 15 : recueil de lettres et de traités de piété
PR 16 : lettres de mère Angélique
PR 18 : diverses lettres
PR 19 : recueil de lettres

Divers

Abbely Louis, *Vie de M. de Paul*, (1664), Paris, Poussielgue, t. 2, 1854.

Arnauld Agnès, *Constitutions du monastère de Port-Royal-du-Saint-Sacrement*, Paris, Desprez, 1721.

–, « Le Chapelet secret », *XVIIe siècle*, n° 170, édition Jean-Robert Armogathe, Paris, 1991.
–, *L'Image d'une religieuse parfaite et d'une imparfaite*, Paris, Savreux, 1666.
ARNAULD Angélique, *Entretiens ou conférences*, Paris, Boudet, 1757.
–, *Lettres, Utrecht, aux dépens de la compagnie*, 1742, 2 t.
–, « *Relation de la mère Angélique Arnauld*, texte établi et annoté par Jean Lesaulnier », *Chroniques de Port-Royal*, Paris, Société des amis de Port-Royal, n° 41, 1992.
–, *Œuvres complètes*, Univers Port-Royal, Paris, Classiques Garnier, 2020.
ARNAULD Antoine (père), *Plaidoyer de maître Antoine Arnauld*, Paris, A. Dupont, 1827.
ARNAULD Antoine (Grand Arnauld), *De la fréquente communion*, Paris, Antoine Vitré, 1643.
–, *Œuvres de Messire Antoine Arnauld*, Paris-Lausanne, 1779.
ARNAULD D'ANDILLY Angélique, *Relation de captivité*, édition Louis Cognet, Paris, Gallimard, 1954.
ARNAULD D'ANDILLY Antoine (abbé), *Mémoires*, Paris, Didier, 1854.
ARNAULD D'ANDILLY Robert, *Mémoires*, Paris, Didier, 1854.
–, *Journal inédit*, Paris, J. Techerer, 1857.
–, *La Manière de cultiver les arbres fruitiers*, Paris, Vitré, 1652.
–, *La Vérité toute nue ou Avis sincères et désintéressés sur les véritables causes des maux de l'État et les moyens d'y apporter le remède*, Paris, 1652.
–, *Lettres de Monsieur Arnauld d'Andilly*, Paris, Étienne Loyson, 1776.
–, « Mémoires d'Andilly », M. Petitot, *Collection des Mémoires relatifs à l'histoire de France*, Paris, Foucauld, 1824.
–, *Œuvres chrétiennes* (1644), Univers Port-Royal, Paris, Classiques Garnier, 2020.
BARCOS Martin de, *Correspondance avec les abbesses de Port-Royal et les principaux personnages du groupe janséniste*, Paris, Presses universitaires de France, 1956.
BESOIGNE Jérôme, *Histoire de l'abbaye de Port-Royal*, 1762.

BREUIL Catherine du, *Correspondance de mère Angélique avec la reine de Pologne*.

CARMONA Michel, *Port-Royal*, Paris, Fayard, 2018.

CLÉMENCET, *Histoire générale de Port-Royal*, Amsterdam, Jean Vanduren, 1755.

DU FOSSÉ Thomas, *Mémoires de Port-Royal*, Utrecht, 1738.

FONTAINE Nicolas, *Mémoires pour servir à l'histoire de Port-Royal*, Cologne, Aux dépens de la compagnie, 1736.

FRANÇOIS de Sales, *Lettres de Saint François de Sales*, Paris, J. J. Blaise, 1817.

GUILBERT Pierre, *Mémoires historiques et chronologiques sur l'abbaye de Port-Royal des Champs*, Utrecht, 1755-1758.

HERMANT Godefroi, *Mémoires sur l'histoire ecclésiastique du XVIIe siècle (1630-1663)*, édition Augustin Gazier, Paris, Plon, 1905.

LANCELOT Claude, *Mémoires touchant la vie de M. de Saint-Cyran*, Paris, Slatkine, 1968.

LE FEBVRE de Saint-Marc Charles-Hugues, *Supplément au Nécrologe de l'abbaye de Notre-Dame de Port-Royal-des-Champs*, 1735.

LE MAISTRE Antoine, *Apologie pour feu Monsieur de Saint-Cyran*, 1643.

LE MAISTRE DE SACY Louis-Isaac, *Choix de lettres inédites*, édition Delassault, Paris, Nizet, 1959.

Nécrologie de l'abbaye Notre-Dame de Port-Royal-des-Champs, Ordre de Cîteaux, Institut du Saint-Sacrement, Amsterdam, Nicolas Potgieter, 1723.

PASCAL Blaise, *Œuvres complètes*, édition Jean Mesnard, Paris, Desclée de Brouwer, 1964.

PINTHEREAU François, *Les Reliques de messire Jean Duvergier de Hauranne, abbé de Saint-Cyran, Louvain,* veuve de Jacques Gravius, 1646.

PERRAULT Charles, *Mémoires de ma vie*, Paris, Bonnefond, 1909.

PERRIER Marguerite, « Extrait des Additions au Nécrologue par Marguerite Perrier », *in* Blaise Pascal, *Œuvres*, Hachette, 1914.

Port-Royal insolite, édition critique du Recueil de choses diverses, par Jean Lesaulnier, Paris, Klincksieck, 1992.

RACINE Jean, *Abrégé de l'histoire de Port-Royal*, Paris, La Table ronde, 1994.

RAPIN René, *Histoire du jansénisme depuis son origine jusqu'en 1644*, Paris, Gaume frère, 1861.

Relations sur la vie de la révérende mère Angélique Madeleine Arnauld ou Recueil de la mère Angélique de Saint-Jean Arnauld d'Andilly sur la vie de sa tante la mère Marie-Angélique de sainte Madeleine Arnauld et sur la réforme des abbayes de Port-Royal, Maubuisson et autres, faite par cette sainte abesse, Utrecht, aux dépens de la compagnie, 1737.

SAINTE-BEUVE Charles-Augustin de, *Port-Royal*, Eugène Renduel, 1840-1856.

SINGLIN Antoine, *Lettres*, Univers Port-Royal, Paris, Classiques Garnier, 2020.

TALLEMANT des Réaux, *Historiettes*, édition Antoine Adam, Paris, Gallimard, 1960.

VARIN Pierre, *La Vérité sur les Arnauld*, Paris, Poussielgue, 1847.

Vies intéressantes et édifiantes des religieuses de Port-Royal, Utrecht, aux dépens de la compagnie, 1700

VINCENT de Paul, *Lettres*, Paris, Dumoulin, 1882.

–, *Correspondance, entretiens, documents*, édités par Pierre Coste, Paris, Lecoffe, 1920.

ZAMET Sébasien, *Lettres spirituelles*, édition Louis Prunel, Paris, Picard, 1912.

Bibliographie

Adam Antoine, *Du mysticisme à la révolte. Les jansénistes du xviie siècle*, Paris, Fayard, 1968.

Armogathe Jean-Robert, *Études sur Antoine Arnauld (1612-1694)*, Paris, Classiques Garnier, 2018.

–, « Saint Cyran, Port-Royal et les ordres religieux », *Annuaire de l'École pratique des hautes études*, 19, 2002, p. 426-428.

Barbiche Bernard, « La robe entre deux chaises : la famille Arnauld du calvinisme au jansénisme », *Journal des savants*, 1, 2016, p. 71-83.

Bergin Joseph, « Anne d'Autriche et les dévots », *in* C. Grell (dir.), *Anne d'Autriche. Infante d'Espagne et reine de France*, Paris, Perrin, 2011, p. 189-207.

Biard Joël et Pécharman Martine, « Pour un Port-Royal contrasté. Sémiologie, philosophie de la connaissance et théologie », *Archives de Philosophie*, 78, 2015, p. 5-8.

Bouletreau Fançois, « Édition de la correspondance de la mère Angélique Arnauld (1591-1661), abbesse et réformatrice de Port-Royal, avec Louise-Marie de Gonzague (1611-1667), reine de Pologne », *Annuaire de l'École pratique des hautes études*, 90, 1981, p. 519-521.

Bremond Henri, *Histoire littéraire du sentiment religieux en France. Les mystiques français du Grand Siècle*, Paris, Odelin, 1915.

Bugnion-Secretan Perle, *La Mère Agnès*, Paris, Cerf, 1996.

–, *La Mère Angélique d'après ses écrits*, Paris, Cerf, 1991.

Cagnat-Debœuf Constance, « Port-Royal et l'autobiographie », *Cahiers de l'AIEF*, 49, 1997, p. 223-242.

CARR Jr. THOMAS M., *Voix des abbesses du Grand Siècle. La prédication au féminin à Port-Royal*, Tübingen, Gunter Narr Verlag, 2006.

Centre national de la recherche scientifique, La Maison franco-japonaise et Tetsuya Shiokawa, *Pascal et les miracles*, Paris, Éditions A.-G. Nizet, 1977.

Chroniques de Port Royal, Paris, Société des amis de Port-Royal, n°s 24-26, 28-29, 32, 34, 37, 38, 40, 41, 42, 43, 46, 50, 87-88, 102-111, 133, 138-139, 139-140, 141, 145, 152, 159-160, 162-164, 165-167, 170-173, 174, 195-209, 252-254, 256-257, 268-269, 317-318, 488.

CLÉRO Jean-Pierre (dir.), *Les Pascal à Rouen. 1640-1648*, Rouen, Presses universitaire de Rouen et du Havre, 2001.

COGNET Louis, *La Mère Angélique et François de Sales*, Paris, Flammarion, 1951.

–, *Claude Lancelot, solitaire de Port-Royal*, Sullivert, 1950.

–, *La Réforme de Port-Royal, 1591-1618*, Paris, Flammarion, 1950.

COTTRET Monique, *Histoire du jansénisme*, Paris, Perrin, 2016.

COURCELLES Dominique de, « Le sang, l'amour et la mort des religieuses de Port-Royal. Le renoncement à la chair : un appel du désir ? », *Topique*, 105(4), 2008, p. 91-104.

DALL Guillaume, *La Mère Angélique Arnauld d'après sa correspondance*, Paris, Perrin, 1894.

DELFORGE Frédéric, *Jacqueline Pascal (1625-1661)*, Paris, Classiques Garnier, 2002.

DINET Dominique, « L'abbaye de Notre-Dame de Tart à l'époque moderne (XVIIe-XVIIIe siècles) », in *Au cœur religieux de l'époque moderne*, Strasbourg, Presses universitaires de Strasbourg, 2001, p. 495-510.

GASTELLIER Fabian, *Angélique Arnauld*, Paris, Fayard, 1998.

GAZIER Augustin, *Les Belles Amies de Port-Royal*, Paris, Perrin, 1930.

–, *Histoire générale du mouvement janséniste,* Paris, Honoré Champion, 1923.

–, *Jeanne de Chantal et Angélique Arnauld d'après leur correspondance (1620-1641)*, Paris, Honoré Champion, 1915.

–, *Jeanne de Chantal et Angélique Arnauld d'après leur correspondance, 1620-1641. Étude historique et critique, suivie des lettres de ces deux mères et d'une lettre de Saint-Cyran à Mme de Chantal, rassemblées et classées pour la première fois*, Paris, Honoré Champion, 1915.

–, *Le Masque mortuaire de la mère Angélique Arnauld*, Paris, Honoré Champion, 1903.

GAZIER Cécile, *Histoire du monastère de Port-Royal*, Paris, Classiques Garnier, 2019.

HILDESHEIMER Françoise, *Le Jansénisme*, Paris, Publisud, 1991.

JACOB Capucine, *La Direction spirituelle de mère Angélique Arnauld*, mémoire de maîtrise dactylographié, 1998.

JANSEN Paule, *Arnauld d'Andilly défenseur de Port Royal*, Paris, Vrin, 1973.

JOSSE Anne-Claire, « Édition critique des lettres d'Antoine Singlin », thèse de l'École des chartes, 2000.

KOSTROUN Daniella, « La Querelle des femmes au cœur du jansénisme », *Histoire, économie & société*, 2, 2011, p. 47-61.

LE GALL André, *Pascal*, Paris, Flammarion, 2000.

LE GUERN Michel, « Le Jansénisme : une réalité politique et un enjeu de pouvoirs », *Recherches de science religieuse*, 91(3), 2003, p. 461-488.

LESAULNIER Jean, *Images de Port-Royal*, Paris, Classiques Garnier, 2022.

–, *Philippe de Champaigne et Port-Royal*, Paris, Classiques Garnier, 2019.

–, *Dictionnaire de Port-Royal au XVIIe siècle*, Paris, Honoré Champion, 2004.

LUEZ Philippe, *Port-Royal et le jansénisme. Des religieuses face à l'absolutisme*, Paris, Belin, 2017.

MARGUIN David, PICAUD Gérard et FOISSELON Jean, *Aux sources de la Visitation. François de Sales et Jeanne de Chantal*, Paris, Somogy éditions d'art, 2016.

MATHIS Rémi, *Le Solitaire et le ministre. Autour de la correspondance entre Arnauld d'Andilly et Arnauld de Pomponne (1646-1674)*, Paris, Nolin 2012.

–, « "Une trop bruyante solitude". Robert Arnauld d'Andilly, solitaire de Port-Royal, et le pouvoir royal (1643-1674) », *Papers of French Seventeenth Century Literature*, 73, 2010, p. 337-352.

MONTHERLANT Henry de, *Port-Royal*, Paris, Gallimard, 1954.
MOULIS Philippe, « Le clergé paroissial du diocèse de Boulogne-sur-Mer de 1627 à 1789 », mémoire de thèse dactylographié, Arras, 2008.
N'GUYEN-MILLANVOYE Marylou, « Le patronage religieux de la reine de France face à l'émergence du catholicisme d'État. Approche comparatiste des chapelles de Marie de Médicis (1575-1642) et d'Anne d'Autriche (1601-1666) », *in* M. Gaude-Ferragu et C. Vincent-Cassy (dir.), « La Dame de cœur ». *Patronage et mécénat religieux des femmes de pouvoir dans l'Europe des XIVe-XVIIe siècles*, Rennes, Presses universitaires de Rennes, 2016, p. 67-79.
NORO Yasushi, « L'image de feu Saint-Cyran. Un autre regard sur la bibliographie littéraire », *Les Dossiers du Grihl* (en ligne), 11(2), 2017.
ORCIBAL Jean, *Le Cardinal de Bérulle. Evolution d'une spiritualité*, Paris, Cerf, 1965.
–, *Saint-Cyran et le jansénisme*, Paris, Seuil, 1961.
–, *Jean Duvergier de Hauranne, abbé de Saint-Cyran, et son temps (1581-1638)*, Paris, Vrin, 1947.
PANNIER Jane, *La mère Angélique, une grande chrétienne*, imprimerie « Je sers », Issy-les-Moulineaux, s.d.
PLAZENET Laurence (dir.), *La Mémoire à Port-Royal. De la célébration eucharistique au témoignage*, Paris, Classiques Garnier, 2021.
REGUIG-NAYA Delphine, « Antoine Arnauld polémiste : de l'urgence de théoriser », *Littératures classiques*, 59(1), 2006, p. 141-155.
REYNÈS-MONLAUR Marie, *Angélique Arnauld*, Paris, Plon, 1909.
SELLIER Philippe, *Port-Royal et la littérature. Pascal*, Paris, Honoré Champion, 2010.
–, *Pascal et saint Augustin*, Paris, Armand Colin, 1970.
TALLON Alain, *La Compagnie du Saint-Sacrement*, Paris, Cerf, 1990.
TAVENEAUX René, *La Vie quotidienne des jansénistes aux XVIIe et XVIIIe siècles*, Paris, Hachette, 1973.
–, *Jansénisme et politique*, Paris, Armand Colin, 1965.
TRANIÉ Ghislain, « "Pour servir d'éclaircissement à ceux qui pourroient estre abusez par les artifices, cabales et colligations" :

négocier l'autorité au sein des communautés de religieuses à l'époque moderne », *Chrétiens et société*, 27, 2020, p. 61-86.

UBALD d'Alençon, *Les Frères mineurs et les débuts de la Réforme à Port-Royal des Champs*, Paris, 1911.

VOLONGO Anne-Claire, « Les deux masques et la plume. L'identification de l'écriture de Madeleine de Sainte-Christine Briquet (1642-1689) », *Courrier Blaise Pascal*, 41-42, 2020, p. 195-204.

WEAVER Ellen, *The Evolution of the Reform of Port-Royal*, Paris, Beauchesne, 1978.

Index des noms de personnes

Table

Troisième partie
L'OMBRE D'ANGÉLIQUE

Quatrième partie
UNE ABBESSE PRESTIGIEUSE

Cinquième partie
EN QUÊTE DE POSTÉRITÉ

PEFC
10-31-1510
Certifié PEFC

Achevé d'imprimer en mai 2024 par Corlet imprimeur
14110 Condé-en-Normandie

Dépôt légal : octobre 2024
ISBN : 979-10-210-3097-8
Numéro d'édition : 5051
Numéro d'impression : 24010553
Imprimé en France